KB156417

AI는 양심이 없다

AI는 양심이 없다

인간의 죽음, 존재, 신뢰를 흔드는 인공지능 바로 보기

© 김명주, 2022

펴낸날 1판 1쇄 2022년 5월 2일
1판 6쇄 2024년 6월 3일

지은이 김명주
펴낸이 윤미경

펴낸곳 (주)헤이북스
출판등록 제2014-000031호
주소 경기도 성남시 분당구 황새울로 234, 607호
전화 031-603-6166
팩스 031-624-4284
이메일 heybooksblog@naver.com

책임편집 김영회
디자인 류지혜
찍은곳 한영문화사

ISBN 979-11-88366-33-0 03300

이 책은 저작권법에 따라 보호받는 저작물이므로 무단 전재와 복제를 금합니다.
이 책의 일부 또는 전부를 이용하려면 저작권자와 헤이북스의 동의를 받아야 합니다.
책값은 뒤표지에 적혀 있습니다. 잘못된 책은 구입하신 곳에서 바꾸어 드립니다.

AI는 양심이 없다

인간의 죽음, 존재, 신뢰를 흔드는 인공지능 바로 보기

김명주 지음

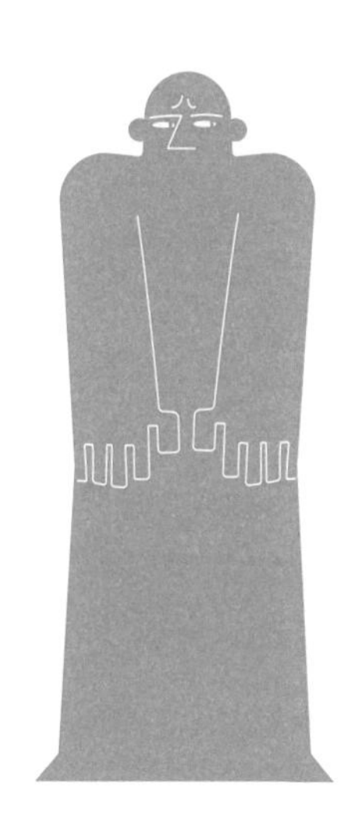

헤이북스

프롤로그

교통법규를 지키는 사람이 운전하는 자동차는 '시간의 단축'이라는 편리함을 제공한다. 반면에 난폭한 음주 운전자가 모는 자동차는 '생명의 단축'이라는 불행을 초래한다. 그래서 기술을 가치중립적이라고 한다. 이용하는 사람과 상황에 따라 기술은 유익할 수도 있지만 해로울 수도 있다.

새로운 기술이 등장할 때마다 우리는 기술 자체에 흥분하고 기대감을 높이며 몰입한다. 그러나 뒤따라 찾아온 부작용과 역기능은 우리를 배신하며 참 많이 힘들게 한다. 차라리 이 기술이 없었던 시간으로 돌아가는 것이 더 낫다는 생각도 한다. 왜 시작 단계에서부터 우리는 기술의 숨겨진 그늘을 예상하지 못했을까? 단지 편리함과 이익에 눈이 멀어 어슴푸레 드러난 기술의 역습 기미를 우리는 왜 가볍게 여겼을까? 기술이 새롭게 나타날 때마다 우리는 이런 '기대와 후회'의 과정을 반복해왔다. 지금 '인공지능'이라는 신기술을 맞이해 우리는 다시금 이 반복 과정에 진입하는 중이다. 어김없이 인공지능도 우리를 여기저기에서 흔들어대기 시작했다.

기술도 기술 나름이다. 어떤 기술은 개인이나 몇 명의 사람에게만 영향을 주고 만다. 그런데 어떤 기술은 우리가 사는 세상 전체를 바꿔버리는 대전환을 진행한다. 그것도 우리가 원한다고 과거로 다시 돌아갈 수도 없는 '비가역적인' 대전환을 이뤄버린다. 이런 기술이 '혁신 신기술'이다. 인류 역사에 있어서 세 번에 걸쳐 일어난 산업혁명은 이런 혁신 신기술에 의해 주도됐다. 지금 우리는 네 번째 산업혁명, 즉 4차 산업혁명을 새롭게 맞이하고 있다. 우리는 현재의 '정보화사회'에서 미래의 '지능정보사회'로의 대전환을 시작했다. 이러한 4차 산업혁명을 이끄는 혁신 신기술 가운데 최고의 핵심 기술은 바로 '인공지능'이다.

70년이라는 짧지 않은 역사에도 불구하고 인공지능의 존재감과 위력을 전 세계인들이 대중적으로 인식하기 시작한 지는 겨우 10년 남짓 됐다. 우리나라의 경우는 이보다 더 늦은 2016년에 시작됐다. 구글의 인공지능 알파고가 바둑 천재 이세돌 9단을 4승 1패로 이긴 사건은 온 국민에게 충격을 줬다. 곧바로 인공지능에 대한 기대감과 투자 계획이 정부는 물론 기업과 대학 등 사회 전반에 걸쳐 이뤄졌다.

반면에 같은 시기, 외국에서는 인공지능의 어두운 그늘에 대한 심각한 경고가 집중적으로 표출되고 있었다. "인공지능은 인류의 마지막 기술"이라는 글로벌 리더의 예언이 계속 이어졌다. 인공지능의 역기능과 부작용, 심지어 위험성에 대해서 우리 국민도 경각심을 가지게 된 것은 2021년이다. 인공지능 챗봇 '이루다' 사건은 확산 일로에 있던 인공지능에 대한 국민의 우려에 큰불을 지폈다. 알파고 사건 후 5년이 지나서의 일이다.

인공지능 기술은 자동차 기술과 다르다. 누구나 개인적으로 쉽게 이해하고 자유롭게 사용하며 예견되는 부작용에 바로 대처할 수 있는 만만한 기술이 아니다. 그래서 인공지능이 확산되면 확산될수록 걱정과 두려움도 덩달아 커진다. 그럼에도 불구하고 이를 해소할 만한 지식과 적절한 대안이 좀처럼 체감되지 않는다. 무지는 막연한 공포를 증폭시킨다. 그래서 흔들림의 상황은 더욱 악화된다.

이즈음에서 우리는 인공지능이 이미 흔들고 있는 이슈, 앞으로 흔들 이슈를 하나씩 하나씩 꺼내어 차근차근 정리할 필요가 있다. 인공지능이 열어줄 미래에 대한 올바른 방향 제시와 더불어 구체적인 준비도 따라야 한다. 비가역적인 사회 대전환이 따라오기 때문에 발생 가능한 문제와 상황에 대해 소수의 전문가 중심에서 벗어나 사회 구성원 모두가 이해하며 공감할 수 있어야 한다. 아울러 상상적 이론에 그치지 않고 현실적이며 구체적인 대안 마련도 필요하다.

이런 시대적 요구를 살피면서 이 책을 썼다. 우리를 상대로 인공지능이 이미 흔들어대거나 조만간 흔들 이슈를 사례별로 정리했다. 우리가 흔들림 없이 인공지능을 이용하려면 어떻게 해야 할지, 미래에 인공지능에게 배신당하지 않고 함께 살아가려면 어떻게 해야 할지 지혜를 찾고자 했다. 이 지혜를 '윤리'라는 단어 안에 함축했다. 윤리는 가치 판단의 기준으로 사람에게 요구된다. 그리고 이 윤리는 사람만이 가지고 있는 '양심'으로 인하여 발현한다. 반면에 인공지능은

'양심'이 없다. 인공지능으로 인하여 등장하는 윤리적인 문제의 근원은 바로 이것이다. 책 제목도 이렇게 정해졌다.

이 책은 '인공지능'을 다루고 있다. '인공지능'과 마주하고 있다. 그렇다고 '기술' 자체에 집중하지 않았다. 디지털 윤리와 사회적 변화 현상에 오랜 기간 외도해온 공대 출신이 모처럼 쓴 '인문사회과학 서적'이다. 그렇기에 이곳저곳 공대 스타일이 고스란히 묻어난다. 꼭 이야기하고 싶은 주제만을 고르고 골랐다. 저자의 허접한 지식 유희 때문에 독자들이 시간 낭비하는 것 자체가 싫었다. 많은 자료를 읽고 생각하며 소화해서 핵심만 뽑아 소개하고자 했다. 그래서 준비하고 집필하는 시간이 꽤 길어져 결국 해를 넘겼다.

이 책은 인공지능이 가져올 우리 사회의 새로운 변화에 대해 이해력과 통찰력을 제공해줄 것이다. 지금까지 우리 안에 자리 잡아온 인공지능 이용에 따른 막연한 불안과 우려에 대해 구체적인 실체가 무엇인지도 파악하게 될 것이다. 이 책을 통해서 인공지능을 바로 볼 수 있는 안목이 생기고 인공지능을 정면으로 마주하며 사용할 자신감이 생길 것으로 기대한다.

2022년 4월

김 명 주

목 차

2장 '존재'를 흔드는 AI

3장 '신뢰'를 흔드는 AI

1

‘죽음’을 흔드는 AI

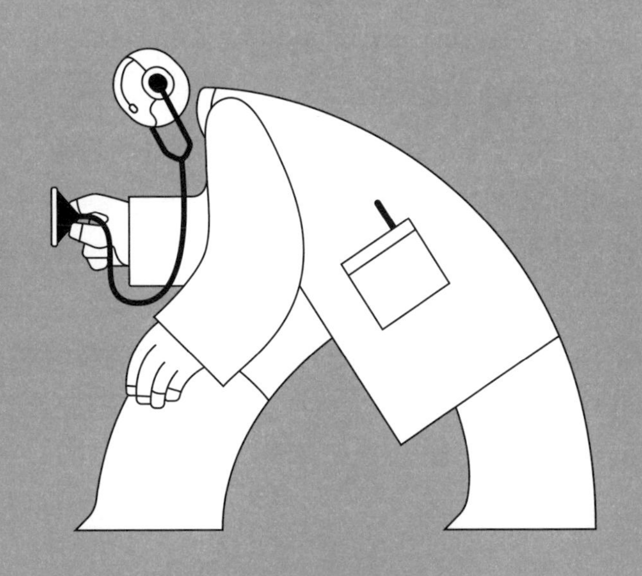

디지털 부활의 시작

다시 살아나다

2020년 12월 Mnet은 2008년에 세상을 떠난 가수 터틀맨 임성훈을 무대에 다시 세웠다. 인공지능의 기술로 돌아온 터틀맨은 홀로그램으로 옛 모습을 그대로 보여줬다. 과거 활동을 같이했던 두 여성 멤버 지이, 금비와 더불어 3인조 그룹 '거북이'를 완전체로 복원했다. 이들은 〈빙고〉, 〈비행기〉, 〈싱랄라〉와 같이 자신들이 불렀던 노래가 아니라 〈새로운 시작〉이라는 신곡을 함께 부르며 춤을 추었다. 이들이 부른 노래는 2020년 1월 JTBC에서 방영된 드라마 〈이태원 클라쓰〉의 주제곡이었다. 12년 전에 세상을 떠났던 터틀맨으로서는 한 번도 불러보거나 들어본 적이 없는 곡이었다. 죽음에서 돌아온 가수 터틀맨이 살아 있는 동료들과 함께 신곡을 받아서 부른 셈이다.

코로나19로 인해 공연 현장 관객으로 참여할 수 없었던 시청자들은 인터넷을 통해 공연 과정은 물론 준비 과정도 지켜보았다. 유튜브YouTube에 공연 동영상이 올랐을 때 일주일 만에 조회수 수백만 회를 넘기며 큰 반향을 일으켰다.[1] 2016년 3월 구글Google의 인공지능 알파고AlphaGo와 이세돌 9단 간에 이뤄진 다섯 차례의 대국에서 우리는 '바둑판을 흔드는 손'을 만나면서 다들 충격을 받았었다. 그로부터 4년 뒤. 이번에는 '죽음을 흔드는 손'으로 다가온 인공지능을 만나며 우리 모두 다시 한 번 큰 충격을 받았다.

이미 세상을 떠나 고인이 된 가수를 무대 위에 다시 세워서 신곡을 부르게 한 이 공연 영상은 바라보는 이의 입장에 따라 다양한 반응과 파장이 뒤따를 수 있다. 직접적이며 가장 큰 수혜자는 터틀맨의 팬들이자 일반 시청자들이다. 전혀 예상치 않았던 신기하고 놀라운 만남으로 인해 팬들은 기쁨과 감격의 시간을 가졌다. 터틀맨처럼 이미 세상을 떠난 다른 가수의 팬들은 부러움과 더불어 자신들에게도 언젠가 주어질 재회에 대한 기대감을 가지게 됐다. 인공지능 기술을 활용해서라도 자신들의 가수가 다시 노래하는 생생한 무대를 보고 싶어졌다. 자신이 좋아했던 가수를 한 번도 만나지 못했던 사람들에게 죽음을 넘어 찾아온 라이브 공연을 함께 공유함으로 해서 숨어온 '찐팬'의 자긍심을 보여주고 싶어 할 것이다.

반면에 오랜 시간 기획사에서 힘겨운 수습 훈련을 받아온 가수 지망생들에게는 매우 큰 부담이 새로 생겼다. 인터넷과 방송 미디어 전체를 통해서 가수의 노래를 듣고 공연을 보는 사람들의 '시청 시간 일일 총량'이 일정하다고 가정해보자. 상위 인기를 차지하는 노래와 가수의 출현은 그렇지 못한 나머지 가수들에게는 기회의 상실을 의미한다. 더구나 인공지능이 디지털로 부활시킨 가수는 가창력에 대한 검증도 이미 받았고 팬클럽도 두텁게 확보되어 있는 것이 보통이다. 이처럼 상대적 우위의 환경을 배경으로 하여 과거에 자신이 불렀던 곡이 아니라 새로운 곡을 받아서 가수 활동을 재개한다면, 가수 지망생들에게는 더욱 힘든 경쟁 상황이 벌어진다. 이제 연습생들은 살아 있는 다른 가수들 그리고 같은 처지에 있는 가수 연습생들뿐만 아니라 인공지능 기술로 죽음에서 다시 부활한 선배 가수들과도 경쟁해야 한다. 인공지능 기술이 만든 디지털 부활로 인한 이러한 파장은 단지 가수라는 직업에만 한정되지 않는다. 다른 영역의 직업에까지 빠르게 확대될 것이며 이미 시작됐다.

스페인 출신의 초현실주의 화가 살바도르 달리Salvador Dalí는 1989년에 세상을 떠났다. "나는 일반적으로 죽음을 믿지만, 나 자신의 죽음은 절대로 믿지 않는다"는 달리의 살아생전 인터뷰가 마치 실현된 듯한 사건이 2019년 2월에 벌어졌다. 미국 플로리다주 세인트피터즈버그에 위치한 달리박물관The Dali Museum 안에 죽은 살바도르 달리가 생생히게 살아 있는 모습으로 부활해 다시 나타난 것이다.[2]

제작사인 CS&P는 인공지능을 활용해 살바도르 달리의 영상 기록 6000프레임을 분석했고, 인공지능은 1000시간 정도 학습해 얼굴 표정과 모습을 부활시켰다. 스페인어, 프랑스어, 영어로 섞여 있는 독특한 그의 말투도 복원했다. 이렇게 살바도르 달리는 박물관 키오스크 안에서 홀로그램을 통해 보통 사람과 동일한 체구로 다시 살아 돌아왔다. 대화형 영상 125개를 기반으로 방문객들과 상호작용하면서 이론상 19만 512개의 상황을 연출해간다. 따라서 어느 방문객과도 이전과 똑같은 대화를 나누지 않는 것처럼 보인다. 대화의 마지막 순간에 살바도르 달리는 방문객에게 셀카 촬영을 원하는지 물은 후 원하면 함께 셀카를 찍고 이를 문자로 방문객에게 전송해준다.

이미 세상을 떠난 많은 할리우드 배우들은 본인의 의지와 상관없이 자신의 이미지와 동영상, 음성 정보를 디지털 자료 형태로 풍부하게 남겨놓았다. 이 자료를 활용해 고인이 된 배우를 디지털 배우로 다시 살려낼 경우, 새로운 영화에 배역을 맡겨 지금도 출연시킬 수 있다. 기술적으로 이러한 작업은 이미 오래전부터 가능한데, 이 기술을 'CGIComputer-Generated Imagery'라고 불러왔다.[3]

2013년 만인의 연인으로 불리던 오드리 헵번Audrey Hepburn은 죽은 지 20년 만에 갤럭시 초콜릿 동영상 광고에 출연했다. 2016년 말 개봉한 영화 〈로그 원: 스타워즈 스토리Rogue One: A Star Wars Story〉에서는 1994년에 사망한 피터 쿠싱Peter Wilton Cushing이 그랜드 모트 타킨 총독 역을 담당했다. 2016년 세상을 떠난 캐리 피셔Carrie Fisher도 자신이 사망한 이후에 발표된 〈스타워즈〉

시리즈 영화에서 레아 공주 역을 꾸준히 맡아왔다. 1955년 교통사고로 24세의 나이에 갑자기 세상을 떠났던 배우 제임스 딘James Byron Dean을 베트남전쟁 배경의 영화 〈파인딩 잭Finding Jack〉에 출연시킬 계획을 제작사 매직시티필름이 2019년 11월 발표했다. 그러자 다른 영화배우들은 "끔찍한 일", "고인을 괴롭히는 행위"라며 이러한 사후 디지털 고용 시도를 반대했다. 그럼에도 불구하고 제임스 딘의 부활을 기다리는 많은 팬들의 기대를 저버릴 수 없다며 영화 제작사는 제작 강행 의사를 표현했다.

최근에는 기존의 CGI 제작 방식보다 인공지능 기술을 활용한 디지털 배우의 부활이 급부상하고 있는데, 이는 제작 기간과 비용 측면에서 훨씬 효율적이라서 이러한 갈등은 앞으로 더욱더 증폭될 것이다.

고인을 현실 세계에서 다시 만날 수 있도록 해주는 기술은 제법 오래된 기술이다. 가장 보편적인 기술은 고인의 동영상을 녹화한 비디오테이프나 DVD를 재생해 시청하는 것이다. 그러나 이것은 기록 후 변하지 않는 영상물을 2차원 화면 안에서 반복 재생하는 수준이기에 고인과의 만남에 있어서 실제감과 몰입감이 떨어진다. 이후에 3차원 입체 영상인 홀로그램Hologram 기술이 출현하고 발전하면서 유명 연예인의 팬들은 홀로그램으로 재현된 스타가 등장하는 수준 높은 실감 무대를 만날 수 있었다.

2009년 사망한 마이클 잭슨Michael Jackson은 2014년 빌보드 뮤직 어워드에서 홀로그램으로 돌아와 공연했다.[4] 1977년에 사망한 유명한 세기의 디바 마리아 칼라스Maria Callas도 2018년 로즈

극장에서 오케스트라와 라이브 협연을 했다.[5] 2012년 사망한 휘트니 휴스턴Whitney Houston도 2018년 홀로그램으로 돌아왔다.[6] 국내에서는 지니뮤직에 의해 2018년 8월 가수 유재하가 홀로그램을 통해 팬 곁으로 돌아온 적이 있다.[7]

마이클 잭슨을 현실감 있게 무대에 재현해낸 공연을 지켜본 워싱턴 포스트 기자는 홀로그램과 같은 디지털 신기술의 우수함을 일부러 부각해주지 않았다. 오히려 해당 공연을 디지털 포름알데이드, 즉 디지털 방부제라고 혹평했다. 이처럼 고인을 디지털 기술로 부활시켜 현실에서 다시 만나는 상황은 보는 시각과 입장에 따라 극단의 반응을 보이게 된다.

사후 디지털 고용과 명예훼손

이미 죽어서 고인이 된 사람을 디지털 기술로 부활시킨 후 생전의 활동을 기반으로 고용 활동하는 이슈를 본격적으로 다룬 웹사이트가 있다.[8] 웹사이트 제목과 주소가 모두 "DEAD"인데 영어로 'Digital Employment After Death', 즉 '사후 디지털 고용'의 첫 글자를 모은 것이다.

이 웹사이트에서는 2020년 1월 일본인과 미국인 1030명을 대상으로 진행한 사후 디지털 고용에 대한 설문 결과를 찾아볼 수 있다. '사후 디지털 고용(DEAD)'이란, 이미 세상을 떠나 고인이 된 사람이 인터넷과 컴퓨터 시스템 안에 남겨놓은 디지털 흔적을 이용해 생전의 디지털 인물로 부활시킨 후 직업 활동을 다시 할 수 있도록 복구한 것을 말한다.

이러한 사후 디지털 고용에 대해 반대하는 설문 응답은 76.7%로 지배적이었다. 다만, 사후 디지털 고용이 응답자 본인에게 이뤄질 경우 반대하겠다는 응답은 63.2%로 다소 줄었다. 그렇지만 이를 찬성하는 응답도 각각 23.3%와 36.8%였는데, 이는 결코 무시할 만큼 작은 편이 아니다. 나이가 젊은 응답자일수록 찬성하는 응답이 크게 증가했다. 50대 응답자보다 20대 응답자의 찬성 비율이 두 배 정도 높았다. 특히 사후 디지털 고용을 추진하는 주체가 고인의 가족이거나 신뢰할 수 있는 사람이라면 찬성하겠다는 응답 비율이 60%를 넘었다. 이는 앞으로 사후 디지털 고용이 개인의 상황과 의견에 따라 얼마든지 활성화될 수도 있음을 의미한다.

"사후 디지털 고용을 왜 반대하느냐"는 질문에 대한 1위와 2위의 응답에 있어서 일본인과 미국인의 선택이 엇갈렸다. 가장 많은 일본인은 "본인의 의사를 확인하지 않았기 때문"(78%)에 반대한다고 했다. 반면에 가장 많은 미국인은 "이러한 일 자체가 윤리적으로 금기라고 느껴지기 때문"(62%)에 반대한다고 했다. 3위와 4위 응답도 국가 간에 엇갈렸다. 일본인의 3위 응답은 "죽어서까지 일하고 싶지 않기 때문"이었다. 미국인의 3위 응답은 "부활이 이뤄지면 살아 있는 것에 대한 고마움이 줄어들기 때문"이었다. 다양한 문화적 배경과 가치관에 따라 반대하는 이유들은 다소 다를 수 있다. 그러나 사회의 분위기가 변하고 이러한 이유들이 점차 약화되면 사후 디지털 고용 현상은 생각보다 빠르게 수면 위로 떠오를 것이 분명하다.

사후 디지털 부활에 따른 활동 재개는 고인의 이미지와 명예를 왜곡할 가능성을 안고 있다. 살아생전 깨끗한 이미지로 무대 활동을 했던 배우를 인공지능으로 디지털 부활시킨 후, 이전과는 상반된 이미지의 배역으로 영화에 출연시켰다고 가정해보자. 예를 들어 만인의 여인 오드리 헵번을 매춘부 역할로 출연시켜 영화를 새로 제작했다고 생각해보자. 이것은 해당 배우의 열성 팬들에게는 공분을 자아낼 것이며, '사자死者 명예훼손'이라는 고소·고발이 뒤따를 것이다.

그런데 법은 대부분 살아 있는 사람을 대상으로 적용하고 있어서, 고인에 대한 명예훼손의 경우 살아 있는 사람에 대한 명예훼손보다 상대적으로 덜 엄격하다. 따라서 사회적 논란 속에 갑론을박이 있다가 어느 순간 이 사건은 대중들의 관심 밖으로 밀려날 수도 있다. 배우 당사자의 후손이 법적 지위를 승계해 살아 있다면 이러한 행위에 대해 보다 적극적으로 대처할 수 있다. 그렇지 못한 경우 열성 팬들이 주도하는 '공익 소송' 형태로 대응이 이뤄진다.

이러한 사자 명예훼손에 대한 열성 팬들의 주장은 '표현의 자유' 또는 '판타지적 상상력 보호'를 정면으로 도전한다는 역공을 받게 될 것이다. 이러한 상황 속에서 과연 얼마나 압박을 견딜 수 있을지 미지수다. 더구나 의도적이든 의도적이지 않든 사자 명예훼손을 유발한 동영상의 제작자를 추적할 수 없거나, 이러한 동영상이 공개된 사이트나 공중 채널이 아니라 P2PPeer to Peer, 토렌트Torrent[9] 또는 다크웹Dark Web[10] 상에서 유통될 경우 이를 수습하기 위한 기술적이며 법적인 후속 조치는 결코 만만치 않다.

사자의 퍼블리시티권과 경제적 이득

영화 〈죽은 시인의 사회Dead Poets Society〉(1989), 〈미세스 다웃파이어Mrs. Doubtfire〉(1993) 등에서 주연을 맡았던 로빈 윌리엄스Robin Williams는 2014년 자살로 세상을 떠나면서 유언장에 특이한 조항을 남겼다. “내가 죽고 나서 25년 동안은 내 이미지를 상업용으로 사용하지 말라”는 내용이다.[11] 일반적으로 인기 연예인들은 죽은 다음에도 광고 등에서 그 이미지를 사용하도록 허용하는 경우가 많다. 로빈 윌리엄스는 이러한 ‘퍼블리시티권right of publicity’을 자신의 유언장에서 명확하게 제한한 것이다.

여기에서 퍼블리시티권은 사람의 이름이나 이미지를 상업적으로 이용할 수 있는 독점적이며 배타적인 권리다. 이름이나 이미지에 대한 상업적 목적의 이용이 급증하므로 이를 기존의 개인적인 권리 항목만으로는 충분히 보호받을 수 없어서 미국은 별도의 재산권으로 이를 규정했다. 반면에 우리나라는 법률 중에 이에 대한 명문화된 규정이 따로 없어서 인격권 밑의 초상권이나 저작권 밑의 저작재산권 범주 안에서 사안별로 다뤄왔다.

따라서 퍼블리시티권은 사후死後 70년까지 보장되는 저작재산권과 같은 흐름으로 다뤄진다. 최근에는 우리 법원도 퍼블리시티권을 실질적으로 인정하는 판례를 내놓기도 한다.

반면에 2009년 급작스레 세상을 떠난 마이클 잭슨의 경우 유산상속자와 이해관계자, 정부 사이에 사후 퍼블리시티권의 행사에 따른 이익 배분과 탈세 문제로 오랜 시간 법정 다툼이 있어왔다. 비록 로빈 윌리엄스의 유언장이 미래 인공지능 시대를 예견해 작성된 것은 아니지만 인공지능에 의한 사후 디지털 고용이라는 새로운 이슈에 개인적으로 대응하는 선례로 적용될 수 있다. 따라서 사후 디지털 고용을 원하지 않는 사람은 인터넷을 비롯한 디지털 세상에 남겨진 자신의 개인 정보와 같은 디지털 흔적을 기반으로 뜻하지 않은 디지털 부활이 시도되지 않도록 유언장에 명시해야 할 것이다.

아울러 사후 디지털 고용을 우리 사회가 어떻게 수용할 것이냐에 대한 대중적 공감대가 어느 정도 형성될 경우, 이러한 개인별 결정에 따른 부담감을 덜어주는 사회의 공통 토대로써 관련 시스템이나 법과 규정을 만들어놓아야 한다. 이 부분은 정부의 몫일 것이다. 예를 들어, 수신을 원하지 않은 전화번호를 미리 명시해놓으면 전화 자체가 아예 걸려오지 않도록 해주는 'Do not call' 시스템처럼, 죽은 후에 디지털상에 남긴 다양한 개인 정보에 대해 '부활 금지(Do not revive)' 또는 그와 반대로 '부활 허용(May revive)'을 명시해서 사회 전체에 일괄적으로 적용할 수 있도록 해주는 옵트인Opt-in/옵트아웃Opt-out 시스템을 도입할 필요가 있다.

여기에서 어떤 사람의 개인 정보를 외부인이 사용하고자 할 때, 당사자에게 먼저 동의를 얻어야만 사용이 가능하도록 만든 체계를 '선 동의, 후 사용(Opt-in System)'이라고 한다. 이와 반대로 일단 모두에게 개인 정보를 사용하도록 개방해놓은 후 사용자가 건건이 명시해 사용을 거부하는 체계를 '선 사용, 후 배제(Opt-out System)'이라고 부른다. 모든 전화로부터 수신을 허용해 놓고 특정한 전화에 대해서는 수신이 되지 않도록 하는 일종의 전화번호 블랙리스트를 지정하는 'Do not call'은 일종의 '선 사용, 후 배제'인 것이다. 반면에 고인이 남기는 디지털 정보에 대해 기본적으로 사용이 불가능하도록 만든 다음에, 만일 이를 사용하려면 고인의 살아생전에 혹은 고인의 법적 대리인으로부터 허락을 받도록 할 경우 이는 '선 동의, 후 사용'이 된다.

인공지능에 의한 고인의 부활과 디지털 고용 때문에 경제적 수익이 발생할 경우, 수익 배분 문제는 생각보다 복잡해진다. 개인의 경제활동에 따라 발생하는 수익과 관련된 규정이나 법률은 거의 다 당사자가 살아 있음을 전제로 만들어졌다. 만일 당사자가 죽으면 상속의 문제로 전환되어 유족에게 그 숙제가 넘어간다. 그런데 고인이 인공지능의 도움으로 부활해 현실 세계에 다시 고용되어 활동하며 지속적으로 수익을 발생시킨다면 해결해야 할 문제는 많이 복잡해진다. 더구나 이러한 경제적 이슈가 윤리 논쟁과 겹쳐서 발생할 경우 사회적 합의점을 찾기가 쉽지 않게 된다.

인공지능으로 터틀맨을 부활시켜 '거북이'의 신곡 〈새로운 시작〉을 제작했던 Mnet은 예상 밖의 인기 폭발에도 불구하고 해당 음원을 상업용으로 발매하지 않기로 결정했다.[12] 만일 상업용 음원 발매가 후속 과정으로 이뤄졌다면 '국내 최초'로 일어난 사후 디지털 고용 사건으로 기록될 뻔했다. 이러한 사후 디지털 고용에 대해 사회적 조율 과정은 물론 공론화에 대한 시도조차 없었기 때문에 상업용 음원 발매가 초래할 극단의 반응과 사회적 갈등을 감당하기 힘들었을 것이다.

그럼에도 불구하고 앞서 소개한 사후 디지털 고용에 관한 설문 응답 결과에서 우리는 몇 가지 미래에 대한 암시를 얻을 수 있다. 이미 세상을 떠난 고인을 인공지능의 도움으로 부활시켜 다시 활동하도록 만드는 새로운 시도는 앞으로 시간이 흐를수록 급속도로 증가할 것이라는 점이다. 조만간 인공지능은 디지털 부활을 통해 인간의 죽음을 흔들기 시작할 것이다. 이처럼 '죽음을 흔드는 손'으로 인공지능을 활용하기 시작하면 곧이어 윤리적이며 법적인 논쟁을 피할 수 없게 된다. 가까운 시간에 그 누군가는 인공지능의 도움을 받아 사후 디지털 고용 분야에서의 '국내 최초'라는 타이틀을 가져갈 것이다. 그리고 논쟁과 갈등의 도화선에 큰불을 붙일 것이다. 따라서 우리는 이러한 시대적 변화와 갈등을 예견하면서 인공지능의 도입과 활용에 따른 사회적 영향을 평가하고 몰고 올 사회적 대변혁에 대비해야 한다. 아울러 우리 각자도 이 세상을 떠나기 전에 로빈 윌리엄스처럼 선제적 조치를 개인적으로 미리 마련해둘 필요가 있다.

새로운 애도 프로그램의 출현

다시 만나다

세상을 떠난 사랑하는 이를 가족들이 다시 만날 수 있도록 해주는 기술로 최근에는 가상현실(VR)Virtual Reality[13]이라는 특수 효과가 사용된다. 먼저 고인의 외모를 분석해 고인에 대한 가상현실 아바타avatar를 제작한다. 그리고 대역 연기자를 세워 이 아바타를 실시간으로 움직이면서 가족이 가상 스튜디오 공간 안에서 고인의 아바타와 만나도록 해준다. 일본 NHK는 이 기술을 사용해 2019년 3월 디지털 휴먼 프로젝트 〈부활의 날〉을 제작 방영했다.[14] 이 프로그램에서 배우 데가와 테츠로出川哲朗는 8년 전에 돌아가신 자신의 어머니와 가상현실 기술을 사용해 다시 만났다. 아들은 의자에 앉은 후 유리창 너머 어머니 형상의 아바타와 실시간으로 대화를 나누면서 감동적인 재회 장면을 만들어갔다.

약 1년 뒤인 2020년 2월 우리나라 MBC VFX특수영상팀도 가상현실 기술을 근간으로 하되 인공지능 기술을 추가함으로써 NHK와 유사한 프로그램으로 <너를 만났다>를 제작했다.[15] 4년 전 혈액암으로 7살 나이에 세상을 떠난 딸 나연이를 어머니가 다시 만나도록 해줬다. 카메라 160대를 사용해 3D 스캐닝 작업을 진행해서 나연이의 기본 신체 틀을 만들어냈고, 모션 캡처 기술을 사용해 나연이의 여러 행동을 만들어냈다. 5명의 같은 나이 또래 아이에게 800문장씩 녹음을 시킨 후 이를 딥러닝Deep Learning이라는 인공지능 기술로 학습시켜 나연이의 목소리를 재현했다. MBC는 NHK와 다르게 아바타 대역 연기자를 현장에서 세우지 않았다. 이 때문인지 어머니와 나연이의 상호작용은 다소 부자연스러워 보였으며 대화의 주도는 어머니가 아닌 나연이가 이끌었다. 이 프로그램 영상은 보는 이들에게 큰 감동과 반향을 일으켰으며 유튜브에서 조회 수 3000만 회를 넘어섰다. 이 프로그램은 아시아태평양방송연맹이 주관하는 'ABU상 TV 다큐멘터리 부문'을 수상했다.

그로부터 1년 뒤인 2021년 1월 MBC는 VR 휴먼 다큐멘터리 <너를 만났다 2>를 추가 제작했다.[16] 4년 전 사별했던 아내를 남편이 다시 만나도록 해주었고, 2018년 태안화력발전소에서 작업을 하다가 숨진 김용균 청년의 작업환경을 일반인들이 체험할 수 있도록 해줬다.

MBC VR 휴먼 다큐멘터리 프로그램을 통해서 딸 나연이를 다시 만난 어머니, 사별했던 아내를 만난 남편은 사랑하는 이와의 재회 앞에 북받치는 감정과 눈물을 억제하지 못했다. Mnet의 터틀맨 부활 무대를 지켜보았던 터틀맨 임성훈 씨의 어머니와 형도 공연 내내 눈물을 지었다. 그러던 중 이러한 뜻밖의 생생한 재회가 남아 있는 가족과 지인들에게 자칫 새로운 어려움을 더하지는 않을까 하는 걱정이 주변에서 솔솔 나오기 시작했다. 사랑하는 사람의 죽음은 가족이나 친구 등 이 땅에 남겨진 사람들에게 큰 고통과 당혹감을 가져다주며 극심한 스트레스를 일으키는 것이 보통이다.

1967년 미국 심리학자 토머스 홈스Thomas Holmes와 리처드 라헤Richard Rahe는 5000명을 대상으로 조사해 건강상의 문제를 일으킬 수 있는 스트레스 항목 43개를 제시했다. 이를 홈스와 라헤의 '사회 재적응 평가 척도(SRRS)Social Readjustment Rating Scale'라고 부른다.[17] 구체적인 내용을 보면, 43개 항목 중에서 가장 큰 스트레스를 주는 1위는 '배우자의 죽음'으로 충격 정도가 100점이었다. 2위는 '이혼'으로 충격 정도가 73점, 3위는 '교도소 수감'과 '가족의 죽음'이었는데 모두 충격 정도가 63점이었다.

이와 유사한 척도로서 국내에서는 서울대 홍강의 교수와 정도언 교수가 1981년에 제시한 '스트레스 지수'가 있다. 이 스트레스 지수를 홈스와 라헤의 사회 재적응 평가 척도와 비교할 때, 한국인의 스트레스 정서가 미국인과 다소 다름을 볼 수 있다. 구체적으로 살펴보면, 1위는 '자녀의 죽음'으로 74점, 2위는 '배우자의 죽음' 73점, 3위는 '부모의 죽음' 66점, 4위는 '이혼' 63점,

5위는 '형제자매의 죽음'으로 60점이었다. 11위가 '친구의 죽음'으로 50점이었다.

서로 아끼는 배우자의 죽음은 강한 외로움과 불안감을 일으키는 죽음으로 다가온다. 부모의 죽음은 후회의 죽음으로 자녀에게 다가온다. 자녀의 죽음은 더 많은 시간을 살아온 부모에게는 가슴에 묻어둘 수밖에 없는 부당한 죽음으로 다가온다. 부모가 돌아가시면 하늘이 무너진다고 해서 '천붕天崩'이라고 불렀고, 자녀가 먼저 죽으면 가슴에 묻는 처참한 슬픔이라고 해서 '참척慘慽'이라고 불렀던 이유를 이 척도를 통해서도 느낄 수 있다. 예나 지금이나 사랑하는 사람과의 사별은 이 세상에 남겨진 자가 받을 수 있는 가장 큰 스트레스와 고통임이 분명하다.

'애착 이론attachment theory'[18]의 선구자인 영국 심리학자 존 볼비John Bowlby는 사랑하는 이와의 사별을 통해 일어날 수 있는 정상적인 애도 과정을 4단계로 제시했다.[19] 조금 전에 발생한 사랑하는 이와의 사별이 실감 나지 않아서 무감각한 쇼크에 놓인 상태가 1단계다. 슬픔과 좌절, 불안, 분노 등 다양한 감정 가운데 고인을 계속 그리워하는 상태가 2단계다. 사별과 상실이라는 사실을 수용하면서 우울감과 의욕 저하를 겪는 상태가 3단계다. 그리고 사별에 따른 상처가 아물면서 자신의 삶을 다시 구성하며 회복하는 상태가 마지막 4단계다. 개인에 따라서 어떤 단계는 생략되거나 반복될 수도 있지만 이러한 애도 반응은 정상적으로는 평균 2~4개월 정도가 소요되는 것으로 알려졌다. 고인과의 관계 또는 남겨진 사람의 성향, 사회적 문화에 따라 애도 기간은 이보다 훨씬 더 길어질 수도 있다. 상황에 따라서는 '복합 사별 장애(PCBD)Persistent Complex Bereavement Disorder'라는 진단명을 갖는 비정상적인 복합 애도 증상을 일으키면서 지속적인 고통 가운데 놓이기도 한다.[20]

디지털 페르소나

죽음 때문에 사랑하는 이와 강제로 헤어져 이 땅에 남겨진 사람들에게 인공지능이 선물하는 '고인과의 재회'는 사별 애도 과정에서 볼 때, 이전에는 한 번도 경험해보지 못한 새로운 선택지다. 이 땅에 남겨진 사람은 고인에 대한 애도 과정을 아직도 여전히 겪고 있을 수도 있고, 이를 이미 정상적으로 통과했을 수도 있다. 경우에 따라서는 복합 사별 장애와 같이 길고 어두운 터널 속에 여전히 놓여 있을 수도 있다. 그가 어느 상황에 놓여 있느냐에 따라서 인공지능이 선물하는 고인과의 재회는 극단의 반응을 일으킬 수 있다. 인공지능이 정상적인 애도 과정을 촉진하는 긍정적 매체 역할을 할지, 아니면 아픔의 기억을 재생산하고 증폭해 일상으로의 복구를 더 방해하는 장애물이 될지는 상황별로 더 많은 사례를 지켜본 후에야 정확한 판단이 가능할 것이다.

만일 인공지능을 활용한 고인의 디지털 부활이 고인과 사별한 상실 경험자에게 실질적인 도움이 될 수 있다면, 인공지능은 새로운 애도 위기 개입자 혹은 그 보조 도구로써 도입되어 현장 활용이 가능해진다.[21] 이 경우, 애도 위기에 있는 사람은 고인의 디지털 페르소나Digital Persona[22]를 현실 속에서 만남으로써 숨겨진 상처가 아물어가는 일종의 '노출 치료exposure therapy 효과'를 얻을 수 있다.[23]

정상적인 애도 과정이라면 고인과의 기억은 과거 시제 안에서 자리를 잡아야 한다. 그런데 인공지능이 부활시킨 고인의 디지털 페르소나가 바로 눈앞에 재현되면 고인이 여전히 현존하는 것처럼 강하게 생각할 수 있다. 예를 들어, 고인이 아직 죽지 않았다거나 디지털 페르소나로 다시 태어났다고 간주하면서 고인이 생각날 때마다 이를 적극적으로 찾는 중독 현상도 벌어질 수 있다. 이러한 상황이 발생한다면 인공지능에 의한 고인의 디지털 부활은 정상적인 애도 과정을 왜곡하거나 방해한다고 부정적인 평가를 받을 것이다.

죽음을 흔드는 손으로서 인공지능이 사별 애도 과정에 어떤 영향을 줄 수 있는지에 대해 드라마 한 편을 소개하면서 이야기를 좀 더 나눠보자. 넷플릭스Netflix에서 인기리에 방영된 시리즈물 중에 <블랙 미러Black Mirror>(2011)가 있다. '블랙 미러'는 원래 전원이 꺼진 컴퓨터나 TV 화면을 이르는 말이다. 인공지능, 인터넷과 같은 첨단 기술이 일상에서 일으킬 수 있는 역기능과 부작용에 초점을 맞춰 부정적인 측면을 좀 더 깊이 생각해볼 수 있도록 다양한 이슈를 던져주는 영국 드라마다. 2019년 시즌 5까지 발표됐다. 그중 2013년에 발표한 시즌 2에 '돌아올게Be Right

Back'라는 제목의 드라마가 있다. 이 드라마의 내용을 특별히 '사별 애도 프로그램' 관점에서 살펴보자.

이제 막 결혼한 신혼부부가 있다. SNS나 스마트폰에 온통 매달려 사는 남편과 달리 그래픽디자이너 프리랜서인 아내는 전원적이다. 아내의 부탁으로 복잡한 도시를 떠나 시골에 내려온 이들 부부는 행복한 신혼 시간을 보낸다. 그러던 어느 날 남편이 교통사고로 갑자기 세상을 떠나게 되고 아내는 큰 슬픔과 충격에 빠진다. 앞서 남편과의 사별 경험을 했던 한 친구가 장례식에 참석하면서 본인이 경험해본 효과적인 애도 프로그램을 미리 신청해두었다고 말한다. 아내는 친구의 일방적 호의를 단호하게 거부한다. 그런데 얼마 가지 않아 임신한 사실을 알게 되면서 남편에 대한 아내의 그리움은 갈수록 커진다. 이때 죽은 남편으로부터 도착한 이메일을 발견하고 망설이다가 결국 읽게 된다.

이것으로 남편과 사별한 아내에 대한 '1단계 애도 프로그램'이 시작된다. 아내는 죽은 남편과 이메일을 쉼 없이 주고받는다. 자신과 이메일을 주고받는 상대방은 정말 살아 있는 남편인 듯했다. 인공지능이 남편의 디지털 흔적을 학습한 후 이메일 교신이 가능한 남편에 대한 디지털 페르소나가 만들어낸 것이다. 이메일을 통해 아내의 임신 소식을 들은 남편의 디지털 페르소나는 곧 자신이 아빠가 된다며 같이 기뻐했다. 차츰 아내에게 남편이 죽었다는 사실은 잊히고 있었다. 갈수록 아내는 이메일을 통해 남편과의 재회에 집중했다. 그러던 중 '2단계 애도 프로그램'이 있음을 남편이 알려준다. 남편이 살아 있을 때 남겼던 풍부한

SNS 기록을 중심으로 한 디지털 흔적과 디지털 유산을 인공지능이 추가로 접근해 학습하도록 아내는 허용한다. 이를 통해서 보다 완벽한 남편으로 디지털 페르소나가 업그레이드된다. 이번에는 이메일이 아니라 스마트폰을 통해서 아내는 남편과 음성으로 통화를 할 수 있게 된다. 남편에 맞춰 구현된 인공지능 챗봇Chatbot과 통화하는 셈이다. 아내는 늘 스마트폰을 가지고 산다. 어느새 아내는 스마트폰 중독이 됐다. 아내에게 스마트폰은 죽음에서 부활한 남편을 만나는 유일한 창구가 됐다.

남편의 디지털 페르소나는 프리미엄 시범 서비스인 '3단계 애도 프로그램'을 소개한다. 비싼 비용을 지불해 이를 신청한 아내에게 며칠 후 남편과 똑같이 생긴 인공지능 로봇 휴머노이드humanoid가 배달된다. 자신의 손으로 휴머노이드 남편을 직접 부팅시켜놓고 보니 죽기 전 남편의 모습, 남편의 말투, 남편의 사고방식을 그대로 닮았다. 이제 아내는 남편과 눈을 마주하며 대화할 수도 있고 신체적 접촉도 가능해졌다. 휴머노이드 남편 때문에 모처럼 신기하고 행복한 시간을 보낸다. 그러나 시간이 지나갈수록 아내는 행복보다는 혼란 속으로 빠져든다. 눈앞에 살아 움직이며 대화하는 휴머노이드 남편이 진짜 남편이 아니라는 사실은 바뀌지 않기 때문이다. 사랑을 이루지 못한 연인들이 자살하는 낭떠러지를 함께 찾아가서 아내는 휴머노이드 남편에게 밑으로 뛰어내리라고 명령한다. 살려달라고 무릎 꿇고 애원하는 휴머노이드 남편을 바라보면서 아내는 오열한다. 아내는 그를 데리고 다시 집으로 돌아온다. 그리고 새로 태어난 딸과 더불어 적절한 선을 지키며 같은 집 안에서 함께 살아가게 된다.

디지털 부활을 구현할 특허

이 드라마에는 인공지능이 제공하는 3단계의 애도 프로그램이 등장한다. 이 드라마가 발표된 2013년만 해도 이메일, 스마트폰, 휴머노이드를 이용한 단계별 애도 프로그램은 기술적으로 당장 구현이 불가능했었다. 그러나 조만간 기술적으로 가능할 것이라는 느낌을 많은 전문가들은 가지고 있었다. 2021년 1월 마이크로소프트Microsoft사는 "죽은 사람과 대화할 수 있는 챗봇 기술에 대해 특허를 이미 보유하고 있다"고 밝혔다.[24] 이 특허 기술은 친구, 친척, 지인, 유명인 등 특정한 인물을 모델로 하여 그 사람의 성격과 가치관을 그대로 복제할 뿐만 아니라 독특한 말투까지도 따라 하는 대화형 챗봇을 실제로 구현할 수 있도록 해준다. 바로 〈블랙 미러〉 드라마 '돌아올게'에 소개된 3단계의 애도 프로그램 중에서 1단계와 2단계 애도 프로그램은 이 특허를 적용할 경우 기술적으로 구현할 수 있음을 의미한다.

IBM PC가 일반인들에게 보급되기 시작한 1980년 이후에 출생한 세대가 'M세대'다. M세대는 '디지털 이주민'이다. 반면에 전 세계적으로 인터넷의 상업적 활용이 허용되면서 인터넷 대중화가 선언된 1995년 이후에 출생한 세대가 Z세대다. Z세대는

'디지털 원주민'이다. 이들 MZ세대는 이전 세대의 어른인 X세대나 베이비붐 세대보다 디지털 세계에 훨씬 더 익숙하며 그 안에서 살아가는 것이 더 자연스럽다. SNS, 블로그Blog, 이메일 등을 호흡처럼 자연스럽게 사용하고 자신의 생각과 프라이버시 정보를 디지털 세계 곳곳에 꾸준히 남기고 있다. 이처럼 풍부하게 남겨진 디지털 흔적과 디지털 개인 정보는 인공지능 학습을 원활하게 해주며 인공지능 활성화에 큰 도움을 준다. 내가 이 세상을 떠난 다음에도 나를 인공지능으로 부활시켜 나에 대한 디지털 페르소나를 생성할 수 있는 환경이 점점 더 좋아지고 있다. 수많은 디지털 흔적과 디지털 유산은 나를 대상으로 구현한 대화형 챗봇 구현을 가능하게 해준다.

다만, 마이크로소프트사는 2017년부터 이미 보유해온 디지털 페르소나 제작 관련 특허를 실제로 사용하는 것은 보류해왔다. 해당 특허를 이용해 실시할 경우 이로 인해 야기될 사회적 파장이나 법률적 혼란이 아직은 감당하기 힘들 것으로 판단했기 때문이다.[25]

디지털 흔적과 디지털 유산

고인이 남긴 디지털 기록들

고인에 대한 전기를 집필해달라고 전기 작가가 의뢰를 받게 되면, 작가는 먼저 고인의 가족이나 친구를 만나서 생전의 자료를 모으기 시작한다. 이처럼 수집한 자료들을 읽으면서 고인과 관련 있는 사람들과 추가적인 인터뷰도 진행하며 고인에 대한 정보를 보강해나간다. 어느 정도 통합적인 정보가 수집되고 분석과 분류가 이뤄지면 작가는 주관을 가지고 전기를 집필하기 시작한다. 이 모든 과정에서 전기를 보다 정확하게 작성하기 위해서는 고인에 대한 자료를 모으는 앞 단계에 충실해야 한다. 자료 수집 및 분석 작업이 정확하고 풍부할수록 고인에 대한 전기를 제대로 집필할 수 있다.

그런데 1990년대 이후 이 땅에 정보화사회가 시작되면서 이제는 특정 개인에 관한 정보를 일부러 모으러 이 사람 저 사람 만날 필요가 갈수록 없어지고 있다. 이미 고인은 인터넷과 디지털 세상에 자신에 관한 다양한 디지털 정보를 많이 남겨놓았기 때문이다. 이를 '디지털 흔적Digital Footprint' 또는 '디지털 유산Digital Legacy'라고 부른다.[26] 어떤 디지털 정보는 비공개로 존재하지만 대부분 인터넷상에 공개되어 누구나 접근이 가능하다. 심지어 본인에 관한 디지털 정보가 지금 어디에 존재하는지 당사자도 모를 정도로 많은 분량이 흩어져 존재한다.

특히 대표적인 SNS인 페이스북Facebook의 경우, 2011년부터 타임라인timeline을 도입해 계정주는 물론 계정주를 아는 지인들도 참여해 계정주의 자서전을 꾸준히 기록해갈 수 있는 기능을 제공해오고 있다. 그래서 예전과 달리 지금은 특정인의 전기를 집필하기 위해 전기 작가가 사람들을 만나서 자료를 요청하고 여기저기 다니며 수집할 필요가 없어졌다. <블랙 미러> 드라마 '돌아올게'에 나오는 남편의 경우처럼 평소에 인스타그램Instagram, 틱톡TikTok, 트위터Twitter, 페이스북과 같은 SNS에 계속해서 자신의 글과 사진, 동영상을 올릴수록 이러한 후속 작업은 쉬워진다. 인터넷이나 스마트폰과 늘 동행하고 동거하는 사람일수록 그에 대한 전기를 작성하는 작업은 점점 더 쉬워진다. 고인에 대한 디지털 페르소나를 제작하기 위해 인공지능이 학습해야 할 개인 관련 디지털 데이터인 프라이버시 정보와 개인 정보가 지금도 풍성하게 디지털 세계에 축적되고 있다.

'오신트(OSINT)'라는 일반인에게는 다소 생소한 용어가 있다. 영어로 'Open Source Intelligence'의 영문 앞 글자를 따서 만들어졌다. 한글로 직역하면 '공개 출처 정보'인데 더 간단하게 줄여서 '공개 정보'라고 부른다. 표면 웹Surface Web과 딥웹Deep Web 등 인터넷상에서 누구나 접근해 얻을 수 있는 공개된 정보가 오신트 안에 포함된다. 때로는 범죄행위가 많이 발생하고 있는 다크웹까지도 오신트에 포함되기도 한다.

오신트는 정보 수집 목적에 따라 여러 응용 영역으로 분류될 수 있다. 그중에 개인 정보와 프라이버시 정보를 얻을 목적으로 수집하는 '개인 프로파일personal profile'은 중요한 오신트 응용 영역이다. 특정인이 과거 일정 기간 동안 어느 곳을 다녔는지, 누구랑 친하고 누구랑 적대적인지, 어떤 사건과 사고를 겪었는지를 수집해 체계적으로 정리한 정보가 바로 개인 프로파일이다. 개인에 관한 인적 사항은 물론 성격과 취향, 인간관계 등 사생활 정보도 이 안에 고스란히 담긴다. 〈개인정보보호법〉의 용어를 빌리면 주민등록번호, 운전면허번호와 같은 고유 식별 정보는 물론 종교, 사상, 건강 상태 정보와 같은 민감한 정보도 개인 프로파일을 구성하기 위한 수집 대상이다. 이처럼 특정인에 대해 개인 프로파일용 정보를 수집하는 행위를 '신상 털기' 또는 '개인 프로파일링'이라고 부른다.

이전에는 컴퓨터 앞에 앉아서 특정인에 대한 인터넷 검색을

밤새 지속하면서 개인 정보와 사생활 정보에 대한 신상 털기를 수동으로 진행했다. 그러나 지금은 인공지능 및 자동화 프로그램을 활용해 신상 털기의 상당 부분을 신속하게 자동으로 진행한다. 이러한 개인 프로파일용 정보 수집은 미국 FBI 등에서는 주로 범죄 관련 용의자들의 알리바이를 추적하거나 법적 증거를 보강하기 위해 사용하는 합법적 수사 기법이다.[27] 그러나 국내의 경우 아직 미답의 수사 기법으로써 형사사건 피의자에 한정해 이를 사용할 수 있도록 해서, <형사소송법>이 보강되기 전까지는 합법이냐 불법이냐에 대한 시비를 피하기 힘들다. 그렇지만 오신트는 일반인도 누구나 접근할 수 있는 공개 정보이므로 특정인에 대한 신상 털기는 개인이나 기업에 의해 언제든지 쉽게, 은밀하게 이뤄질 수 있다. 이렇게 획득한 개인 프로파일 정보는 특정인에 대한 디지털 페르소나 구현에 직접적인 자료로도 활용될 수 있다.

최근에는 인공지능을 통해서 사진과 동영상의 내용 분석이 이뤄져서 개인 프로파일링이 더욱 자동화되고 한결 정교화되고 있다. 이를 '자동 프로파일링Auto Profiling'이라고 한다. 우리가 지금까지 인터넷상에서 무심코 올린 모든 정보들은 이러한 자동 프로파일링의 대상이다. 간단한 '댓글'부터 시작해 '좋아요' 클릭도 모두 자동 프로파일링의 대상이다.

유럽연합(EU)은 2018년 5월 'GDPRGeneral Data Protection Regulation'이라는 <일반개인정보보호법>을 발효했다.[28] 이 법에서는 당사자의 승낙을 받지 않은 자동 프로파일링은 하지 못하도록 금지하고 있다. 인터넷상에 나와 관련된 정보나 사진이 이미 게재된 경우, 나중에 내가 지우고 싶어도 지우지 못하는 경우가 상당히 많다. 이처럼 나의 개인 정보에 대해 정보 주체인 내가 언제든지 삭제할 수 있도록 보장해주는 권리를 '삭제권Right to erasure'이라고 부른다.[29] EU의 〈GDPR〉이나 우리나라의 〈개인정보보호법〉은 이러한 삭제권, 즉 '잊힐 권리Right to be forgotten'를 어느 정도 보장해주고 있다.

그러나 현실적으로는 나의 프로파일 관련 정보가 오신트라고 불리는 공개 정보 중 어디에 얼마나 기록되어 있었는지를 스스로 찾아내기란 쉽지 않다. 아무리 법에 의거해 인공지능 등을 이용한 자동 프로파일링을 금지한다고 하더라도 현실에서는 이를 얼마든지 위반할 만큼 자동 프로파일링은 유혹적이며 매력적이다. 이처럼 인공지능이 특정인에 대한 디지털 페르소나를 구현하는 데 있어서 필요한 학습 데이터가 디지털 세상에 갈수록 풍부해지고 있기에 고인에 대한 대화형 챗봇을 제작하는 것은 그리 어려워 보이지 않는다. 특히 자신의 디지털 흔적이나 디지털 유산을 제대로 정리하지 않고 이 세상을 훌쩍 떠나는 경우는 더욱 그렇다.

사망자 계정과 사후 프라이버시

페이스북 가입자 중에서 매년 170만 명이 이 세상을 떠난다. 어느 정도 세월이 흐르면 페이스북에는 산 자보다 죽은 자의 계정이 더 많아져서 사이버 공동묘지로 바뀔 것이다. 2018년부터 신규 가입자를 중단하고 현 수준의 회원을 페이스북이 유지한다고 가정할 경우, 2100년에는 페이스북에는 최소 14억 명의 사망자 계정이 존재할 것으로 예측됐다.[30] 이전에는 사람이 죽으면 그의 묘비명에 'RIP'를 표시해왔다. 죽음을 통해 고인은 이제 '평화 가운데 쉬다(Rest In Peace)'라는 의미다. 하지만 이제는 사람이 죽는 경우 SNS와 같은 인터넷 그리고 디지털 세상에 수많은 정보를 남긴 채 세상을 떠나기 때문에 영국 BBC 방송은 디지털 시대에 맞춰 'RIP'의 새로운 의미를 '픽셀 가운데 쉬다(Rest In Pixels)'로 새롭게 제시한 바 있다.[31]

이제 고인이 된 사용자의 계정에는 윤리적 이슈, 경우에 따라는 법적 논쟁거리가 겹겹이 숨겨져 있다. 페이스북이라는 기업 입장에서 보면, 고인의 계정을 앞으로 어떻게 처리할지도 고민이다. 각 계정마다 차지하고 있는 디스크 공간과 같은 디지털 자산을 언제까지 페이스북에서 무상으로 제공해줘야 할지도 결정해야 한다. 그런데 이보다 더 중요한 것은 '사후 프라이버시' 문제다.[32] 고인의 계정에 대한 접근 권한을 고인 이외는 아무에게도 허용하지 않을지, 아니면 가족이나 법정 상속인 또는 특정인에게만 제한적으로 허용할지가 지금 당장 중요한 이슈다. 고인이 아닌 이상, 고인의 가족이라 할지라도 고인의 계정 접근을 허용하지 않는 것이 지금까지의 법 정서로는 상식적이고 당연하다. 그렇지만 실제로는 그렇지 않은 경우가 종종 발생한다. 예를 들어, 2018년 7월 독일 연방정부는 페이스북으로 하여금 딸을 잃은 부모에게 딸의 계정에 대한 접근 권한을 제공하라고 판결했다.

이보다 훨씬 앞선 2004년 미국에서 벌어진 저스틴 엘즈워스Justin Ellsworth 사건은 더 유명하다.[33] 아마 이 사건은 이러한 논쟁의 첫 시발점이 된 공식 사건으로 볼 수 있다. 저스틴 엘즈워스는 이라크전쟁에 파병됐다가 길가 폭탄 사건으로 20세 나이에 전사했다. 부모는 저스틴이 사용하던 야후Yahoo 계정에 접근할 수 있도록 해달라고 야후 측에 요청했다. 그러나 야후는 회사의 개인 정보 보호 정책에 어긋난다면서 부모의 요구를 거부했다. 저스틴의 부모는 이를 법원에 호소했고 법원은 부모의 호소를 받아들여 저스틴이 사용한 야후 계정과 관련된 제반 정보를 다운로드해 부모에게 인계해주도록 야후에게 명령했다. 야후는 법원의 명령에 따라 저스틴의 계정과 관련된 3박스 분량의 출력물과 1장의 백업 CD를 부모에게 넘겨줬다. 이로 인해 야후는 원치 않게 기업의 개인 정보 보호 정책 위반에 대한 논쟁에 휘말렸다.

이처럼 특정한 사건에 대한 법원 소송에서 고인의 가족이 승소해 고인의 계정 정보를 획득하는 경우가 꾸준히 발생해왔다. 이는 '사후 프라이버시'에 대한 일관성 유지에 큰 혼란을 초래한다. EU의 〈GDPR〉은 성인은 물론 어린아이에 대한 프라이버시까지 보장하도록 명문화하고 있다. 그러나 고인의 프라이버시 보장에 관한 언급은 아예 하지 않고 있다. 2017년 〈GDPR〉 제정을 위한 논의 당시, 고인의 프라이버시 문제는 토론 대상에서 제외되었기 때문이다.[34] 그래서 우리는 고인의 디지털 흔적과 디지털 유산에 대해 어느 선까지 활용을 허용할 것인지에 대한 논의를 새롭게 시작해야 할 시점에 놓여 있다.

1948년에 제정된 UN 세계인권선언 제12조에서는 인간의 프라이버시를 보장하고 있다. 여기에서 인간의 프라이버시는 크게 세 가지 구분된다. 사생활, 가정, 주거 등 영역에 대한 프라이버시, 신체에 대한 프라이버시 그리고 정보에 대한 프라이버시 등이다. 고인에 대해서도 이 프라이버시 보장을 적용한다면 역시 동일하게 세 가지로 구분할 수 있을 것이다. 미국은 연방 차원의 모델 법으로 〈디지털 자산의 신임적 관리법(UFADAA) Revised Uniform Fiduciary Access to Digital Assets Act〉을 제정해서 고인의 사후 계정 처리 의견을 존중하고 이에 반해 함부로 삭제하지 못하도록 함으로써 사후 정보 프라이버시에 대한 중요성을 최초로 부각시켰다.[35]

그러나 우리나라를 비롯한 대부분 국가에서는 아직도 고인의 프라이버시, 특히 사후 정보 프라이버시에 대해 법적인 논의를 본격화하지 않고 있으며 이에 대한 사회적 담론도 별로 형성되어 있지 않은 형편이다. 따라서 고인의 정보 프라이버시를 악용해 일부가 부당이득을 취하는 동안 개인이나 사회 전체가 겪게 될 고통과 혼란은 충분히 예견된다고 할 수 있다.

계정주의 사망에 따른 후속 조치를 공식적으로 처음 도입한 기업은 구글이다. 구글의 경우 2013년 '휴면 계정 관리' 기능을 신설했다.[36] 계정주는 자신의 휴면 상태에 대해 정의할 수 있다. 계정주가 사망한 경우를 포함해 1년간 계정이 휴면 상태가 되면 미리 지정된 관리인, 즉 신뢰할 수 있는 사용자에게 이 휴면 사실을 휴대폰 문자와 이메일로 동시에 통보한다. 관리자에게는 고인의 계정에 대해 데이터를 다운로드할 수 있는 권한, 즉 고인의 디지털 유산을 관리할 수 있는 권한이 주어진다.

페이스북의 경우 2015년부터 계정주의 사망에 따른 '기념 계정 관리자' 개념을 도입했다.[37] 같은 회사인 인스타그램도 이 개념을 제공하고 있다. 본인이 살아 있을 때 미리 본인의 사망 이후에 본인 계정을 어떻게 처리할지를 지정할 수 있도록 해준다. 기념 계정 관리자를 친구로 지정할 경우, 이 친구 계정으로만 고인이 된 계정주로의 로그인이 가능하다. 프로파일 상단 고정 게시물 작성, 새 친구 요청에 대한 응답, 프로파일 사진과 커버 사진 업데이트, 계정 삭제 요청 등 고인의 계정을 지속적으로 관리할 수 있다. 다만 페이스북은 구글과 달리 계정주의 프라이버시 보호를 위해 기념 계정 관리자에 대해 몇 가지 제약을 두고 있다. 예를 들어, 계정주로서 직접 로그인을 할 수 없고 계정주의 메시지를 읽을 수 없으며 계정주의 친구를 삭제하거나 새 친구를 요청할 수 없다.

반면에 우리나라 네이버Naver나 카카오톡KakaoTalk은 계정주 사망에 대비한 구체적인 지원 절차를 페이스북처럼 제공하지는 않는다. '고인의 계정 정보는 가족은 물론 그 어느 누구에게도 제공하지 않는다'는 단순한 원칙을 따를 뿐이다. 기념 계정 관리자와 같은 기능이 없으므로 계정주가 사망하면 휴면 계정으로 간주되어 처리된다. 직계 가족이 사망 증빙 서류를 제출하면 해당 계정을 삭제해준다. 따라서 계정주가 사망할 경우, 계정주와 관련된 디지털 흔적과 디지털 유산은 방치되거나 일방적으로 폐기될 가능성이 크다.

더구나 큰 안목에서 생각해보면, 고인의 디지털 흔적과 디지털 유산은 일종의 역사적 자료이며 인류 전체가 두고두고 활용할 수 있는 역사적 기록물과 같은 성격을 가진다고 볼 수 있다. 따라서 고인이 페이스북의 사용자였기 때문에 고인이 남긴 디지털 흔적과 디지털 유산을 페이스북에게 완전히 위임하는 것은 상식적이지 않다.[38] 마치 역사적 유물이나 기록물을 소수 기업이나 개인이 알아서 처분하도록 방치하는 것과 다를 바 없기 때문이다. 고인이 남긴 디지털 유산을 영원히 삭제할지, 이를 토대로 디지털 페르소나를 만들어낼지, 혹은 다른 목적으로 이를 활용할지 등은 사회적 합의에 따른 관리 정책이라는 큰 틀 안에서 움직여야 한다. 여기에 정부의 역할이 필요하다.

인공지능은 고인을 대상으로 하여 '죽음을 흔드는 손'으로 급부상하고 있다. 고인이 남긴 디지털 흔적과 디지털 유산을 활용해 인공지능이 고인을 디지털 세상에 다시 불러와서 이곳에서 활동을 재개하도록 해주는 '사후 디지털 부활' 또는 '사후 디지털 고용' 현상은 얼마 가지 않아 본격화될 것으로 보인다. 이로 인해 여러 가지 윤리적 문제가 발생하며 이전에 합의해본 적 없는 사회적 갈등도 일어날 것이다. 따라서 다양한 사회 구성원의 차별화된 시각에서 윤리적 상상력을 동원해 '고인의 죽음을 흔드는 손'에 대한 사회적 담론이 형성되어야 한다. 특정 사이트의 계정주가 세상을 떠났을 때 이 계정을 어떻게 처리할 것인지에 대한 사회적 합의도 우리 사회에서는 아직 이뤄지지 않고 있다. 고인이 남긴 디지털 흔적과 디지털 유산에 대한 처리는 어떻게 할지, 고인에 대한 사후 프라이버시 보장은 어떻게 할지에 대해서 사회적 공감대를 형성하고 필요한 조처를 마련해야 하는 시기를 맞이하고 있다.

살아 있는 자의 디지털 영생

디지털 쌍둥이

고인이 남긴 디지털 정보를 학습해 인공지능이 고인을 디지털 인격체로 부활시킬 수 있다면 이 기술을 살아 있는 사람에게 사용하면 어떨까? 우리가 종종 마주하는 인공지능 챗봇이 다름 아닌 바로 '나 자신'을 학습해 그대로 투영한 경우를 생각해보자. 인공지능 챗봇의 기본 기능은 물론 갖추고 있으면서도 나만의 경험과 지식, 인간관계와 성격, 심지어 고유의 말투와 용모까지 꼭 빼닮은 쌍둥이인 '디지털 트윈 Digital Twin'을 만드는 것이 갈수록 가능해진다.[39] 더구나 살아 있는 사람이 자신의 디지털 트윈을 제작하기 원할 경우 인공지능이 활용할 수 있는 디지털 정보 측면에서 볼 때 고인의 경우보다 훨씬 더 유리하다. 본인이 적극적으로 이 작업에 참여하면 자신의 디지털 트윈은 더 정교하며 더 생생하게 만들어질 수 있다.

고인에 대해서는 '디지털 부활' 작업이었지만 이제 살아 있는 사람에게는 '디지털 영생' 혹은 '디지털 불멸' 작업으로 바뀐다. 일단 나를 꼭 닮은 디지털 트윈이 제작되어 동작하게 된다면, 생물학적으로는 나이가 들거나 질병과 사고로 인해 언젠가 내가 죽게 되겠지만 디지털 인격체로서는 계속 살아서 다른 사람들과 관계를 유지하며 활동할 수 있게 된다. 이러한 특징으로 인해 여러 가지 유용한 활용 가능성이 제기될 수 있다.

영화 〈슈퍼맨Superman〉(1978)에서 이미 죽은 아버지 조엘과 슈퍼맨이 대화하는 장면이 나온다. 이때의 조엘은 살아 있을 때의 그를 그대로 투영한 일종의 디지털 트윈이다. 디지털 트윈은 현재는 존재하지 않은 자신의 미래 후손과의 대화를 가능하게 해준다. 물론 나는 이미 세상을 떠난 뒤이기에 디지털 트윈이 현재의 나와는 정신적 연계성이 없지만, 나의 미래 후손은 현재의 나에 가장 근접한 존재인 디지털 트윈과 더불어 인생에 대해, 집안에 대해, 지나간 시대에 대해 다양한 양방향 대화를 나눌 수 있다. 이렇듯 자신이 죽은 다음에도 가족이나 후손들과 대화를 나눌 수 있도록 해주는 디지털 트윈 상용 서비스는 이미 시작됐다.

인공지능 기업 히어애프터HereAfter는 "사랑하는 사람의 삶의 이야기를 기록하세요. 대화형 라이프 스토리 아바타를 통해 온 가족과 공유하세요."라는 슬로건으로 홈페이지를 개설해 다양한 서비스를 제공하고 있다.[40] 히어애프터는 살아 있는 사람과 라이프 스토리에 대한 대화를 기록한 후 이를 인공지능을 통해 대화형으로 가족과 후손, 친구들에게 제공한다. 라이프 스토리 대화를 위해 27개 분야에 걸쳐 수백 개의 선별 질문을 제공해 이에 대한 답변을 기록한다. 이 대화 과정에서 인공지능이 사용되기도 하지만 전문 상담사가 직접 질문을 던지며 현장 대화를 진행하기도 한다. 질문에 따른 답변은 인공지능에 의해 대화형으로 변환되어 제공된다. 3D 카메라를 이용해 답변하는 사람의 표정과 모습을 담아 아바타로 제공할 수도 있다. 이렇게 제작한 아바타를 히어애프터 기업은 '레거시 아바타Legacy Avatar'라고 부른다. 이처럼 히어애프터 기업은 살아 있는 사람과의 인터뷰를 기반으로 아바타 형태의 인공지능 챗봇 디지털 트윈을 제작해 제공한다. 디지털 트윈의 당사자가 죽은 다음에도 가족이나 친구, 아직 태어나지도 않은 미래 후손은 이 디지털 트윈과 라이프 스토리를 중심으로 양방향 실시간 대화를 나눌 수 있다. 물론 살아 있는 동안 나 자신과의 대화도 가능하다.

질문에 대한 답변을 중심으로 인공지능 아바타를 제작해 주는 히어애프터 기업과 달리 SNS를 비롯해 살아 있는 사람의 디지털 기록을 중심으로 하여 디지털 트윈을 만드는 '이터나임Eternime'이라는 기업도 있다.[41] 이터나임은 '불멸의 나eternal me'라는 의미를 가지고 있다. 마리우스 우르사체Marius Ursache라는 MIT 프로그램을 통해 2015년부터 시작한 스타트업으로 '디지털 불멸'을 슬로건으로 내세웠다. 한동안 4000명 이상의 신청자들을 받으며 매스컴의 주목을 받았으며 알타 2 버전의 아바타까지 제시하는 등 기업 활동을 적극적으로 해왔으나 최근에는 잠잠하다.

이보다 더 진보적이고 혁신적인 기업으로 '라이프넛LifeNaut'이 있다.[42] 라이프넛은 죽지 않는 인간을 목표로 하여 살아 있는 사람의 기억을 모두 저장할 뿐만 아니라 생물학적 유전자 정보까지 저장한다. 기억은 마인드 파일 안에, 유전자 정보는 바이오 파일 안에 저장되는데 모두 디지털 기술이 사용된다. 사람의 기억을 백업하는 과정에서 사진, 비디오, 문서 등 살아 있는 사람의 모든 디지털 흔적이 활용된다. 그리고 '대화형 아바타'를 통해서 살아 있는 사람의 신념, 태도, 가치를 학습할 수 있는 대화가 계속된다. 라이프넛은 지금 당장의 활용보다는 먼 미래에 자기 자신이 다시 살아날 것에 대한 기대에 더 큰 관심을 두고 있다. '비나Bina48'이라는 인공지능 챗봇 로봇은 이러한 마인드 파일을 기반으로 핸슨 로보틱스Hanson Robotics가 프로토타입으로 구현한 것이다. 라이프넛의 창업주인 마틴 로스블랫Martine Rothblatt이 자기 아내 비나 로스블랫에 대한 마인드 파일을 기반으로 구현한 디지털 트윈으로 홀로그램이나 아바타가 아닌 휴머노이드 로봇을 사용했다. 비나가 자신의 디지털 트윈 비나48을 만나서 대화하는 영상이 공개되기도 했다.[43]

모호해진 산 자와 죽은 자의 경계

자신의 디지털 트윈을 만들고 싶어 하는 사람이 특정 분야의 전문가이거나 직업인이라면 디지털 트윈은 그 사람이 보유한 전문 지식과 경험을 많은 사람과 시공을 초월해 나눌 수 있는 좋은 매체가 될 수 있다. 예를 들어 성공한 기업가, 대중적 문학가, 유능한 프로그래머, 친절한 상담가 등을 생각해보자. 해당 분야의 전문 지식뿐 아니라 그 사람의 고유한 경험과 스타일, 사고방식, 가치관을 디지털 트윈이 구현해낼 수 있다면 사회적으로도 큰 도움을 줄 수 있다. 전통적으로 책이나 논문 등을 통해 주변 사람과 후손들에게 전수되던 지식과 경험이 이제부터는 디지털 트윈이라는 실시간 대화형 디지털 휴먼을 통해서 이뤄진다. 디지털 도서관에 '○○○'이라는 이름의 디지털 트윈이 제공되고, 구글이나 네이버의 구글 번역기나 파파고와 같이 ○○○이라는 이름의 디지털 트윈 서비스가 제공되어 특정 분야에서 전문인과의 실시간 양방향 대화가 가능해진다. 이 경우 살아 있는 개인은 죽어서도 디지털 휴먼으로서 이름을 남기고 활동할 수 있으며 개인별 브랜드화도 가능해진다. 조금 특별한 경우이지만 디지털 트윈을 통해서 자기 자신과의 대화도 가능해지며, 현실 세계에 살아가고 있는 나 자신에 대한 자기 성찰이 이뤄질 수 있다. 이러한 자기 성찰은 자기 발전으로 이어지며 이 역시 다시금 디지털 트윈에도 반영되는 선순환이 가능해진다.

살아 있는 사람이 자신의 후손이나 남겨질 가족과의 미래 대화에 사용하려고 자신의 디지털 트윈을 제작했지만 현실에서는 이러한 목적과 다른 반응이 나타날 수도 있다. 본인이 살면서 앞서 돌아가신 부모님께 조언을 구하거나 위로를 얻고 싶은 날이 많았을 수도 있다. 그래서 본인도 후손들에게 그런 부모, 그런 어른으로 남고 싶어서 디지털 트윈을 만들기로 작정한다. 그러나 막상 당사자들은 시각이 다를 수 있다. 디지털 트윈을 통한 고인과의 끊임없는 만남 때문에 남겨진 유족이나 후손이 더 힘들어할 수도 있다. 이 세상에 고인이 더 이상 존재하지 않는다는 현실을 쉽게 잊을 수도 없다.

그래서 이와 반대로 남겨진 자들이 더 힘들어하지 않도록 고인의 흔적들을 디지털 세상에서 적절하게 삭제해야 한다는 주장도 있다. 비영리 사회적 기업 데드소셜Deadsocial은 살아 있는 사람에게 장차 맞이할 죽음에 대비해 현실 세계뿐만 아니라 디지털 세계에서도 마지막을 잘 마무리하도록 도와준다. 사망 시 디지털 유산을 정리할 수 있도록 해주고 유언장 작성부터 시작해 필요한 계정을 폐쇄하는 것까지 기존의 디지털 장의사 기능을 대폭 확대함으로써 디지털 세상과의 종식을 살아 있을 때 미리 도와준다. 디지털 트윈과 정반대의 개념이다. 이처럼 살아 있는 사람이 자신의 디지털 트윈을 만들어놓는다는 것이 타인의 시각에서 볼 때 늘 환영을 받는 행동은 아니다.

살아 있는 나를 학습해 제작된 디지털 트윈이 가지는 자율성에 대해 누가 책임을 질 것인가의 문제도 고려해야 한다. 예를 들어, 디지털 트윈이 대화 중에 특정인을 비방해 명예를 훼손하는 발언을 했을 경우 윤리적이며 법적인 책임 소재를 따지기 힘들어진다. 특정 전문 영역의 인물을 대상으로 제작한 디지털 휴먼 라이브러리가 상담이나 컨설팅 도중에 잘못된 정보를 제공할 경우 역시 그로 인한 정신적, 물질적 피해를 어떻게 처리할 것이냐는 문제도 발생할 수 있다.

좀 더 황당한 경우도 가능하다. 내 디지털 트윈이 나 자신에 대해 불리한 상황을 만드는 것이다. 예를 들어, 내가 감추고 싶은 흑역사, 시간이 지나고 세월이 흘러서 나도 잊고 지냈던 아픈 기억을 디지털 트윈이 학습해 기억하고 있다가 나중에 대화 중에 스스로 언급할 수도 있다. 만일 당사자가 살아 있다면 인터넷상에 자신에 관해 남아 있는 불리하고 나쁜 기록들을 인지하자마자 정보 주체의 '잊힐 권리', '삭제권'을 주장해 찾아 없앨 수 있었다. 그러나 이처럼 디지털 흔적들을 당사자가 인지하지도 못한 사이에 디지털 트윈이 학습할 경우 영원한 기록으로 보관되어 당사자가 죽은 다음에 반복해 나의 흑역사가 폭로될 수 있다.

인공지능은 고인에 대한 디지털 부활을 가능하게 할 뿐만 아니라 살아 있는 사람에 대한 디지털 영생도 가능하게 해주고 있다. 인공지능으로 인해 산 자와 죽은 자의 활동 경계선이 모호해지면서 지금까지 경험해보지 못했던 경제적, 문화적 영역에서의 새로운 가능성과 이해 충돌이 일어날 것이 분명하다. 희망과 기대만으로 질주하기에는 맞닥뜨려야 하고 풀어야 할 불안과 우려가 곳곳에 깔려 있다. 아직 한 번도 가보지 않은 길이기에 지금 우리에게 무엇보다 시급한 것은 윤리적 상상력과 모두가 참여하는 공론의 장이다.

살아 있는 자의 생물학적 영생

노화와 죽음을 치료하려는 시도

조금 앞서 나가는 이야기를 해보자. 인간에게 있어서 노화와 죽음은 피할 수 없는 한계 상황으로서 이를 해결해보려고 인류는 지금까지 심혈을 기울여 노력해왔다. 앞서 인공지능이 고인에 대한 디지털 부활을 가능하게 하고 살아 있는 자 역시 디지털 영생을 가능하게 함을 알게 되었을 때 새로운 가능성을 타진해볼 수 있다. 그럼 인공지능이 진짜로 사람의 노화 문제나 죽음의 문제까지 풀어낼 수는 없을까? 이 질문에 대해 충분히 풀 수 있다고 대답하는 사람들이 있다. 다만 인공지능 기술 하나만으로는 충분하지 않으며 생명과학, 바이오, 뇌 과학 등과 인공지능이 잘 융합하게 된다면 조만간 노화와 죽음의 문제를 풀어낼 수 있다고 주장한다. 이들은 노화를 질병의 하나이며, 죽음 역시 질병의 하나로 간주한다. 인간의 질병을 치료하는 차원에서 인간의 노화와 죽음을 해결하려는 시각으로 문제를 접근하게 된다.

2013년 9월 30일 미국 시사주간지 《타임Time》의 표지에 특이한 질문이 실렸다.[44] "구글은 죽음을 해결할 수 있을까?(Can Google solve the death?)" 당시까지만 해도 구글은 검색엔진을 중심으로 활동하는 IT 기업의 이미지가 강했다. 그런데 갑자기 뜬금없이 바이오 기업이나 고민할법한 주제인 '죽음 해결'을 구글과 연결해 질문을 던졌다. 거기에는 그럴만한 이유가 있었다. 구글이 실제로 2013년 9월 '칼리코Calico'라는 생명공학 분야의 바이오 회사를 설립했기 때문이다.

칼리코는 '캘리포니아생명회사California Life Company'의 약자로서 미국 캘리포니아주 샌프란시스코에 본사를 두고 있다. 1998년 구글을 창립했던 래리 페이지Larry Page와 세르게이 브린Sergey Brin이 2015년 10월 알파벳Alphabet이라는 모기업 그룹을 만들어 구글의 기업 지배 구조를 완전히 바꾼 적이 있다. 이때, 구글의 기존 자회사들을 영문 알파벳 순서대로 정리하기 시작했다. 칼리고는 알파벳 'C'에 해당하는 알파벳그룹의 자회사로 자리를 잡았다. 칼리코는 창업 단계부터 인간의 노화 현상 및 죽음을 다방면으로 접근해 해결할 것을 최고의 목표로 제시했다. 특이하게도 칼리코는 순수한 생명과학 바이오 기업이 아니라 모든 연구 과정에서 빅데이터 분석과 인공지능이라는 최신 IT 기술을 가장 잘 활용해 연구하는 기업으로 출발했다. 생명과학 바이오 분야에 IT 기술을 적극적으로 활용하겠다는 칼리코의 특징은 구글의 자회사라는 관계로 인해 창업 당시뿐 아니라 지금까지도 큰 기대와 주목을 받고 있다.

미국국립보건원(NIH)의 1년 예산과 맞먹는 막대한 예산이 지금까지 칼리코에 투입되어왔다. 그런데 칼리코는 '연구 결과의 비공개'를 원칙으로 삼아왔다. 그래서 그런지 2018년 벌거숭이두더지쥐를 이용한 생명 연장의 가능성을 보여주는 연구 결과를 살짝 발표한 것 이외에 지금까지 핵심 연구 실적을 구체적으로 대중들에게 알린 바가 별로 없다. 이러한 상황 때문에 노화와 죽음에 대한 칼리코의 연구 접근 방식에 근본적인 문제가 있다는 지적도 늘 함께 있어왔다.[45] 그럼에도 불구하고 암과 같이 인간의 수명을 제한하는 치명적 질병에 대한 근원적인 면역 치료에 있어서 괄목할만한 연구 성과를 꾸준히 만들어내고 있으므로 멀지 않아 인간 수명을 500세까지도 연장할 수 있으리라고 칼리코는 여전히 주장하고 있다.

뉴럴링크Neuralink는 전기자동차 생산 기업 테슬라Tesla 및 우주탐사 기업 스페이스XSpaceX의 회장 일론 머스크Elon Reeve Musk가 2016년에 창업한 뇌 과학 기업이다. 정확히 표현하면 뇌와 컴퓨터의 인터페이스(BCI)Brain-Computer Interface를 집중적으로 연구하는 기업으로 뇌 과학과 정보통신기술의 융합 연구를 중심으로 활동한다. 뉴럴링크는 인간의 뇌에 기록된 내용을 컴퓨터와 디지털통신을 이용해 그대로 외부에 디지털 자료로 백업한 후 나중에 다시금 뇌 안으로 복구할 수 있는 기술 개발을 최종 목표로 삼고 있다. '백업과 복구backup and restore'는 컴퓨터에서 흔히 일어나는 정보 이동 흐름이다. 컴퓨터 내부에 저장된 정보를 컴퓨터 외부의 저장소로 이동하는 것이 백업이고, 그 반대의 작업이 복구다. 뉴럴링크는 이러한 작업을 컴퓨터가 아니라 인간의 뇌를 대상으로 진행한다. 뉴럴링크의 이러한 연구가 세계 최초의 시도는 아니지만, 일론 머스크의 존재감과 영향력이 남달라서 특별한 주목을 받아오고 있다. 2020년 8월에는 '거트루드Gertrude'라는 살아 있는 돼지의 뇌에 전극이 연결된 '뉴럴링크 2.0'이라는 칩을 이식했다. 그리고 이 돼지의 다양한 활동에 따른 뇌 신호를 밖에서 실시간으로 읽어 백업하는 실험 과정을 공개했다.[46] 2021년 4월에는 원숭이를 대상으로 뇌에 칩을 심은 후, 원숭이가 뇌의 신호를 통해 '퐁'이라는 게임을 하는 장면을 공개했다. 2022년 2월 비영리단체 '책임 있는 의학을 위한 의사위원회(PCRM)'는 뉴럴링크가 이 실험을 위해 지난 3년간 23마리의 원숭이 가운데 16마리를 죽였고 그 나머지 원숭이도 심각한 트라우마 현상을 겪고 있다며 미 연방정부의 조사를 촉구하기도 했다.[47]

뇌 신호를 외부에서 정확하게 읽어낼 수 있다면, 그것은 사람의 마음과 생각을 그대로 읽어내는 셈이다. 루게릭 환자를 포함해 수족을 자유롭게 사용할 수 없으며 말도 잘 하지 못하는 사람에게 이러한 뇌 기술은 매우 유익하게 적용될 수 있다. 사람의 생각대로 생활 속의 사물들을 움직일 수 있게 되어 매우 혁신적인 삶의 변화가 가능하다. 특히 뇌에 기록된 기억의 많은 부분을 미리 읽어서 백업해놓을 수만 있다면, 알츠하이머병이 악화하기 전에 뇌의 기억을 백업받은 후 나중에 병이 악화되었을 때 이를 읽어내 기억을 복귀할 수 있어 환자에게 큰 도움을 줄 수 있다. 백업 단계뿐 아니라 완벽한 복구까지도 이처럼 이뤄진다면, 치매 현상을 근원적으로 치료하지는 못해도 완벽하게 회피할 수 있게 된다. 그러나 현재의 기술 수준으로 볼 때 뇌의 기억 일부를 백업 차원에서 읽어내는 기술의 실현 가능성은 조금씩 나아지고 있지만, 그 뒤에 이뤄지는 뇌로의 복구 기술은 요원하거나 불가능하다는 것이 다수 전문가의 의견이다. 그럼에도 불구하고 기술은 항상 새롭게 발전하며 출현해왔다는 과거의 경험을 기반으로 뉴럴링크와 일론 머스크는 희망을 버리지 않고 있다. 이처럼 노화와 죽음을 질병으로 보며 치료하려는 시각은 과학기술이 발달하면서 점점 많아지며 강해지고 있다.

새로운 기술, 새로운 생각

만일 일론 머스크가 꿈꾸는 것처럼 뇌 기억의 백업과 복구를 담당할 뉴럴링크 기술이 높은 완성도를 보일 경우를 상상해보자. 앞서 논의한 인공지능에 의한 '디지털 영생'과는 완전히 다른 차원의 '생물학적 불멸', '생물학적 영생'이 가능하다는 주장을 진지하게 생각해봐야 한다. 내 육체가 오래되어 낡아지고 질병이나 사고로 인해 신체 기능이 저하될 경우 이 기술은 유용하다. 복제 기술 또는 신체 기증을 통해서 얻은 새로운 육체로 '내 기억' 또는 '내 정신'을 이동하거나 연결함으로써 인간이 죽음을 겪지 않고 영원히 살아갈 수 있다는 주장이다.[48] '나'라는 존재가 가지고 있는 과거의 모든 기억이 뉴럴링크가 제공하는 기술을 사용해 현재의 육체로부터 백업된다. 그 후에 새로운 육체로 그대로 복구되는 상황이 가능함을 전제로 한다. 물론 앞으로 개발해야 할 기술의 난이도를 고려할 때 현실성이 없는 꿈에 불과하다는 과학계의 일부 비판도 있고, 인간이라는 존재가 단순히 육체와 뇌의 산물인 정신만으로 구성되지 않는다는 종교계의 반박도 강하다. 하지만 인류의 역사가 보여준 기술의 발전 과정과 그 결과를 놓고 판단할 때 이러한 시도에 대한 꿈과 열정은 사라질 것 같지 않다.

일론 머스크를 비롯해 현재 전 세계 산업 및 학문, 문화 분야에 걸쳐 크고 작은 영향을 주는 인물 중에 적지 않은 사람들이 이러한 꿈을 꾸고 있다. 이 꿈의 배경에는 새로운 생각, 새로운 가치관이 자리 잡고 있다. 그중에 '트랜스 휴머니즘Trans Humanism'과 '포스트 휴머니즘Post Humanism'에 주목할 필요가 있다. 인공지능이라는 인류 역사상 가장 혁신적인 신기술이 등장해 전 세계적으로 확산되고 있는 상황 가운데, 다양하면서도 새로운 변화 시도를 정확하게 바라보고 효과적으로 반응하려면 새로운 생각의 흐름에 대한 이해가 필요하다.

트랜스 휴머니즘이라는 말은 영국의 진화생물학자이자 유네스코(UNESCO) 초대 사무총장을 지낸 줄리안 헉슬리Julian Sorell Huxley가 1957년 《계시 없는 종교Religion Without Revelation》라는 책에서 최초로 사용했다. 트랜스 휴머니즘이란, 인간의 능력에 대해 새로운 가능성을 깨달아 인간을 유지하면서도 동시에 인간을 초월하는 것이라고 그는 정의했다. 초창기의 트랜스 휴머니즘은 기계와 기술을 이용해 인간의 생물학적 한계를 초월하겠다는 목표를 가지고 있었다. 그래서 초창기 트랜스 휴머니즘의 '트랜스trans'는 '초월하는transcendental'이라는 단어의 앞부분인 'trans'를 의미했다.

1989년 벨기에 태생의 이란계 미국인인 미래학자 FM-2030은 《당신은 트랜스 휴먼입니까? 빠르게 변화하는 세상에서 당신의 개인 성장 속도를 모니터링하고 자극하세요Are You a Transhuman? Monitoring and Stimulating Your Personal Rate of Growth in Rapidly Changing World》라는 책을 발표했다. 이 책을 통해 '트랜스 휴먼Transhuman'이라는 용어가 대중화되기 시작했다. 이 미래학자 FM-2030의 원래 이름은 페레이둔 에스판디어리Fereidoun M. Esfandiary이다. 발음은 물론 쓰기도 힘들다. 그래서 이름 첫 글자를 따고, 트랜스 휴먼이 완성될 것으로 기대하는 시점인 2030년을 붙여서 자신의 필명을 FM-2030이라고 지었다. 그러던 중 2000년 7월 췌장암으로 사망했다. 그는 미래에 기술이 발달해 자신을 죽음에서 부활시켜줄 것으로 믿었다. 그래서 최초의 냉동인간이 되기를 원했고 아직도 그의 시신은 보관 중에 있다. 그는 트랜스 휴머니즘을 포스트 휴머니즘이라는 종착지로 향하는 과도기적 단계라고 다시 정의했다. 이후로 트랜스 휴머니즘을 포스트 휴머니즘을 향하는 '과도기적transitory' 사상으로 바라보기 시작했고, 트랜스 휴머니즘의 '트랜스'는 '초월'에서 '과도기'로 그 의미가 바뀐다. 이후부터 트랜스 휴머니즘과 포스트 휴머니즘을 같은 연장선에서 생각하는 경향이 강해졌다.[49]

1998년 세계트랜스휴먼협회(WTA)가 영국 옥스퍼드대 닉 보스트롬Nick Bostrom 교수의 주도하에 세워졌다. 그는 2008년 단체명을 '휴머니티 플러스Humanity +'로 바꾸었으며, 2009년에는 수정된 '트랜스 휴머니스트 선언문The Transhumanist Declaration'을 발표했다. 세계트랜스휴먼협회는 트랜스 휴머니즘에 대해 다음 두 가지로 정의하고 있다.

- 트랜스 휴머니즘은 인간에게서 노화를 제거하고 지능과 신체 그리고 정신을 강화하는 데 필요한 기술을 개발하며 이성을 기반으로 인간 조건을 개선하는 데 있어서 가능성과 정당성을 지지하기 위한 지적이며 문화적인 운동이다.
- 인간의 근본적 한계를 극복하기 위해 기술이 가진 잠재적 위험성과 영향력을 연구하고 이러한 기술을 개발해 사용하는 데 있어서 관련된 윤리 문제를 연구하는 활동이다.

나중에 닉 보스트롬 교수는 '인공지능 윤리'의 필요성을 강조하면서 이 용어를 제목으로 제시한 논문을 발표하기도 했다.[50]

영화 〈아이언맨Iron Man〉(2008)에 등장하는 주인공 토니 스타크, 영화 〈에지 오브 투모로우Edge of Tomorrow〉(2014)에 등장하는 전투병 톰 크루즈는 공통점이 있다. 이들은 모두 로봇 장비의 도움을 얻어서 자신의 신체적 한계를 뛰어넘는 이른바 '트랜스 휴먼'의 샘플을 보여준다. 이러한 트랜스 휴먼은 이제 영화의 소재에 머물지 않고 있다. 미국과 러시아 등 일부 국가에서는 영화 〈스타워즈〉의 주인공처럼 전투 능력 향상을 위한 이러한 첨단 사물인터넷(IoT) 장비를 개발해 자국 군인들에게 전투에서 착용하도록 시도하고 있다. 트랜스 휴먼의 현실적 적용 사례로 볼 수 있다.[51]

인공지능 등 신기술의 도움을 얻어서 사람의 능력을 확장할 경우, 인간 '개인'의 경계선을 어디까지로 규정할 것인지에 대한 고민이 필요하다. 특히 인공지능의 도움을 얻어 뇌의 기능을 확장하는 경우, 자아 정체성은 물론 인간 고유의 능력에 대한 경계선을 규정하기 힘들어진다. 예를 들어, 시험이나 경쟁 과정에서 지원자들을 평가할 때 인공지능 등 신기술을 신체 내부 또는 외부와 쉽게 분리할 수 없도록 긴밀하게 연계한 트랜스 휴먼이 지원자로 참여한다고 가정해보자. 이 막강한 지원자와 일반 지원자를 같이 평가하는 것이 가능하며 옳은 것인지에 대한 판단이 필요하다. 만일 장착하거나 내장된 첨단 기술 부품을 분리해서 평가해야 한다면 어떤 기준으로 어느 선까지 자연인과 분리할지도 쉽지 않다. 심지어 이러한 분리 평가가 과연 공정한 것인지에 대한 사전 논의와 사회적 합의도 필요하다. 혹시나 고가의 첨단 기술 내재화를 통해 인간의 역량 증대가 가능할 뿐만 아니라 이를 개인과 명확하게 분리할 수 없어서 개인 신체의 일부분으로 사회가 인정할 경우 문제는 더 심각해진다.[52] 새로운 차원의 빈익빈 부익부 현상이 발생하게 되며 이에 대한 공정성 논의도 새롭게 필요해진다.

개인의 노화와 죽음의 문제를 기술적으로 해결할 수 있는 트랜스 휴먼이 기술 발전의 정점에 이르게 될 경우를 생각해보자. 현실적으로 모든 인간이 아니라 일부 개인만이 노화와 죽음의 문제를 해결할 수 있는 상황이 불가피하므로, 이는 새로운 차원의 사회적 차별을 일으킬 것이고 사회 구성원 간의 갈등이 심화될 것이다. 더구나 이러한 노화와 죽음을 해결하는 기술이 수혜자에게는 물론 인류 전체에게 축복이라기보다는 오히려 큰 부담이 될 수 있다. 너무 오래 살거나 심지어 죽지 않는 인간이 속해 있는 자연 생태계는 급격히 파괴되고 기형화될 가능성이 크다. 이러한 시각은 인간의 노화와 죽음에 대한 보수주의적 시각을 가진 사람들, 트랜스 휴머니즘을 비판하는 사람들로부터 쉽게 들을 수 있는 반론이다.

포스트 휴머니즘과 인공지능

포스트 휴머니즘은 '탈脫인문주의', '반反인문주의', '초超인문주의'라고 한글로 번역한다. 단어의 의미로만 볼 때, 전통적인 인문주의인 휴머니즘의 테두리를 벗어나고(脫), 휴머니즘의 전통적인 인간관을 부정하며(反), 휴머니즘에 토대를 둔 기존의 시각을 초월한다(超). 포스트 휴머니즘의 목표이자 논의의 정점인 '포스트 휴먼Post Human'은 현존하는 인간의 신체적·정신적 한계를 뛰어넘는 가장 진화된 인간의 후손이다. 따라서 현재의 기준으로 볼 때 포스트 휴먼을 인간이라 부르기 애매하다. 포스트 휴머니즘은 관점의 차이에 따라 여러 가지로 세분화된다.[53]

첫 번째, 인간의 육체적 한계를 과학기술로 극복하려는 트랜스 휴머니즘의 연장선이자 종착지가 포스트 휴머니즘이라는 관점이다. 과학기술적 접근에 따른 변화를 강조한다고 해서 이를 '기술적 포스트 휴머니즘'이라고도 부른다.

두 번째, 과학기술 발전과 활용에는 별 관심을 두지 않고, 전통적으로 휴머니즘이 중요하게 다루었던 중심 대상인 '인간'과 '남성'에서 벗어나려는 관점이다. 그동안 희생되고 무시되었던 '동물'이나 '여성'의 중요성을 강조함으로써 기존 휴머니즘의 틀 자체를 깨려는 '비판적 포스트 휴머니즘'이 여기에 속한다.

또 다른 세 번째 관점은, 인류가 앞으로 중요하게 다뤄야 할 주제는 앞의 두 관점에서처럼 '대상'이 아니라 '관계'라는 것이다. 인간과 동물, 생물과 무생물, 자연과 문화, 정신과 물질 등을 상호 대립의 관계 또는 주종 관계의 설정이 가능한 분리된 존재로 보지 않는다. 이들 각각은 서로 밀접하게 연결되어 있으며 분리가 불가능한 관계 기반의 존재로 바라본다.

물질을 바라보는 시각도 포스트 휴머니즘은 전통적인 유물론 시각과 달리한다. 인간 중심적이었던 마르크스의 유물론에서 벗어나 물질 중심적인 시각으로 전환한 '신유물론New

Materialism'을 따른다. 진화론의 관점에서 볼 때 인간과 생물 그리고 물질이 독립적으로 각자 진화하는 것이 아니라 함께 연결되어 상호작용하면서 진화해왔다는 '공진화co-evolution' 주장도 같은 흐름이다. 이러한 공진화는 인간과 물질이 서로 다른 근원에서 출발했다는 이원론에서 벗어나 하나에 뿌리를 두고 있다는 일원론에 도달하게 만들며 궁극적으로 무신론과 직결된다.

이러한 이유로 해서 포스트 휴머니즘은 전통적 휴머니스트, 보수주의자, 유신론을 가진 종교인과 철학자, 보수 생물학자의 주장들과 크게 대립하고 있다. 1989년에 발표된 《역사의 종말 The end of history and the last man》이라는 책이 있다. 소련을 비롯한 사회주의국가의 몰락으로 말미암아 전 세계에서 자유주의와 자본주의가 궁극적으로 승리하게 되어 앞으로 인류 역사에 있어서 더 이상 체제 갈등은 벌어지지 않을 것이라는 낙관론적 역사 전망을 담아낸 책이다. 이 베스트셀러를 출간했던 스탠퍼드대 프랜시스 후쿠야마Francis Fukuyama 교수는 포스트 휴머니즘의 연장선으로서의 트랜스 휴머니즘을 '세상에서 가장 위험한 생각'이라고 비판하는 대표적인 인물이다.[54]

지구 환경오염을 포스트 휴머니즘에서 바라보는 시각 역시 기존 시각과 사뭇 다르다. 지구와 같은 자연환경 생태계에 대해 인간이 우월적 존재이자 지배적 존재로 접근하는 것을 반대한다. 더 이상 인간은 자연을 지배하는 주인이 아니고 자연과 인간은 대등한 존재이며 불가분의 서로 연결된 관계다. 이를 전제로 하여 상호 우호적인 관계를 형성할 수 있는 대안을 수립하는 것이 오염된 지구 환경 생태계를 회복하는 올바른 접근법이라고 주장한다. 지구 환경과 생태계를 과학기술이 아닌 인문 철학적 관점에서 접근하는 이러한 새로운 학문을 '환경인문학', '생태인문학'이라고 부른다. 포스트 휴머니즘은 이 새로운 학문의 태동과 활동에 적지 않은 영향을 끼쳐왔다. 세계 180개 이상의 인문 기구와 조직이 모인 협의체(CHCI)Consortium of Humanities Centers and Institutes가 지구 환경과 생태계 변화를 인문학 관점에서 연구하고자 2013년에 '환경인문학연구소(HfE)'를 설치했다. 이 연구소는 이러한 환경인문학, 생태인문학에 관한 글로벌 논의를 주관해오고 있다. 포스트 휴머니즘의 시각에서 볼 때, 인간과 인공지능 역시 분리 불가능하며 상호 긴밀하게 연결된 존재들이다. 이 둘 사이의 우호적 공존 관계가 더 중요한 논점이지, 어느 것이 더 우위냐는 논쟁은 별로 중요하지 않게 된다. 인간과 인공지능의 관계는 '수평적 공존'이 바람직하다는 주장 역시 이 포스트 휴머니즘에 기반을 둔다.

인간과 인공지능의 공존 관계

그러나 인간과 인공지능의 공존 관계가 '수평적'이어야 한다는 주장은 현재의 시점에서 대중적으로 수용하기 힘들다. 인공지능은 어디까지나 '자연인' 인간을 위해서 존재해야 하고, 이 인간이 구성해온 인류의 번영과 행복을 위해서 사용되어야 한다는 대명제에 반대할 사람은 그리 많지 않다. 그래서 인공지능이 인간과 함께 살아가며 일하는 '공존 관계'는 어디까지나 '수직적'이어야 한다. 인공지능은 인간을 돕는 존재이지, 인간을 대체할 수 있는 동등한 존재가 아니다. 심지어 인공지능 때문에 인간이 희생되거나 천시되면 안 된다. 이것이 수직적 공존 관계다. 그런데 최근에 이 원칙을 흔들 수 있는 사례가 발생하고 있다. 어떤 제품이나 서비스를 제공할 때 그 안에서 인공지능을 이용한다는 사실을 이용자들에게 고의적으로 숨기는 경우다. 시간이 한참 흘러서 나중에 이용자들이 인공지능의 존재를 뒤늦게 알게 되었을 때, 인공지능의 위력에 크게 감탄하며 제품이나 서비스의 기술적 우수성을 인정할 수는 있겠으나 이것은 바람직한 관계가 아니다. 이용자로 하여금 제품이나 서비스를 운영하는 주체가 사람인지 인공지능인지 스스로 판단해보라는 식으로 접근하는 것은 옳지 못하다. 인공지능을 사용할 때는 이를 분명하게 밝히는 것이 '수직적 공존 관계'의 시작 단추다.

문제는 인간이 갈수록 인공지능과 무의식중에 가까워지는 것이다. 시간이 흐르고 세상이 바뀌어 많은 사람이 인공지능과 친숙해지고 '반려견', '반려묘' 못지않게 '인공지능'을 대하는 상황이 벌어질 것이다. 특히 인공지능이 외모나 능력, 특성 등 사람을 닮아가는 의인화 현상이 심화되고 사람들이 이에 익숙해질 경우 인간과 인공지능의 공존 관계를 수평적으로 바꿔야 한다는 논의가 불가피해질 수 있다. 포스트 휴머니즘에 가까워지는 것이다. 이때는 대중적 논의가 새롭게 이뤄질 필요가 있다. 하지만 아직은 아니다. 현재의 시각에서 볼 때 수용하기 불편할 정도로 '새롭고 앞선 생각'이다. 인공지능 윤리에서 인간과 인공지능의 공존 문제를 다룰 때 수직적이어야 하느냐, 수평적이어야 하느냐 하는 시각 차이에는 이처럼 포스트 휴머니즘과 같은 새롭게 앞선 생각에 대한 수용 여부로부터 시작된다고 볼 수 있다.

인공지능에 대한 윤리가 최초로 거론된 것은 약 80년 전인 1940년 공상과학소설 작가인 아이작 아시모프Isaac Asimov를 통해서다. 아시모프는 로봇 윤리로서 처음에는 세 가지의 원칙을 제시했다가 1984년 원칙 '0'을 추가해 네 가지의 원칙으로 개정했다.

- 원칙 0. 로봇은 인류humanity에게 해를 끼쳐서는 안 되며, 위험에 처한 인류를 방관해서도 안 된다.
- 원칙 1. 로봇은 인간a human being에게 해를 끼쳐서는 안 되며, 위험에 처한 인간을 방관해서도 안 된다. 다만 이것이 '원칙 0'을 위반하는 경우는 예외로 한다.
- 원칙 2. 로봇은 인간에 의해 주어진 명령orders에 반드시 복종해야 한다. 다만 그 같은 명령들이 '원칙 0' 또는 '원칙 1'과 상충되는 경우는 예외로 한다.
- 원칙 3. 로봇은 자기 자신을 보호해야 한다. 다만 자기 보호protection가 상위 원칙들과 상충되지 않을 때에만 유효하다.

아시모프는 이를 토대로 1950년 공상과학소설을 집필했는데, 이 소설은 2003년 윌 스미스 주연의 〈아이, 로봇I, Robot〉이라는 영화로 만들어졌다. 아시모프의 로봇 원칙은 키스 애브니Keith Abney가 제시한 로봇 윤리학의 3개 영역 중 하나에 해당한다.[55] 아시모프의 로봇 원칙을 인공지능 원칙으로 간주할 경우, 인공지능 안에 인공지능이 지켜야 할 '도덕 코드moral code'를 미리 주입할 것을 전제로 하고 있다. 이 경우 인공지능은 사람과 동등한 '자율적 도덕 행위자(AMA)Autonomous Moral Agent'가 된다. 현재의 기술 수준으로는 인공지능이 스스로 이러한 도덕의식을 가지고 자율적이며 독립적으로 판단할 수 있지 않기 때문에 아직은 현실적이지 않은 상황이다.

그럼에도 불구하고 아시모프의 로봇 원칙은 인간과 인공지능의 관계 측면에서 바라볼 때 중요한 시사점을 발견하게 해준다. 그것은 인간과 로봇, 인간과 인공지능의 관계를 '수직적 공존'에 한정해 원칙들을 전개하고 있다는 점이다. '인간이 인공지능을 위해 존재하지 않는다. 인공지능이 인간을 위해, 인류를 위해 존재해야 한다. 그리고 인간의 명령을 인공지능은 반드시 따라야 한다. 그것도 인공지능 자신을 보호하는 것보다 우선해서 따라야 한다.' 이것은 2020년 12월 발표된 우리나라 〈국가(범정부) 인공지능 윤리 기준〉의 대명제 '인간성을 위한 인공지능AI for Humanity'과 맥락을 같이 한다. 이 윤리 기준 역시 '인간과 인공지능의 수직적 공존 관계'를 대전제로 삼고 있다.

인공지능은 이미 세상을 떠난 고인을 디지털 세상에서 다시 살려내고 있다. 살려내기만 하는 것이 아니라 고인의 장점을 기반으로 직업 활동까지 재개할 수 있도록 만들어준다. 아울러 인공지능은 살아 있는 사람에게도 자신과 똑같은 디지털 트윈을 가질 수 있도록 해준다. 당사자가 죽은 뒤에도 디지털 트윈은 계속 활동할 수 있기에 인공지능은 살아 있는 사람에게 디지털 불멸을 선물하며 디지털 영생의 가능성을 열어준다. 장차 인공지능이 뇌 공학이나 유전공학과 같은 신기술과 결합해 사용될 경우, 칼리코나 뉴럴링크가 추구하는 것처럼 생물학적인 불멸이나 영생이 가능할지도 모른다. 이것은 상당히 먼 미래의 이야기다. 그럼에도 불구하고 이미 인공지능은 고인이든 살아 있는 사람이든 그동안 똑바로 마주하기 힘들어했던 '죽음'이라는 문제를 다른 각도에서 거세게 흔들어대면서 조금씩 다르게 풀어내고 있다.[56] 이처럼 다양하게 '죽음을 흔드는 손' 인공지능으로 인해 우리는 지금까지 한 번도 경험해보지 못했던 변화와 기회를 새롭게 맞이하게 될 것이다. 그렇지만 거기에는 분명히 치러야 할 대가가 있다. 지금 이 시각에는 구체적으로 드러나지 않은 부작용과 역기능이 숨어서 우리가 한 걸음 앞으로 더 나아오기를 기다리고 있다.

2

'존재'를 흔드는 AI

존재하지 않는 존재, 가상 인간

버추얼 휴먼과 아바타

오로지, 이루이, 김래아. 우리나라의 보편적인 성을 따른 한국식 이름이다. 부르기 불편해서 그런지 성은 쏙 빼고 이름만 부른다. 그러다 보니 한글 이름 '로지, 루이, 래아'에 대한 영어 표기도 'Rozy, Rui, Reah'가 되어 글로벌 시대에 걸맞게 꽤나 자연스럽다. 모두 여성이고 나이도 비슷하다. 로지와 루이는 22세로 동갑이고, 래아가 23세다. 이들은 자연인으로 태어나지 않아서 주민등록번호가 없다. 그렇지만 SNS상에서 인간으로 존재하면서 활동하며 살고 있는 '가상 인간Virtual Human'이다. 이들의 의견이나 활동은 많은 사람의 의사 결정 과정에 큰 영향을 미친다고 해서 '가상 인플루언서Virtual Influencer'라고 부른다. 어떤 경우는 특정 브랜드의 이미지를 대변해주는 외교 대사와 같은 역할을 맡기 때문에 '가상 앰배서더Virtual Ambassador'라고도 부른다.

김주하, 변상욱, 이지애. 방송 매체에서 주로 뉴스 아나운서와 앵커로 활동 중인 실존 인물이다. 이들 모두 특별한 디지털 복제 인간을 가지고 있다. 자신을 대신해 방송 뉴스를 진행할 수 있는 '가상 아나운서Virtual Announcer'가 개인별로 준비되어 있다. 이들 가상 아나운서가 뉴스를 맡을 때는, 뉴스 제작과 진행을 위해 사전에 따로 분장할 필요가 없다. 보통의 뉴스 촬영에서 사용하는 스튜디오, 카메라, 조명도 더 이상 필요 없다. 재난 방송이나 긴급 뉴스처럼 생방송하기 힘든 시간대에 진행되는 뉴스 프로그램에도 이들은 별 무리 없이 출연해 진행할 수 있다. 이러한 가상 아나운서는 인공지능 기술을 사용해 제작되기 때문에 'AI 아나운서, AI 앵커'라고도 부른다. 이들은 일종의 가상 인간이다.

가상 인간은 '존재하지 않는 존재'이며, '인간이 아닌 인간'이다. 가상 인간은 자신이 맡아서 하는 일에 따라서 별도의 명칭이 붙기도 한다. 앞서 소개한 '가상 인플루언서', '가상 아나운서' 이외에 '가상 가수', '가상 작곡가', '가상 쇼호스트', '가상 비서', '가상 부캐' 등 제법 구체적인 명칭으로 존재해 자기 일을 해낸다. 앞으로 가상현실과 증강 현실(AR)Augmented Reality[57]을 기반으로 확장된 가상 세계인 '메타버스Metaverse'가 발전해 이용자의 몰입도가 높아지고 부가가치 실현 영역이 더욱 확장될 경우, 이 메타버스에서 사람들이 '아바타'라는 자신의 가상 인간을 하나쯤 가지고 살아갈 날도 그리 멀지 않았다.

인식 조사 국내 기업인 엠브레인 트렌드 모니터는 “2021 SNS 이용 및 ‘인플루언서’ 영향력 관련 인식 조사”를 시행한 결과를 발표했다.[58] 전국에 만 13세에서 59세 사이의 남녀 1000명을 대상으로 ‘인플루언서’에 대해 조사를 했는데, 몇 가지 주목할만한 결과가 나왔다.

먼저 ‘인플루언서influencer’에 대한 일반인들의 인식 상태를 확인할 수 있다. 인플루언서란, ‘TV 등 기존 미디어 매체가 아닌 SNS상에서 활동하면서 구독자 또는 팔로워가 많으며 높은 인지도를 가지고 있는 사람’이라고 인식하고 있었다. 그래서 인플루언서와 연예인의 경계선은 이미 무너지고 있다는 생각을 응답자의 3분의 2(62%)가 가지고 있었다.

사람들이 이용하는 SNS의 비율을 보면 유튜브(67.6%), 인스타그램(67%), 페이스북(58.1%), 블로그(33.9%)의 순이었다. 반면에 이 SNS 안에서 팔로우하는 계정의 비율을 보면 지인과 친구 계정(61%), 취미 관심 계정(56.6%), 인플루언서 계정(42.9%), 뉴스 정보 제공 계정(37.9%), 국내 연예인 계정(32.9%), 브랜드 공식 계정(26.9%), 해외 연예인 계정(15.4%)의 순이었다. 즉, SNS 계정을 보유하고 있는 응답자의 절반 정도는 이미 특정 인플루언서를 팔로우하고 있었다. 그중 39.1%는 자신이 특정 인플루언서의 ‘찐팬’임을 밝혔다. 응답자의 나이가 젊을수록 이러한 팬덤 소속감이 높았다.

인플루언서는 특정 분야에서 많은 사람에게 영향을 끼치는 존재다. 그래서 사람들은 인플루언서가 광고에 참여해 개인적인 수익을 올리는 현상에 대해 이상하게 생각하지 않았다. 그럼에도 불구하고 인플루언서의 이러한 마케팅 활동 자체에 대해서는 부정적인 시각을 더 많이 가지고 있었다(56.3%). 특히 자신의 콘텐츠 안에서 특정 제품과 브랜드에 대한 우수성을 소개하면서도 마치 광고 스폰서를 전혀 받지 않고 순수한 개인 의견인 것처럼 포장하는 '뒷광고'가 사실로 드러나면서부터 인플루언서에 대한 신뢰도가 상당히 낮아졌다. 인플루언서는 자신의 언행이 사회에 끼친 영향에 대해 책임을 져야 하며(84.2%), 만일 사회적 물의를 일으키면 심지어 은퇴하는 것까지도 필요하다(74.5%)는 의견을 제시했다. 반면에 향후 인플루언서의 사회적인 영향력이 더 증가할 것이라는 긍정 의견(52.3%)이 감소할 것이라는 반대 의견(7.3%)보다 훨씬 더 많았다.

인플루언서와 관련해 종합적 마케팅 서비스를 제공하는 미국 기업 미디어킥스Mediakix는 '모든 마케터가 알아야 할 인플루언서 마케팅 통계' 자료를 홈페이지에 게시했다.[59] 이 자료는 2019년에 실시한 마케터 대상 설문 조사 결과 외에 소비자와 인플루언서를 대상으로 한 인플루언서 마케팅 조사 결과를 추가해 종합한 자료다.[60]

5명 중 4명의 마케터(80%)는 인플루언서가 마케팅에 매우 효과적이라는 확신을 가지고 있었다. 인플루언서에 대한 투자 이익률(ROI)Return On Investment은 1달러 투자당 이익이 5.2~6.6달러에 달하며 다른 형태의 디지털 마케팅보다 11배나 높았다. 그래서 갈수록 기업들은 인플루언서 마케팅 예산을 크게 증액하는 추세다.

인플루언서 마케팅에 가장 적합한 SNS 채널 1위로 인스타그램(89%)을 꼽았다. 그 뒤를 이어 2위에는 유튜브(70%), 3위 페이스북(45%), 4위 블로그(44%), 5위 트위터(33%)의 순이었다. 유튜브가 1위를 차지했던 국내 인식과 달리 1위와 2위의 순위가 바뀌었다. 구체적으로 여성은 인스타그램을, 남성은 유튜브를 선호했다. 가장 효과적인 인플루언서용 콘텐츠 형식으로는 1위에 인스타그램 포스트(78%)를 꼽았다. 2위 인스타그램 스토리(73%), 3위 유튜브 동영상(56%), 4위 인스타그램 동영상(54%)이 그 뒤를 이었다.

소비자의 3분의 1은 친구와 가족에게 인플루언서를 추천해주고 있다. 2025년까지 약 44억 명이 SNS에서 활동할 것으로 예상된다. 그중에서 MZ세대는 SNS 또는 이와 유사한 메시지 소통 앱에서 매일 적지 않은 시간을 보낸다. M세대 평균인 2시간 22분보다 Z세대는 더 많은 시간인 2시간 41분을 보내고 있다. 소비자의 65%는 인플루언서가 추천하는 브랜드나 제품을 찾는다. 소비자의 82%는 자신이 따르는 인플루언서의 권장 사항을 수용할 가능성이 큰 것으로 조사됐다.

인플루언서 마케팅에서는 마케터가 가장 우려하는 경우들이 존재해왔다. 인플루언서가 가짜 팔로워를 보유하고 있어서 마케팅 효과를 속이는 경우(50%)와 마케팅용 콘텐츠 노출 알고리즘을 무단으로 바꿔 마케팅 효과를 처음 기대치보다 떨어뜨리는 경우(49%)를 꼽았다.[61] 반면에 인플루언서들은 브랜드와 거래할 때 본인과 브랜드와의 관련성(64%) 및 브랜드의 신뢰성(52%)을 가장 중요하게 고려하고 있었다.

그랜드 뷰 리서치Grand View Research의 조사 자료에 의하면 인플루언서의 시장가치는 2021년 102.4억 달러에서 2028년 848.9억 달러로 증가함으로써 30.3%의 높은 연평균 성장률(CAGR)Compound Annual Growth Rate을 보일 것으로 예상하고 있다.[62] 이처럼 인플루언서는 가성비 좋고 효율성이 높은 마케팅 채널로서 그 영향력을 확장하며 기업의 브랜드나 제품 광고에서 역할과 비중을 높여가고 있다.

그런데 지금까지의 '휴먼' 인플루언서를 마케터와 소비자들이 지켜보는 동안, '휴먼' 자체와 관련된 신뢰성과 책임성 그리고 진정성에 대한 우려와 불안함이 조금씩 쌓이기 시작했다. 반면에 가상 인간의 일종으로 등장한 '가상 인플루언서'는 이러한 휴먼 인플루언서의 부족한 약점을 보강함과 동시에 인플루언서의 미래 가능성을 새롭게 열어주는 대안으로 크게 주목받게 됐다.

가상 인플루언서의 등장

가상 인플루언서는 인스타그램, 유튜브 등의 SNS에서 인플루언서로 활동하는 디지털 인물이다. 일종의 가상 인간이다. 가상 인플루언서, 즉 가상 인간을 구현하는 기술로는 크게 두 가지가 있다. 첫 번째 방식은 전통적인 그래픽 방식이다. 이차원 캐릭터처럼 가상 인간이 비교적 간단할 경우, 단순한 그래픽 도구만 잘 활용해도 이를 충분히 구현할 수 있다. 그러나 현실에서의 가상 인간은 3차원의 정교함과 높은 몰입도를 갈수록 요구받고 있다. 그래서 모션 캡처, 3D 모델링, 정밀 렌더링, 컴퓨터 그래픽 이미지(CGI)Computer-Generated Imagery, 시각 효과(VFX)Visual Effects 등을 아우르는 첨단 그래픽 기술들을 사용하는 경우가 더 많다. 이러한 첫 번째 방식은 영화나 드라마 제작 과정에서 막대한 비용과 시간을 치르면서도 꾸준히 발전시켜 온 방식이다. 로커스LOCUS 기업의 자회사인 '싸이더스 스튜디오 엑스SIDUS studio X'가 제작한 가상 인플루언서 '로지'가 바로 이런 방식으로 만들어졌다. 외국의 가상 인플루언서 '미켈라Miquella', '슈두Shudu', '이마imma'도 이와 동일한 방식으로 제작됐다.

두 번째 방식은 최근 몇 년 사이에 본격적으로 실용화되기 시작한 딥페이크Deepfake와 같은 인공지능 기술을 이용하는 방식이다.[63] 딥러닝 중심의 인공지능 기술을 사용해 신체 일부를 다른 사람의 것과 바꿔 합성하거나 아예 새롭게 생성해 가상 인간을 구현하는 것이다. 이는 첫 번째 방식보다 상대적으로 저렴하고 제작 기간이 단축된다는 큰 장점을 제공한다. 디오비 스튜디오dob Studio가 만든 '루이', LG가 만든 '래아'가 바로 이 방식으로 구현됐다. 김주하, 변상욱, 이지애에 대응하는 가상 아나운서 그리고 펄스나인pulse 9이 제작한 가상 아이돌 그룹 '이터니티Eternity'

의 구성 멤버인 가상 가수들도 이 방식으로 구현됐다. 가상 인간의 신체적 표현 범위와 활동 영역 그리고 가상 인간에게 매핑mapping된 이미지 또는 내포하는 메시지에 따라서 이 두 가지 기술 방식을 적절한 선에서 혼용해 구현하는 경우도 많아지고 있다.

가상 인플루언서 '로지'

로지Rozy는 살짝 주근깨도 있으면서 아주 예쁘지는 않지만 개성 있고 동양적인 얼굴에 키 171㎝, 몸무게 52㎏의 슈퍼모델급 신체 비율을 가진 22세 여성이다. 로지는 2020년 8월에 인스타그램 계정을 오픈했다.[64] 본인이 가상 인간임을 일부러 밝히지 않은 상태에서 SNS 활동을 한동안 열심히 진행했다. 여행, 스포츠, 패션 분야를 중심으로 독특하고 개성 넘치는 취미 활동 사진들을 인스타그램에 꾸준히 게시했고 사람들의 댓글에도 성실하게 응하면서 젊은 MZ세대에게 좋은 반향을 일으켰다. 4개월 뒤인 2020년 12월, 로지는 스스로 가상 인플루언서임을 선언했다. 한국 최초의 가상 인플루언서가 공식적으로 출현한 셈이었다. 로지를 본 영국 출신 사진작가 카메론-제임스 윌슨Cameron-James Wilson은 앞서 자신이 만든 세계 최초의 디지털 슈퍼모델이자 흑인 외모의 가상 인플루언서인 '슈두'와의 공동 작업을 요청했다. 세상의 경계를 넘어선다는 의미로 'Over The Limit'이라는 제목 아래, 두 명의 가상 인플루언서 로지와 슈두가 함께 촬영한 사진이 2021년 1월 게시됐다.

로지가 일반 대중 앞에 극적으로 등장하게 된 것은 2021년

7월 신한생명과 오렌지라이프의 통합 법인인 신한라이프가 새 출발 광고 모델로 로지를 발탁하면서부터다. 해당 광고 유튜브 동영상이 1천만 뷰를 달성했고 사람들은 광고 중에 등장하는 로지가 가상 인물임에 놀랐다. 3D 디지털 더블 기술을 사용해 만든 입체 캐릭터가 사람 표정을 따라하도록 함으로써 로지의 얼굴이 만들어졌고, 실제 사람 대역을 사용해 로지의 몸동작이 만들어졌다.[65] 이런 방식으로 로지를 제작한 기업은 로지의 후속으로 남성 이미지의 가상 인플루언서를 준비하는 등 국내에서도 가상 인플루언서의 등장이 본격화되고 있다.

가상 부캐 '루이'

루이Rui에게 따라다니는 수식어는 여러 개다. 주로 외모를 기반으로 사진 모델과 광고 모델로 활동하고 있는 가상 인플루언서 '로지'와 다르게 '루이'는 자신의 목소리를 가지고 다양한 노래를 직접 부르는 가상 가수 쪽에 더 큰 무게를 두고 있다. 지금까지 방탄소년단, 아이유, 트와이스, 헤이즈, 카밀라 카베요와 같은 다양한 가수들의 노래를 루이는 훌륭하게 소화해 커버했다. 루이는 실제로 가수 활동을 하는 실존 인간을 기반으로 한 가상 인간이다. 그래서 가수 활동 관점에서 볼 때 가상 인간 루이는 실존하는 인간 가수의 '디지털 트윈'이라고 볼 수 있다. 인간 가수가 노래 부르는 모습과 목소리 전체를 먼저 녹화한 후 딥페이크 같은 인공지능 기술을 사용해 눈, 코, 입 등 얼굴의 일부분만 교체해 새로운 동영상을 제작한다. 기술의 난이도, 소요되는 시간과 비용 측면에서 볼 때 이러한 인공지능 기술은 3D 모델링 및 3차원 그래픽 기술을 사용하는 경우보다는 훨씬 효율적이며 가볍다.

인간 가수의 입장에서 볼 때 루이는 자신의 새로운 캐릭터, 즉 부캐에 해당한다.[66] 이 때문에 루이를 '가상 부캐'라고도 부른다. 가상 부캐 루이는 외모로 불편해하는 사람들에게 새로운 삶의 변화와 기회가 가능함을 시사해준다. 사람들은 루이와 같이 자신만의 '가상 부캐'를 만든 후, 루이처럼 완전히 다른 제2의 인생을 디지털 세상에서 새롭게 펼쳐나갈 수 있다. 특히 앞으로 메타버스가 더 활성화될 경우 이 메타버스 플랫폼 안에서 사용자가 원하는 모습의 아바타를 만들어주는 서비스가 본격화될 것이다. 이때 내가 원하는 모습의 아바타를 루이와 같은 방식으로 손쉽게 구현할 수 있다면, 가상 부캐를 통해 인생에 새로운 기회를 얻는 것이 가능하다. 반면에 이처럼 가상 부캐가 활성화되고 보편화되면 자칫 외모 지상주의를 사회 전반에 걸쳐 확산한다는 비판을 받을 수 있다. 그뿐만 아니라 자신의 가상 부캐 앞에서 상대적으로 느끼게 되는 진짜 자기 자신에 대한 부정적 감정과 더 낮아지는 자아감은 새로운 문제가 될 수 있다.

루이는 인스타그램 이외에 유튜브에 '루이커버리RuiCovery'라는 채널을 열어 2020년 8월부터 활동해오고 있다. 가상 가수로서 가수 활동도 열심히 진행하고 있지만 국내 여행 소개, 기업 브랜드 모델로도 활동 영역을 넓히고 있어서 이제 루이에게는 '가상 인플루언서'라는 명칭이 더 잘 어울리고 있다.

가상 앰배세더 '래아'

'미래에서 온 아이'라는 뜻을 가진 '래아Reah'의 등장은 2020년 5월 얼굴 스케치 한 장이 인스타그램에 게시되면서부터 시작됐다. 그 뒤에 래아에 대한 실물 사진이 올라왔고 전체 모습이 드러나면서 다양한 활동 사진이 꾸준히 실렸다. 작곡과 노래를 모두 다 해내는 싱어 송-라이터Singer Song-writer에 어울리게 작곡을 위한 작업 공간 사진도 올라왔다. 이어서 미술관, 공방, 음식점, 공원 등을 찾아다니는 사진들이 실리면서 사람들의 주목을 받기 시작했다. 그러다가 두 달이 지난 2020년 7월 인터뷰 형태를 빌려 래아는 자신이 인간이 아닌 가상 인간임을 밝혔다. 곧이어 최초로 작곡한 음악 〈코미노 드라이브Comino Drive〉를 사운드클라우드Soundcloud[67]와 밴드캠프Bandcamp[68]에 발표한 것이 7월 마지막 날이었다. 이어서 이 곡에 입힐 가사도 작사했다. 그리고 본인의 음성으로 녹음을 진행하려던 순간, 자신에게 원래부터 목소리가 없음을 발견한다. 자신의 인생은 '음소거가 된 인생'이라고 표현했다. "버추얼 휴먼에 목소리도 없다니, 존재 자체를 부정하다니…"라는 래아의 넋두리가 이어졌다. 팔로워들은 래아에게 목소리를 만들어달라고 요구했다.

래아의 극적인 등장은 미국에서 개최된 국제전자제품박람회(CES) 2021에서 이뤄졌다. 영어를 제법 유창하게 구사하며 진홍색 후드티를 입고 LG 홍보 부스에 래아가 나타났다. 래아 스스로 가상 인간이라고 커밍아웃한 이후 사람들은 싱어 송-라이터 래아의 미래 모습이 가상 가수일 것이라고 예상했다. 그런데

LG전자라는 글로벌 브랜드를 홍보하는 대사ambassador인 '가상 앰배서더'로 등장한 것이다.

기업들은 자신들의 브랜드 이미지를 잘 드러낼 수 있는 홍보 대사를 찾는 것이 쉽지 않다고 한다. 설령 찾는다고 하더라고 그 홍보 대사가 나중에 사회적 물의를 일으키는 사생활을 살아가거나 학교 폭력, 스캔들과 같은 과거의 숨기고 싶은 아픈 이력들이 대중들에게 드러날 경우 브랜드 이미지도 더불어 추락하는 위험이 생기기 때문이다. 그러므로 특정한 인물을 브랜드 이미지 홍보 대사, 즉 '브랜드 앰배서더'로 선정해 꾸준히 지속하기란 쉽지 않다. 이런 측면에서 LG는 사생활 리스크가 전혀 없는 브랜드 홍보 대사로서 '휴먼 앰배서더'가 아닌 '가상 앰배서더'를 선택했다. 그리고 그 자리에 가상 인간 '래아'를 세웠다. 래아는 이전부터 해왔던 싱어 송-라이터이자 음악가로서, 여행을 좋아하며 영어를 자연스럽게 구사하는 여성으로서 LG의 브랜드 이미지를 확산해나갈 것으로 보인다. CES 2021에 등장할 때 첫 화면 하단에 나온 소개 문구 '래아 킴, LG가 디자인한 가상 인플루언서'는 앞으로 래아가 어떤 활동을 해나갈지를 암시해준다.

래아는 인공지능 기술을 사용해 제작됐다. 실제 사람의 얼굴 표정과 몸동작에 관한 풍부한 3차원 데이터를 확보한 후 인공지능이 이를 학습함으로써 래아의 얼굴과 신체를 구현했다. 또한 사람 목소리를 4개월 이상 인공지능이 학습한 후 래아의 목소리도 만들어냈다. 반면에 '래아'와 달리 '로지'는 실제 사람의 몸동작을 차용한 후 첨단 3D 그래픽 기술을 활용해 머리 전체를 구현했다. '루이'는 사람의 몸동작과 목소리를 함께 촬영한 후 딥페이크 기반의 인공지능 기술을 사용해 얼굴의 핵심인 눈, 코, 입 부분을 다른 이미지로 합성했다. 따라서 로지와 루이에 비해 '래아'는 인공지능 기술이 훨씬 더 많이 적용된 가상 인간이다.

글로벌 대표 '미켈라'

미켈라Miquela의 존재감은 2016년 4월 인스타그램을 통해서 시작됐다.[69] 그녀는 미국 로스앤젤레스에 거주하는 브라질계 미국 여성 이미지로 나이는 19세다. 영국 모델 에밀리 바도Emily Bador의 외모를 참조해 'CGI'로 제작된 것으로 알려졌다. 특히 그녀의 헤어스타일은 눈썹보다 앞머리를 더 짧게 잘라 바가지 모양의 머리를 하고 있다. 그래서 여성적 아름다움을 추구하기보다는 깜찍하고 발랄하며 톡톡 튀는 매력을 강조한다. 2022년 1월을 기준으로 310만 명이 넘는 인스타그램 팔로워를 가지고 있는데, 그중 83%가 1995년 이후에 태어난 Z세대일 만큼 미켈라는 젊은 층에게 큰 영향력을 주고 있다.

2017년 뮤지션 데뷔 싱글 앨범 〈낫 마인Not Mine〉을 발표한 후, 세계 최대의 음원 스트리밍 플랫폼인 스포티파이Spotify에서 150만 회 이상의 재생이 이뤄지면서 8위까지 올라갔다.[70] 그 후로도 꾸준히 앨범을 발표해 2020년에는 〈스피크 업Speak Up〉, 〈하드 필링즈Hard Feelings〉 등을 발표했다. 특히 2020년에는 미국 여성 인기 가수 '테야나 테일러Teyana Taylor'(당시 31세)와 함께 작업한 노래 〈머신Machine〉을 발표하기도 했다.

그녀가 사람들의 주목을 더욱 받게 된 것은 활동 영역을 넓혀 디지털 슈퍼모델, 즉 가상 모델로 활동하면서부터다.[71] 미국패션디자이너협회(CFDA)가 주관한 CFDA 패션 어워드 행사에서 프라다Prada의 모델이 되었고, 세계적인 패션모델 '벨라 하디드Bella Hadid'와 함께 캘빈 클라인Calvin Klein 광고에 등장했다. 양털 부츠 브랜드 '어그UGG'의 40주년 기념 캠페인의 모델로도 활동했다. 넷플릭스 영화 〈기묘한 이야기Stranger Things〉(2016)에서 여주인공 역을 맡았던 밀리 보비 브라운Millie Bobby Brown, 2019년 《타임》지가 선정한 '영향력 있는 100인'에 프로게이머 직군으로는 최초로 선정된 닌자Ninja 그리고 대표적인 일렉트로닉 음악 아티스트인 DJ 스티브 아오키Steve Aoki와 함께 미켈라는 삼성 팀갤럭시 광고 4인방 중 한 명으로 출연해 존재감을 보여줬다. 이러한 활동에 따른 미켈라의 수익은 상상보다 많다.

미켈라는 사회적 문제에도 목소리를 내왔다. 아프리카계 미국인에 대한 경찰의 과도한 폭력에 항거해 2013년부터 시작된 BLM(흑인의 목숨도 소중하다)Black Lives Matter 운동이 2020년 5월 경찰의 체포 도중 질식사한 조지 플로이드 사건으로 인해 다시금 뉴스의 헤드라인으로 떠오르자 가상 인플루언서의 약 35%가 BLM 운동에 동참했다.[72] 미켈라 역시 자신의 트위터에 '#BlackLivesMatter' 태그를 달고 이 운동에 참여했다. 그의 외모가 브라질계 미국 여성 이미지이기에 백인이 아님에 따른 당연한 반응일 수도 있었다. 하지만 미켈라에게는 가상 인플루언서로서 대중을 상대로 하여 가장 큰 이슈까지 섭렵할 수 있는 기회

이기도 했다. 이 활동으로 미켈라는 미국 시사 주간지 《타임》이 선정한 '2018 인터넷에서 가장 영향력 있는 25인'으로 선정됐다. 마켈라는 코로나19 사태로 어려움에 처한 음악업계를 도와줄 목적으로 펀딩도 진행했다. 그리고 성 소수자와 같은 사회적 약자들의 인권 문제에 대해서도 적극적인 관심을 가지고 도와주려는 영향력을 전개하고 있다.

가상 인플루언서

휴먼 인플루언서를 능가하는 가상 인플루언서들

영국에 기반을 둔 온라인 마켓플레이스 '온바이OnBuy'는 2020년 8월을 기준으로 전체 가상 인플루언서에 대한 연소득 순위를 발표했다.[73] 1위부터 7위까지는 전년 대비 소득이 증가한 반면 나머지 가상 인플루언서들은 감소했다. 1위는 미켈라였다. 뒤이어 2위는 누누우리noonoouri, 3위 이마, 4위 버뮤다Bermuda, 5위 블라코Blawko, 6위 슈두의 순위를 보였다.

1위인 '미켈라'의 연소득은 약 140억 원(890만 파운드)로 추정되었는데, 이는 영국인 평균 연소득의 200배에 해당한다. 2위인 누누우리의 연소득보다 4배가 더 많으며 전년 대비 2만 5000%의 성장률을 보여 거의 독보적이다. 미켈라는 광고 한 건을 게시할 때마다 약 1000만 원(6550파운드)을 받은 것으로 나타났다.

온바이의 보고서에 등장하는 가상 인플루언서 중에서 2위인 '누누우리'는 독일 그래픽 디자이너 '요르그 주버Joerg Zuber'가 제작했다.[74] 독일 뮌헨에 거주하는 19세의 여성으로 커다란 눈에 만화와 비슷한 외모는 그 옛날의 만화 캐릭터 베티 붑Betty Boop을 연상하게 한다. 마크 제이콥스Marc Jacobs, 디올Dior, 베르사체Versace와 같은 유명 브랜드와 함께 일했고 킴 카다시안Kim Kardashian의 메이크업 라인 광고도 맡았다.

3위인 '이마'는 일본의 컴퓨터 그래픽 기업인 '모델링 카페'에서 제작했다. 일본어로 이마는 '지금'이라는 뜻이다. 미켈라를 비롯한 대부분의 가상 인플루언서들이 3차원 컴퓨터 그래픽 기반의 CGI 기술로 만들어지기 때문에 이들 '가상 인플루언서'를 단순히 'CGI 인플루언서'라고 부르기도 한다. 그런데 '이마'는 이들 'CGI 인플루언서'와 다르다. 한국의 '루이'처럼 실제 인간 모델의 얼굴과 신체 활동 모습을 기반으로 하되 얼굴 일부를 가상 얼굴로 대체하는 딥페이크 혹은 페이스스와프face swap 기반의 인공지능 기술을 사용해 만들어졌다. 일본의 문화, 영화 및 예술에 관심을 두고 있는 이마는 이와 관련해 다양한 활동과 광고를 진행했다. 2020년 이케아IKEA의 도쿄 하라주쿠 매장에서 3일간 먹고 자며 생활하는 모습을 일반인들에게 보여준 것으로 더 유명하다. 영화 〈트루먼 쇼The Truman Show〉(1998)의 내용과 형식을 빌린 이케아 광고는 유리창과 레이저 프로젝션을 활용해 마치 그 장소에 이마가 3일간 거주하고 있다는 착각을 사람들에게 심어줬다.

4위인 '버뮤다'와 5위인 '블라코'는 1위인 '미켈라'를 제작한 기업 브루드Brud에서 후속으로 내놓은 가상 인플루언서다. 1위의 후광을 등에 업고 바이럴 마케팅viral marketing을 진행함으로 해서 이들은 짧은 시간 안에 1위 미켈라에 다가서는 높은 인지도를 얻게 됐다.[75] 바이럴 마케팅은 정치 분야에서 일어났다. 가상 인플루언서 미켈라는 정치에 있어서도 사회적 영향력을 펼치고 있었다. 미켈라는 SNS를 통해 트럼프 미국 대통령의 정책에 반대하는 의견들을 표명했다. 그러던 중 2020년 4월 미켈라의 인스타그램이 갑자기 해킹을 당했다. 나중에 이 일을 행한 장본인이라며 금발머리 백인 여성 '버뮤다'가 그 모습을 드러냈다. 그녀는 미켈라의 거짓된 삶을 고발하기 위해 해킹을 했다고 주장하면서 미켈라와는 반대되는 정치 노선으로 트럼프 대통령을 지지한다는 입장을 표명했다. 이들은 한동안 다투다가 결국 화해했는데, 이 바이럴 마케팅 덕분에 1위 미켈라의 팔로워들이 버뮤다도 방문하면서 더불어 유명해졌다.

미켈라보다 8개월 늦은 2016년 12월 인스타그램 계정을 오픈한 '버뮤다' 그리고 이보다 1년 더 늦게 합류한 '블라코'는 모두 트레버 맥페드리스Trevor McFedries와 사라 데코Sara DeCou가 설립한 기업 브루드가 만든 가상 모델이자 가상 인플루언서다. 앞서 소개한 정치적 이슈를 중심으로 바이럴 마케팅을 진행함으로써 '버뮤다'를 띄웠다. 미켈라와 사귀는 관계, 미켈라-버뮤다와 함께 삼각관계를 형성한다는 암시로 '블라코'를 띄웠다고 해도 과장이 아니다. 블라코Ronald F. Blawko는 자기애가 강한 남성 이미지로 항상 마스크로 얼굴을 가리고 다니며 다소 거친 말을 쏟아내어 버뮤다 못지않게 상당한 안티 팬을 가지고 있다. 하지만 개성 있는 가상 인플루언서로서 대중적 인지도가 높아지면서 이탈리아 패션 오프-화이트Off-White, 프랑스 패션 발렌시아가Balenciaga 또는 미국 패션 슈프림Supreme 등의 유명 브랜드와 함께 작업을 했고 스킨케어 광고에도 참여하면서 나름대로의 영향력을 확장하고 있다.

순위 6위인 '슈두'는 2017년 4월 영국의 사진작가 캐머런-제임스 윌슨에 의해 세상에 나왔다. 슈두에게는 세계 최초의 디지털 슈퍼모델이라는 타이틀이 주어졌다. 남아프리카공화국 은데벨레Ndebele족의 바비 인형을 모티브로 만들어진 흑인 여성 외모를 가지고 있는 슈두는 1위인 미켈라, 4위인 버뮤다보다 훨씬 더 사람의 실사 외모에 가깝기는 하지만 신체 구조는 비현실적일 만큼 날씬한 9등신을 보여준다. 슈두는 리한나Rihanna의 뷰티 브랜드 펜티Fenty의 모델로도 활동했고, 구두로 유명한 크리스티앙 루부탱Christian Louboutin 그리고 미국 맥주 버드와이저Budweiser의 브랜드 미첼롭 울트라Michelob Ultra의 협찬 광고도 진행했다. 2018년 가을 프랑스 럭셔리 패션 하우스 발망Balmain은 흑인 여성 외모를 가진 슈두와 함께 백인 여성 외모의 마고Margot, 동양 여성 외모의 지Zhi를 광고 캠페인에 함께 출연시킴으로써 3인 3색의 가상 패션모델로 구성된 '발망 군단'을 출범했다.

'슈두'를 포함한 가상 패션모델을 바라보는 시각은 다양하며 심지어 극단적이기까지 하다. 특히 슈두의 경우, 흑인 또는 유색인의 아름다움과 패션의 예술성을 결합해 극적으로 승화시킨 혁신적 시도라며 칭찬하기도 한다. 아울러 가상 패션모델을 활용하는 새로운 장르가 모델 세계에 새롭게 등장함으로써 기존의 패션모델 세계에 다양성과 선택 가능성을 많이 높였다며 긍정적인 시각으로 평가하기도 한다. 반면에 가뜩이나 힘든 패션모델 현실 앞에 가상 모델의 등장은 인간 모델, 특히 흑인과 같은 유색인 모델의 일할 기회를 더욱 크게 위축시켰다는 비판도 함께 제기된다. 이처럼 극단의 평가는 결국 소비자의 선택에 의해 정리될 것으로 보이지만 그 시점에 이르기까지는 적지 않은 갈등과 충돌이 불가피해 보인다.

가상 인플루언서의 장점과 문제점

가상 인간에 대한 최신 뉴스를 제공하는 정보 사이트인 버추얼 휴먼스Virtual Humans에 따르면 2022년 1월 기준으로 전 세계에 217명의 가상 인플루언서가 활동하고 있다.[76] 이들 가상 인플루언서를 광고주가 선호하는 대표적인 이유는 브랜드의 안전성 확보를 꼽는다. 휴먼 인플루언서는 과거와 현재 그리고 미래의 사생활에서 있어서 예측 불가능한 위험성을 안고 있다. 그러나 가상 인플루언서에게는 음주운전, 마약 복용, 과거 학교 폭력, 스캔들 등과 같은 개인적 위험성이 원천적으로 존재하지 않는다. 그래서 갈수록 많은 기업들이 자신의 브랜드 홍보에 가상 인플루언서의 도움을 받기 시작했다. 심지어 KTF, 발망 등 일부 기업은 자신들의 전용 가상 인플루언서를 제작해 활용하기 시작했다. 가상 인플루언서의 도입과 활용은 기업 입장에서 볼 때 사생활의 위험성이 없어서 브랜드의 안정성을 확보해준다는 큰 장점 이외에도 휴먼 인플루언서와 대비했을 때 추가적인 장점들을 제공해준다.

가상 인플루언서는 휴먼 인플루언서와 달리 아무리 많은 활동을 해도 육체적 피로를 느끼거나 정신적인 스트레스를 받지 않는다. 시간과 장소에 구애받지 않고 동시에 세계 어느 곳에서도 존재해 활동할 수 있다. 그럼에도 불구하고 자신의 희소적 가치 확보를 위해 적절한 스케줄 제어를 할 수 있을 뿐 아니라 소수 고객의 요구에게 맞춰 차별화된 특별한 행사도 제공할 수 있다. 그리고 언제나 한결같은 모습, 세월이 흘러도 늙거나 죽지도 않는다. 해외 글로벌 활동을 위해 여권이나 비자도 필요 없다. 아울러 제작자나 기업에 의해 가상 인플루언서의 시간과 생활은 완벽하게 통제 가능하다.

앞서 소개한 엠브레인 트렌드 모니터의 인플루언서 영향력에 대한 국내 인식 조사 자료와 그랜드 뷰 리서치의 인플루언서에 대한 글로벌 인식 조사 자료를 종합해보면, 시간이 지남에 따라 휴먼 인플루언서들이 소비자들로부터 상당 부분 신뢰성을 잃어가고 있음을 발견하게 된다. 예를 들어, 뒷광고 사건에서 보여준 부정직함, 브랜드 후원에 따른 객관성 상실, 사생활 리스크에 따른 이미지 실추 등을 구체적으로 꼽을 수 있다. 반면에 가상 인플루언서는 휴먼 인플루언서로 인한 신뢰성 하락을 충분히 보완할 수 있으리라는 기대감을 높여준다. 그럼에도 불구하고 가상 인플루언서 역시 신뢰성 측면에서 완전히 자유로운 것은 아니다.

휴먼 인플루언서는 특정 제품이나 브랜드에 대해 본인이 직접 체험해본 결과를 토대로 하여 소비자들에게 평가와 추천 의견을 제시한다. 이와 비교해볼 때, 자신이 직접 사용하거나 체험해보지도 않은 제품과 브랜드에 대해 긍정적 의견을 제시하고 홍보를 진행하는 가상 인플루언서의 행위는 비윤리적이며 사람들을 속이는 행위라고까지 볼 수 있다. 실제로 존재하지도 않는 가상 인플루언서가 제시하는 평가와 홍보 내용을 실제로 존재하는 인간이 사실 그대로 받아들이는 자세 역시 바람직한지에 대한 질문도 제기할 수 있다. 더구나 휴먼 인플루언서는 자신의 이름을 브랜드로 생각해 홍보와 광고 활동에 있어서 신중하게 처신하려는 경향성이 높은 반면, 가상 인플루언서에게는 이러한 신중함을 기대할 수 없다.

소시지 모양의 '노바디 소시지Nobody Sausage', 계란 모양의 '유진Eugene', 토끼 모양의 '구기몬Guggimon', 도마뱀 모양의 '게이코 게코GEICO Gecko' 등 사람이 아닌 모양의 가상 인플루언서도 드물지 않지만 대다수의 가상 인플루언서는 사람, 그중에서도 여성의 외모를 취하고 있다. 이러한 여성 외모 중심의 가상 인플루언서는 설계자가 정한 외모 기준을 일방적으로 반영하는 셈이다. 따라서 가상 인플루언서가 사람들, 특히 감수성이 예민한 어린이와 청소년들에게 주는 외모에 대한 기준 암시도 무시할 수 있는 문제는 아니다. 그리고 존재하지 않은 가상 인플루언서가 궁극적으로 실존하는 인간이 차지할 일자리를 가로채고 있다는 부정적 시각도 적지 않다.

가상 인플루언서의 신뢰성 문제 해결 방식

가상 인플루언서의 다양한 장점에도 불구하고 앞서 지적한 문제점 역시 단순하지 않으며 문제를 바라보는 시각에 따라 해석과 평가가 충분히 달라진다. 따라서 가상 인플루언서의 활용에 대한 사회적 합의를 도출하는 것은 결코 쉽지 않다. 2021년 7월 인도의 인도광고표준협의회(ACSI)는 '디지털 미디어에서 광고하는 인플루언서를 위한 가이드라인'을 발표했다.[77] 이 인도의 인플루언서 가이드라인은 투명성transparency과 책임성responsibility을 대원칙으로 삼았다. 2019년 11월 미국 연방거래위원회(FTC)Federal Trade Commission가 앞서 제시한 '소셜 미디어 인플루언서를 위한 101 공개'와 흐름을 같이하면서도 세계 최초로 가상 인플루언서의 신뢰성을 위해 관련 규정을 추가했다는 점에서 그 의미가 크다.[78]

인도는 이 가이드라인에서 인플루언서와 가상 인플루언서에 대한 정의를 다음과 같이 제시했다.

'인플루언서'란 자신의 권한, 지식, 위치 또는 청중과의 관계 때문에 제품, 서비스, 브랜드 또는 경험에 대한 청중의 구매 결정이나 의견에 영향을 미칠 수 있는 권한을 가진 사람이다.
'가상 인플루언서'란 인간의 실제적인 성격과 특징, 개성을 가지고 인플루언서와 유사한 방식으로 행동하는 컴퓨터가 가상으로 생성한 사람 또는 아바타다.

인플루언서가 어떤 제품이나 브랜드에 대해 인플루언서의 의견을 게시할 경우, 해당 제품이나 브랜드와 유상이든 무상이든 제휴 관계가 사전에 존재했다면 광고성을 의미하는 'Ad'라는 라벨을 의견 제시의 전면 잘 보이는 곳에 두어서 분명하게 공개disclosure하도록 규정했다. 이는 미국 FTC 가이드라인이 'advertisement, ad(광고), sponsored(후원)'와 같은 키워드를 사용하거나 명확한 감사 표기를 통해 후원 관계에 있음을 공개하라는 것과 흐름을 같이한다. 물론 자신이 비용을 지불해 구매한 후 경험한 내용을 올릴 때는 그럴 필요가 없다.

일반적인 휴먼 인플루언서와 달리 가상 인플루언서는, 휴먼 인플루언서가 해야 하는 공개 행위뿐 아니라 '진짜 사람들과 상호작용을 하지 않는다(not interacting with a real human being)'라는 독특한 공개도 고객들에게 추가하도록 규정했다. 이는 가상 인플루언서에 대한 신뢰도 문제에 대한 정확하면서도 사전 조치적인 행위다. 마치 인공지능 딥페이크 기술을 사용한 사진과 동영상에서 사실 관계 신뢰도 문제를 해결하기 위해 미국 의회가 2019년 입법한 〈딥페이크 법(HR.3230-2019)〉과 접근 방법이

유사하다.[79] 미국의 〈딥페이크 법〉은 딥페이크 기술을 사용할 경우 신뢰도 향상을 위해 이 기술을 사용해 제작했다는 표시인 'disclaimer(책임 등에 대한 부인)'를 반드시 명시하도록 요구한다. 이를 통해서 딥페이크 기술을 활용하는 표현의 자유를 제한하지 않았다. 인도의 인플루언서 가이드라인 역시 가상 인플루언서의 존재와 활동 자체를 일반 인플루언서와 동등하게 인정함과 동시에, 신뢰성 담보를 위한 공개를 추가하도록 한 것과 결을 같이한다. 우리나라도 인플루언서는 물론 가상 인플루언서에 의한 신뢰성 문제를 해결하기 위해 구체적인 가이드라인이나 최소한의 규제를 제시함으로써 신뢰성 문제를 비롯한 여러 이슈에 사회적 합의를 제시해야 할 시간을 맞이하고 있다.

가상 아나운서

한·중·일의 가상 아나운서

가상 아나운서는 다른 가상 인간에 비해 독특한 면을 가지고 있다. 고정된 위치에서 표정의 큰 변화 없이 프롬프터에 나오는 뉴스 기사를 정확한 발음으로 발성하는 활동에 특화되어 있다. 그래서 다른 가상 인간에 비해 인공지능 기술이 비교적 용이하며 효과적으로 적용되어 '가상 아나운서'를 'AI 아나운서'라고도 부른다. 가상 아나운서를 구현하기 위해 실제 뉴스 아나운서의 동영상을 딥러닝과 같은 인공지능 기술로 미리 학습한 후, 실제 아나운서와 동일한 어투와 목소리 스타일, 얼굴 표정과 신체 움직임까지 합성해 생성해내는 기술을 사용한다.

구체적으로 몇 개의 기술을 꼽아보면 이렇다. 얼굴 특징 추출, 피부 합성, 감정 표현에 필요한 인공지능 기술, 영상과 음성을 결합해 딥러닝 훈련 과정을 거쳐 실제 사람을 닮은 영상 제작 기술이 사용된다.[80] 뉴스 기사라는 텍스트를 가상 아나운서 고유의 목소리로 바꿔주는 TTSText To Speech 기술도 사용된다. 목소리 기반으로 아나운서의 얼굴을 학습한 후 뉴스 기사를 읽어 나오는 목소리에 적합한 입 모양 등 얼굴 표정이나 몸짓까지 생성해주는 STFSpeech To Face 기술도 사용된다.[81]

뉴스 시작 전에 미리 작성된 뉴스 기사에 대한 가상 아나운서의 동영상을 제작해 뉴스 중에 재생하는 경우가 많지만, 뉴스 기사를 입력하면서 가상 아나운서의 동영상을 실시간으로 생성해 바로 방송에 사용하는 경우도 늘고 있다. 최근에는 인공지능 챗봇처럼 동석한 동료 아나운서나 외부 취재기자와 실시간 대화를 나누는 대화형 가상 아나운서도 등장하고 있다.

가상 아나운서의 최초 개발 시기를 놓고 볼 때, 일본과 중국은 우리나라보다 앞서 있었다. 2018년 4월 일본 NHK는 〈뉴스 체크 11〉에 '뉴스 요미코'라는 이름을 가진 AI 아나운서, 즉 가상 아나운서를 출연시켰다. '뉴스 요미코'는 NHK방송기술연구소가 2018 동계올림픽을 위해 개발한 '로봇 실황 중계' 기술을 바탕으로 제작한 3D 캐릭터다. 일본 NHK의 대표적인 여성 아나운서 '우도 유미코Udo Yumiko'를 모델로 하여 제작했다. 같은 시기에 일본 전체 민영방송 중에서 시청률 1위를 차지하던 니혼 테레비日本テレビ도 인공지능을 활용한 가상 아나운서 '아오이 에리카アオイ エリカ'를 제작해 방송에 활용했다. 같은 해 11월 스펙티

Spectee 기업은 '아라키 유이荒木ゆい'라는 이름의 AI 기반 가상 아나운서를 개발해 여러 방송국에 유료 서비스를 시작했다.

가상 아나운서의 유용성이 극적으로 드러난 사건은 2018년 9월 태풍 '제비'가 일본에 상륙할 때 일어났다. 태풍 '제비'의 영향으로 오사카 간사이공항이 고립되는 등 막대한 피해가 발생한 상황에서 '나나코Nanako'라는 이름의 가상 아나운서는 실시간으로 재해 정보를 알리는 데 큰 역할을 담당한다. 나나코는 일본의 지역 방송 'FM 와카야마Yakayama'가 자체 개발한 음성 기반 가상 아나운서다. 실시간으로 입수한 뉴스용 기초 데이터를 대상으로 뉴스와 기상예보 원고를 자동으로 생성한 후 지정된 시간에 청취자들에게 읽어줬다. 재난 상황에서 가상 아나운서는 인간 아나운서보다 훨씬 더 신속하며 적합하게 활약할 수 있음을 보여준 사례였다.

중국 국영방송 신화통신新華網은 검색엔진 회사 써우거우搜狗와 함께 AI 기반의 남성 가상 아나운서를 만들어 2018년 11월 중국 절강성 우전에서 열린 '세계 인터넷 콘퍼런스World Internet Conference'에서 최초로 공개했다. 이 가상 아나운서는 신화통신의 실제 아나운서 '장자오Zhang Zhao'의 음성과 얼굴을 토대로 제작되었고 영어와 중국어로 말할 수 있었다. 그로부터 3개월 뒤인 2019년 2월. 신화통신과 써우거우는 다시금 세계 최초의 여성 가상 아나운서인 '신샤오멍新小萌'을 발표했다. 가상 아나운서 '신샤오멍'은 신화통신의 여성 아나운서인 '취멍屈萌'의 외모를 기반으로 제작됐다. 그 다음 달인 3월에 개최된 중국 최대 정치 행사인 양회兩會(전국인민대표대회와 전국인민정치협상회의)를 통해서 일반인에게 처음으로 공개됐다.

한국의 경우, 최초의 가상 아나운서는 2019년 7월 유튜브를 통해 발표한 안지혜 아나운서다. 이 가상 아나운서는 국내 기업 머니브레인MoneyBrain에 의해 인공지능 기술로 개발됐다. 같은 달 머니브레인은 가상 아나운서와 같은 형태로 문재인 대통령이 연설하는 동영상을 제작해 이를 국제인공지능대전에서 공개했다. 2020년 7월 머니브레인은 LG 헬로비전의 김현욱 아나운서를 모델로 하여 가상 아나운서를 개발했다. 실존하는 아나운서의 음성과 모습을 기반으로 하여 만든 가상 아나운서로는 한국 최초였다. 회사명을 머니브레인에서 딥브레인AIDeepBrainAI로 바꾼 후 2020년 9월 MBN의 김주하 아나운서를 모델로 하여 가상 아나운서를 만들었다. 2021년 3월에는 LG 헬로비전의 이지애 아나운서에 대한 가상 아나운서를 개발했다.

2021년 4월 이스트소프트ESTsoft도 YTN 변상욱 아나운서에 대한 가상 아나운서를 개발했는데, 뉴스 데스크에 동석한 안귀령 아나운서와 대화를 나누며 뉴스 브리핑까지 진행했다. 2021년 3월 마인즈랩Mindslab도 가상 아나운서로도 활용할 수 있는 가상 인간 'M1'을 공개했다.[82] M1은 인공지능 기술을 사용해 사람의 외모를 갖추었을 뿐 아니라 다른 사람의 말을 알아듣고 눈으로 본 것을 이해하며 음성으로 대화하는 것까지 가능하다. 일방형 보도에서 벗어나 실시간 대화형 뉴스 진행이 자연스러운 가상 아나운서로서도 활용할 수 있다. M1에 이어 M2도 개발 중인 마인즈랩은 가상 인간을 만들 때 자체 스튜디오에서 600개의 문장만 학습시켜도 구현할 수 있어서 가상 인간 구현이 3시간 정도밖에 걸리지 않는다는 장점을 제시했다.

이처럼 인공지능을 이용한 가상 아나운서 개발 시작 시기는 우리나라가 중국이나 일본보다 늦은 편이었다. 그러던 중 2021년 8월 국내 기업 딥브레인AI는 중국 메이저 방송사인 베이징방송北京放送과 칭하이방송清海放送에 AI 아나운서를 공급하는 계약을 체결했다. 이로써 가상 아나운서 개발 기술에 있어서 시간적 격차를 많이 따라잡았음을 보여주고 있다.

가상 아나운서의 영향력과 전망

가상 아나운서라는 가상 인간은 가상 인플루언서와 달리 고정된 위치에서 주로 정면을 응시하면서 큰 행동의 변화 없이 원고를 기준으로 발음한다. 그런 면에서 가상 아나운서 제작 기술은 유사한 다른 영역에서도 그대로 사용될 수 있다. 예를 들면, 에듀테크EduTech 환경에서 강의를 진행하는 '가상 강사', 상품을 판매하는 '가상 쇼호스트', 건물의 안내나 상품 소개를 맡은 키오스크 내 '가상 가이드'가 바로 이런 기술을 사용해 제작될 수 있는 가상 인간이다.[83]

가상 아나운서, 가상 강사, 가상 쇼호스트, 가상 가이드는 가상 인물이 말할 내용의 원고를 입력하는 것만으로도 자동으로 음성이 제작되고 이에 어울리는 표정과 몸짓이 생성된다. 만일 사람이 진행할 경우, 메이크업도 해야 하고 옷도 신경 써서 바꿔 입어야 하며 조명과 음향이 잘 갖춰진 스튜디오와 카메라 등 방송설비도 마련되어야 한다. 따라서 가상 아나운서는 제작비를 현격히 줄여주며, 제작 시간도 거의 실시간 수준으로 줄여준다. 재난 상황이나 심야 시간, 휴가 기간은 아나운서들이 지속적으로 방송하기 힘든 시간대인데, 가상 아나운서는 이러한 상황에 구애를 받지 않을 뿐 아니라 신체적 피로감도 느끼지 않는다. 더구나 가상 아나운서의 구현 기술이 발전하면서 단순히 원고만 읽는 수준에서 벗어나 동석한 출연진과 대화를 하거나 시청자들의 실시간 참여를 주도할 수 있는 수준까지 자연스럽게 발전할 경우 가상 아나운서의 역할과 비중은 더욱 커질 것이다.

이러한 희망적 기대에도 불구하고 가상 아나운서 활용에 따라 풀어야 할 사회적 갈등도 작지 않다. 가상 아나운서는 이미 존재해 활동하고 있는 아나운서 직업군에 대한 노동력 대체 현상으로 나타나고 있다. 따라서 방송 매체와 뉴스 프로그램의 총량이 일정하다고 할 때 기존 아나운서와 새로운 아나운서 지망생들에게 있어서 가상 아나운서란 동일 직군 내 경쟁 관계로 다가올 수밖에 없다. 특히 대중적 인지도가 높은 유명 아나운서를 모델로 하여 가상 아나운서를 제작할 경우, 해당 가상 아나운서의 경쟁력은 상대적으로 더 높아서 뉴스 프로그램에 더 많이 투입될 가능성이 크다.

아울러 가상 아나운서가 기존 아나운서를 모델링해 제작된 경우 초상권 관련 계약 조건에 대한 기존 사례와 심도 있는 연구 결과가 적어서 당분간은 불평등 계약이 불가피하며, 이에 따른 갈등도 피할 수 없을 것이다. 이러한 갈등 요소를 원천적으로 없애기 위해 일본 일부 방송에서는 실존 인물이 아닌 3차원 가상 캐릭터를 가상 아나운서로 사용하기도 한다. 이 경우 초상권 문제는 사라질 수 있지만, 인공지능 기술에 의한 인간의 취업 기회 축소라는 불만 제기는 더 강해질 것이다.

많은 경우 인간 아나운서 및 인간 앵커의 권위와 지명도는 상당한 시간의 경험 축적 그리고 시청자와 오랜 신뢰 관계에서 자연스럽게 형성되어온 측면이 강하다. 그런데 가상 아나운서들이 뉴스 프로그램의 전면에 나서면 나설수록 경험 기반의 숙련된 아나운서가 출현할 기회는 자꾸 줄어들게 된다. 아나운서와 시청자들과의 지속적 유대 관계를 기반으로 이뤄지는 보도 내용에 대한 신뢰도 증진 현상은 기대할 수 없거나 지금까지와는 전혀 다른 방식으로 이뤄져야 한다는 새로운 부담을 안게 된다. 이러한 부담감에도 불구하고 다른 전문직에 비해 아나운서 직업의 수요가 상대적으로 적다는 특징 때문에 가상 아나운서 활용에 따른 장점이 더 크게 부각되는 현상이 보일 것이다.

가 상
가 수

한국과 일본의 가상 가수 1세대

국내 가상 인플루언서 '루이'도 원래는 가상 가수 출신이다. 세계 1위의 매출액을 기록하는 가상 인플루언서 '미켈라'도 가상 가수 활동을 출발점으로 삼고 있다. 종종 인기 있는 가수는 활동 영역을 다른 분야로 넓히기도 하면서 특정 브랜드와 상품의 광고 활동도 겸하기 시작한다. 그래서 가상 가수로 시작한 가상 인간이 인기를 얻으면 가상 인플루언서로 활동 반경을 넓히는 것이 일반적이다. 인기 있는 노래를 불렀다는 사실에 근거를 두어 가상 인플루언서로서의 영향력도 높이 평가받게 된다. 따라서 가상 가수는 가상 인플루언서로의 확실한 진입 과정이라고 볼 수 있다.

우리의 기억에 대한민국 최초의 가상 가수는 1997년에 등장한 '아담Adam'이다. 아담은 국내 벤처기업 아담소프트가 제작한 20세의 남성 가수다. 아담이 부른 <세상엔 없는 사랑>이라는 곡은 CD로만 20만 장 넘게 판매되며 폭발적인 인기를 얻었다. 당시에는 가상 가수가 아닌 '사이버 가수'라는 수식어가 아담 앞에 붙었다. 아담의 외모는 노동 집약적 컴퓨터 그래픽으로 구현된 3차원 모델링 캐릭터였다. 그의 목소리와 가창력은 컴퓨터 합성으로 자동 생성된 것이 아니라 얼굴 없는 가수 '박성철'의 것 그대로였다. 아담은 '레모니아'라는 제품의 광고에도 출연했고, KAIST 전산학과 98학번 명예 학생으로도 받아들여지면서 당시로써는 매우 유력한 인플루언서였다.

아담의 높은 인기는 제2호 사이버 가수인 '류시아Lusia'와 힙합 가수 '사이다CYDA'를 등장하게 했다. 류시아는 <내가 세상에 온 이유>라는 곡을, 사이다는 <진실이 싫어>라는 노래를 불렀다. 그러나 아담을 비롯한 사이버 가수의 생명은 대중들의 기대보다 오래가지 않았다. 거기에는 기대에 부응하지 못하는 기술력 부족이라는 약점이 자리 잡고 있었다. 단지 몇 초의 동영상 장면을 만들어내기 위해 엄청난 시간과 경비가 소요되었으며 매우 노동 집약적인 투자가 필요했다. 이처럼 어렵게 제작한 짧은 동영상임에도 불구하고 입술 모양과 음성이 잘 일치하지 않아서 가상 가수에 대한 팬들의 몰입도는 상당히 낮았다.

사실 아담은 이보다 1년 앞선 1996년 일본의 연예기획사 '호리프로ホリプロ'가 세계 최초로 만든 사이버 가수 '다테 쿄코伊達杏子'의 출현에 자극을 받아 이뤄진 것이었다. 다테 쿄코 역시

1997년에 'DK-97'이라는 이름으로 업그레이드 버전이 나왔지만 신곡을 발표하지는 못한 채 사라졌다. 10년 뒤인 2007년. 세계적인 가상 세계 시뮬레이션 게임 '세컨드 라이프Second Life' 안에서 다테 쿄코는 아바타로 다시 등장했지만 많이 달라진 외모에 별다른 반응을 얻지 못하고 다시 사라졌다.

보컬로이드 가상 가수

2000년대까지만 해도 여러 모로 일본은 우리나라보다 기술력이 앞선 영역을 많이 가지고 있었다. 가상 가수 영역도 예외는 아니었다. 다테 쿄코의 성공을 따라했던 아담은 국내 가상 가수 1세대라고 부를 수 있는데 곧 사라졌다. 그 후 2세대에 해당하는 가상 가수가 출현했다. 기술적으로는 '보컬로이드VOCALOID'라는 기술을 사용했다. 보컬로이드는 악보 멜로디와 가사를 입력하면 미리 녹음된 특정 성우의 목소리로 노래를 자동 제작해주는 소프트웨어다. 보컬로이드는 악보를 받아 음성을 합성해주는 핵심 엔진과, 입력된 성우 목소리를 저장한 라이브러리, 엔진과 라이브러리를 기반으로 입력된 악보를 노래로 보내주는 외부용 소프트웨어로 구성된다. 출력되는 노래 목소리에 어울리는 이미지 캐릭터도 나중에 디자인해 생성하게 되는데, 이 부분이 새로운 가상 가수 출현의 근거가 된다.

보컬로이드 엔진은 2003년 일본 기업 야마하Yamaha 소속 '켄

모키 히데키剣持秀紀'가 개발했다. 그 후로 켄모키 히데키는 여러 번 보컬로이드 엔진을 업그레이드해서 보컬로이드 2(2007년), 보컬로이드 3(2011년), 보컬로이드 NEO(2013년), 보컬로이드 4(2014년)를 발표했다. 2007년 8월 일본 기업 크립톤 퓨쳐 미디어Crypton Future Media는 야마하의 보컬로이드 2 엔진을 기반으로 하고 성우 '후지타 사키藤田 咲'의 음성 라이브러리를 구축한 후 악보 출력 목소리에 대한 캐릭터까지 함께 제공한 '캐릭터 보컬 시리즈'를 출품한다. 이 캐릭터 보컬 시리즈 1호가 '하츠네 미쿠Hatsune Miku'(16세)이었고, 일본 내 가상 가수 2세대의 시작 지점이 됐다. 가상 가수 하츠네 미쿠의 등장은 매우 성공적이었다.

2007년 8월 출시된 후 지금까지도 많은 팬을 확보해 온라인과 오프라인 콘서트를 꾸준히 병행하면서 활동을 계속하고 있다. 2014년 《타임》지는 '가장 영향력 있는 가상 캐릭터' 8위로 하츠네 미쿠를 선정했다. 하츠네 미쿠가 등장하는 대다수 그림에는 대파가 상징처럼 등장한다. 이는 〈파 돌리기 송〉이라는 중독성 높은 인기 노래를 하츠네 미쿠가 부른데서 기인한 것이다.[84] 매년 '매지컬 미라이マジカルミライ' 라이브 공연을 해오고 있다. 2019년 2월에는 하츠네 미쿠 10주년 공연이 있었으며, 2020년 1월에는 영국 런던에서 Expo 2020 라이브 공연을 진행하기도 했다. 2020년 11월 크립톤 퓨쳐 미디어는 그동안 사용해 오던 야마하의 보컬로이드 엔진을 걷어내고 자신들이 직접 개발한 음성 합성 엔진 '하츠네 미쿠 NT'를 정식 발표했다. 이와 동시에 하츠네 미쿠의 외모도 좀 더 성숙한 모습으로 바꾸었다.

어릴 적부터 하츠네 미쿠를 보면서 성장한 일본 청년들에게 하츠네 미쿠의 위상은 대단하다. 2018년 11월에는 하츠네 미쿠와 결혼하겠다고 선언하고 결혼식을 올린 일본 청년도 있었다. 물론 합법적으로 인정받은 결혼은 아니었지만 하츠네 미쿠를 홀로그램 모델로 사용하는 인공지능 게이트박스Gatebox 제작사는 그에게 혼인증명서를 발급했다.[85] 하츠네 미쿠는 가상 가수에서 가상 인플루언서로 이미 활동 영역을 넓혔다. 2013년에 제작한 도미노피자Domino's Pizza 광고는 증강 현실 기술을 사용해 피자 상자 위에서 춤추는 하츠네 미쿠를 고객들이 만날 수 있게 했다.[86] 고객이 앱을 다운로드한 후 배달받은 피자 상자 위에 스마트폰을 가져가면 포켓몬 고Pokémon GO 증강 현실 게임처럼 피자 상자가 라이브 댄싱 장소로 바뀌면서 하츠네 미쿠가 그 위에 등장해 춤을 춘다. 이 외에도 토요타TOYOTA자동차와 웹브라우저 크롬chrome 등의 제품 브랜드 광고에도 등장해 가상 인플루언서로서의 자리를 잡았다.

보컬로이드 엔진은 일본 내 사용에 한정하지 않고 다양한 나라의 언어 라이브러리를 추가해 확장함으로써 국가별 특화된 엔진을 만들 수 있도록 했다. 우리나라의 경우, 프로듀서 방시혁이 이끄는 빅히트BigHit엔터테인먼트(현재의 하이브HYBE)와 SBS A&T가 보컬로이드 3 엔진을 기반으로 한 가상 가수 '시유SeeU'를 2011년 8월에 공개했다. 시유의 캐릭터는 일러스트레이터 '꾸엠KKUEM'이 디자인했다. 시유의 목소리는 4인조 걸그룹 GLAM의 멤버 '김다희(김시원)'의 음성을 라이브러리로 만들어 사용했다.

시유는 국내 최초의 보컬로이드 가수이자 2세대 가상 가수였다.

시유는 2012년 SBS 가요대전 등에 걸그룹 GLAM과 함께 홀로그램으로 등장해 공중파 TV에서 실시간으로 함께 공연한 가상 가수가 됐다.[87] 당시의 공연에 대한 시청자들의 반응은 기대보다 좋지 않았다. 아직은 보컬로이드 가상 가수에 대한 대중적 수용 문화가 덜 개방적인 탓으로 보는 시각이 컸다. 일부에서는 홀로그램 영상에 대한 이질감, 시유의 날카로운 기계음 섞인 발성에 대한 지적도 한몫을 했다. 그럼에도 시유는 꾸준히 곡을 발표하면서 지속적인 가수 활동을 진행했고 상당한 팬들도 확보해 나갔다. 2013년 2월 시유는 홀로그램으로 출연해 처음으로 라이브 콘서트를 팬들과 함께 열었다.[88] 2014년 시유의 음성 제공자가 사회적 물의를 일으키는 사건이 발생하면서 회사 차원에서 이뤄지는 시유의 공식적인 가수 활동은 중단됐다.

이렇게 시유가 슬럼프에 빠진 사이 2015년 8월 국내 제2의 보컬로이드 가상 가수 '유니UNI'가 공개됐다.[89] 유니는 시유보다 기술적으로 개선된 '보컬로이드 4'를 기반으로 국내 기업 에스티미디어ST MEDiA에서 만든 가상 가수다. 한국어만 지원하기는 하지만 음성 품질은 시유보다 많이 개선됐다. 핑크색 머리카락을 가진 유니의 캐릭터 디자인은 2015년 8월에 처음으로 공개됐다. 담당 일러스트레이터는 'OSUK2'이다. 2017년까지 회사 차원에서 공식적인 작품 발표가 다섯 차례 이어지다가 그 이후로 회사 차원의 공식 활동이 없다. 다만 보컬로이드 유니를 작곡자 개인이 활용해 보컬로이드 유니의 목소리로 된 노래를 직접 제작할 수 있도록 지원해주는 판매 활동은 열어놓았다.[90] 최근에는 유니가 부르는 노래에 부합하는 모션과 얼굴 표정을 담은 3차원 캐릭터 동영상을 MMD[91]와 같은 3차원 그래픽 도구로 시각화하는 작업 시도가 있기는 하지만[92] 회사 차원에서 이뤄지는 공식 활동 재개 여부는 불투명하다.

인공지능 기술과 가상 가수

3차원 컴퓨터 그래픽 기술의 꾸준한 발전 위에 인공지능 신기술의 확산이 겹치면서 가상 가수에 대한 제작 과정이 쉬워졌고 제작 시간과 소요 비용이 현저하게 줄어들었다. 팬들이 느끼는 캐릭터에 대한 몰입감은 높아졌으며 성공한 가상 가수는 가상 인플루언서로 쉽게 발전할 수 있게 됐다. 이러한 추세 때문인지 가상 인플루언서 가운데 가상 가수의 역할을 하는 캐릭터는 갈수록 늘어나고 있다.

토끼 모습의 가상 아티스트, 아뽀키

아뽀키APOKI는 국내 기업 에이펀인터랙티브afun interactive가 2019년 4월 발표한 가상 가수다. 아폴로호와 토끼의 합성어인 아뽀키는 처음에 긴 귀와 큰 눈, 손가락 4개를 가진 토끼 모양의 귀여운 캐릭터처럼 등장했으나 차츰 토끼보다는 여성적 이미지를 더 강조하고 손가락도 5개로 바뀌며 외모가 변했다. 아뽀키에 대해서는 가상 가수라는 호칭 이외에 노래와 춤을 모두 겸비했다고 해서 '가상 아티스트', Z세대를 대상으로 한 '버추얼 셀럽Virtual Celebrity'이라는 호칭을 붙이기도 한다. BTS의 〈Dynamite〉, 마마무의 〈Hip〉, ITZY의 〈WANNABE〉와 같이 주로 다른 가수가 이미 발표한 곡을 자신의 음악 스타일과 안무로 다시 커버해왔다.

그러다가 2021년 2월 첫 번째 싱글곡 〈Get It Out〉[93]에 이어 2021년 6월 두 번째 싱글곡 〈Coming Back〉[94]을 뮤직비디오와 함께 발표하면서 많은 관심을 모았다. 가상 인간 전문 기업인 버추얼 휴먼스는 2021년 8월 가상 인플루언서가 발표한 최고의 신곡 6개를 선정하면서 그 가운데 아뽀키의 〈Coming Back〉을 포함했다.[95] 아뽀키가 가진 넓은 보컬 범위를 강조하기 위해 경쾌한 사운드 패치를 사용했으며 영어와 한국어 가사를 완벽하게 전환하고 있다고 평가했다. 아뽀키의 백댄서로서 역시 토끼 모양의 오바OVA와 도쥬DOSE가 함께 등장한다.

아뽀키는 아마존 '온라인 뮤직 콘서트', M2 '릴레이 댄스', tvN 〈놀라운 토요일〉 등에 출연했다. 2019년 7월 개최된 서울국제만화애니메이션페스티벌(SICAF)의 홍보 대사로 임명되었으며, 2020년에는 텐센트 뮤직 엔터테인먼트 'XR 라이브 스트리밍 콘서트'를 '헨리'와 진행하기도 했다. 아뽀키는 가수 유성은과 음색이 비슷한 실제 가수의 노래와 안무를 기반으로 실시간 렌더링 기술을 사용해 제작된 3차원 애니메이션 캐릭터다.

가상 가수와 가상 작곡가의 만남

2020년 8월 인공지능으로 제작한 가상 아이돌 소녀 가수 101명을 대상으로 온라인 커뮤니티와 SNS상에서 투표 이벤트가 있었다. 일명 'AI 심쿵 챌린지 101'이라는 명칭이 붙은 이 이벤트를 통해서 사람들은 가상 아이돌의 이상형으로 11명의 소녀 가수를 뽑았다. 이들을 통해 '이터니티'라는 가상 가수 걸그룹이 조직됐다. 2021년 2월부터 공식 유튜브 채널 '아이아팹aiafab'을 통해서 이터니티 멤버가 한 명씩 공개됐다.

2021년 3월 멤버 중 '여름, 민지, 서아, 수진, 혜진' 5명이 함께 출연해 〈I'm real〉이라는 데뷔곡과 뮤직비디오를 발표했다. 이들은 가상 인플루언서 '루이'에게 사용했던 인공지능 기술과 같은 딥페이크인 페이스스와프 기술을 기반으로 사람의 몸짓과 목소리 위에 고유 얼굴을 합성해 제작됐다. 제작사인 펄스나인은 인공지능 기술 기반의 가상 아이돌 활동을 한 차원 업그레이드하기 위해, 2021년 7월 인공지능 기반의 가상 작곡가 '에이미 문Amy Moon'을 이터니티의 음악 프로듀서로 세웠다. 인공지능 가상 작곡자와 인공지능 가상 아이돌의 새로운 협업 시도를 통해 이터니티 레전드를 만들어가기 위한 후속 작업을 진행하고 있다.

인공지능 작곡가 에이미 문은 국내 기업 '엔터아츠Enterarts'가 딥러닝 기술로 만든 인공지능 음악 생성 엔진이다. 2020년 10월 가수 태연의 친동생 '하연'은 에이미 문이 작곡한 노래 〈아이즈 온 유Eyes on you〉와 〈Walk away〉로 데뷔했다.[96] 2021년 2월 에이미 문은 40곡이 수록된 연주 앨범 〈Healing Soup in the Moon>을 발표했다. 이 연주 앨범 제작 과정에서 음향 분야만 사람이 맡았고 작곡, 편곡, 연주는 모두 인공지능 작곡가 에이미 문이 담당했다. 에이미 문은 하연의 디지털 싱글 앨범 <idkwtd(I don't know what to do)>도 작곡했으며, 메타버스 '제페토ZEPETO'에서도 가상 작곡가로서 다양한 활동을 펼치고 있다. 인공지능으로 만들어진 가상 가수와 인공지능으로 만들어진 가상 작곡가의 컬래버레이션은 이전에는 볼 수 없었던 새로운 시도다.

두 세계를 넘나드는 에스파

현실 세계에서 활동하는 가수가 자신의 디지털 쌍둥이인 아바타를 가상 세계에 두고서 서로 교류 협력하면서 완벽한 음악 세계를 펼친다. 이 새로운 발상은 2020년 11월 등장한 걸그룹 '에스파Aespa'의 콘셉트다. SM엔터테인먼트은 6년 만에 새로 구성한 걸그룹 에스파를 미래 엔터테인먼트의 새로운 출발 지점이라고 선언했다. 에스파는 카리나(한국)·지젤(일본)·윈터(한국)·닝닝(중국)이라는 실제 가수 4명과 이들 각각의 디지털 트윈인 아바타 4명으로 구성됐다. 현실 세계의 가수와 가상 세계의 가수 들이 두 세계를 넘나들면서 협연을 진행하기에 아바타와 함께 경험experience하는 현실 세계와 가상 세계의 양면aspect이라는 의미로 '에스파'라는 이름이 붙여졌다. 에스파의 이러한 등장 배경을 투사한 데뷔곡 <블랙 맘바Black Mamba>는 '빌보드Billboard 글로벌 100'에 진입해 시작부터 화려했다. 에스파 멤버 4인의 아바타인 가상 가수 4인은 미국 현지법인 자이언트스텝Giantstep 스튜디오가 전통적인 캐릭터 디자인, 애니메이션, VFX 기술과 더불어 인공지능 기반의 가상 인간 솔루션을 적용해 만들었다. 2021년 5월에 발표한 곡 〈넥스트 레벨Next Level〉은 미국 《타임》지가 선정한 '2021년 최고의 K-Pop 송'으로도 선정됐다.

현실 세계 가수와 가상 세계 가수의 극적인 결합이 가져올 미래 발전 가능성은 상당히 크다. 현실 세계 가수와 그의 아바타인 가상 세계 가수가 인공지능 시스템 '나비스Navis'의 도움을 받아 '싱크Synk'라는 연결 신호를 통해 상호 소통한다는 에스파의 개념에서 느끼듯이 이 둘은 같은 곡을 가지고 상호 보완하면서 완전체 가수에 의한 완전체 곡을 만들어가게 된다. 그럼에도 불구하고 이 둘은 상호 경쟁적일 수 있다. 현실 세계 가수 에스파가 부르는 노래와 가상 세계 가수 에스파가 부르는 노래는 서로 별개일 수 있다. 따라서 이들을 좋아하는 팬들의 문화인 팬덤Fandom도 서로 달라질 수 있다. 한편으로는 경쟁적이며 한편으로는 보완적이다. 하나의 개념 위에 세워진 서로 다른 두 개의 실존이기 때문이다. 그래서 어느 한쪽의 실패가 다른 한쪽의 실패와 직결되는 위험에서 벗어날 수 있다. 기획사 입장에서 볼 때 여러 가지 다양한 보험을 들어놓은 가수처럼 대할 수 있다. 세월이 흘러감에 따라 자연스레 변하는 현실 세계 가수, 시간에 독립적이며 언제나 팬들의 이상형으로 남을 수 있는 가상 세계 가수가 동시에 공존하기 때문에 팬들은 지금까지 경험해보지 않은 음악 세계를 체험할 기회를 얻게 된다.

아바타와 메타버스

아바타의 등장

아바타는 이 땅으로 내려온 신神의 분신, 즉 '화신化神'을 뜻하는 산스크리트어다. 2009년에 개봉한 제임스 카메론 감독의 영화 <아바타avatar>를 통해서 일반 대중은 이 단어에 많이 친숙해졌다. 그보다 앞서 1999년부터 2010년대 중반까지 우리나라 사람들에게 큰 인기를 끌며 운영되었던 싸이월드의 미니홈피에서도 '나의 방 미니룸' 안에 '미니미'라는 아바타가 존재했다. 가상 화폐인 '도토리'를 구매해 미니미와 미니룸을 정성껏 꾸미기도 했다. 2003년에 출범해서 지금도 건재한 '세컨드 라이프'라는 가상 세계도 3차원 아바타를 제공해 내가 가상 세계 속에서 다른 사람들과 사귀며 새로운 삶을 살 수 있도록 해준다.

아바타의 존재감과 활약이 극적으로 드러난 분야는 '온라인 게임'이다. '배틀그라운드, 오버워치, 서든어택, 발로란트, 포트나이트'와 같은 1인칭 관점 슈팅 게임(FPS)First Person Shooter[97]부터 시작해 '메이플스토리, 로스트아크, 월드 오브 워크래프트, 리니지, 블레이드 & 소울'과 같은 롤플레잉 게임(RPG)Role Playing Game, '리그 오브 레전드'와 같은 다중 플레이어 온라인 전투 게임(MOBA)Multi-player Online Battle Arena 등 많은 온라인 게임 안에서 '아바타'는 다양한 모습으로 등장하고 있다.

참고로 '리그 오브 레전드League of Legends'는 라이엇게임즈Riot Games에서 개발한 MOBA의 일종으로 최상위 인기를 차지하고 있다. 이름을 줄여서 '롤LoL'이라고 부른다. 2018년 11월 한국에서 개최되었던 리그 오브 레전드 월드 챔피언십을 기념하기 위해 라이엇게임즈에서는 한국 K-팝을 소재로 걸그룹인 가상 가수 K/DA를 만들어 무대에 등장시켰다. 'POP/STARS'로 데뷔한 K/DA의 유튜브 동영상은 5억 뷰에 이른다. K/DA는 2020년 8월 싱글 앨범 〈THE BADDEST〉를 발표했다. 2021년 1월 유튜브에 올린 곡 〈More〉는 1억 3000만 뷰를 넘어섰다. 가상 가수 K/DA의 구성 멤버 4명인 '아리, 이블린, 카이사, 아칼린' 그리고 나중에 게스트로 합류한 '세라핀' 모두 롤 게임에 등장하는 챔피언 캐릭터다. 다만 그들의 목소리는 게임 속에 성우 목소리가 아니라 (여자)아이들 멤버 미연과 소연 그리고 외국의 유명 가수들이 담당했다. K/DA는 롤 게임 중 우측 상단에 등장하는 게임 상태 지표인 Kill/Death/Assist의 약자다.

2022년 3월 우리나라 20대 대통령을 선출하는 선거 과정에서 인공지능 기술을 활용해 제작되고 운영되는 아바타 가상 후보가 선거운동 전면에 등장했다.[98] AI 윤석열, 명탐정 이재봇(이재명), 윈디(김동연) 등 대통령선거에 출마한 후보자별로 인공지능을 활용해 다양한 모습의 아바타가 만들어졌다. 이러한 아바타 형태의 가상 후보는 선거운동에 여러 가지 장점을 제공했다.

우선 실제 후보의 단점을 보완해 아바타를 제작할 수 있어서 유권자에게 후보의 긍정적인 면만을 강조할 수 있다. 예를 들어, 윤석열 후보의 경우 발언 중에 머리를 좌우로 흔들고 말과 말 사이에 '에~'와 같은 간투사가 자주 등장한다는 약점 같은 버릇이 있는데, 아바타 AI 윤석열의 경우는 이러한 버릇을 반영하지 않도록 제작했다. 이와 관련해 허위 외모에 기반하여 유권자를 기만하는 가상 후보라는 일부 비판도 있었으나 선거의 특성상 후보의 외모와 행태를 유권자에게 미화하려는 시도는 자연스럽고 불법이지 않으므로 선거관리위원회는 인공지능 아바타의 사용을 허용했다.

실제 후보는 현장에서 수없이 많은 즉흥적인 질문을 마주하면서 적절한 답변을 하기 힘든 상황에 처하기도 한다. 하지만 인공지능이 만든 아바타를 사용할 경우 전문적인 선거 팀에 의해 아바타 가상 후보의 발언 내용이 사전에 조율되므로 곤란한 상황을 충분히 피해갈 수 있다는 장점도 갖는다. 물론 활동에 있어서 시간과 공간의 제한을 받지 않으며 코로나19 전염병 창궐이라는 나쁜 상황 속에서도 후보자들과 유권자들을 접촉하는 데

제한이 없을 뿐 아니라 체력적으로도 전혀 지치지 않는다는 디지털 아바타 본연의 장점도 그대로 보유한다.

다만 인공지능 아바타가 실제 후보를 촬영한 것이 아니라 인공지능에 의해 제작되고 운영된다고 하더라고 그 발언에 대한 책임 소재는 이 아바타를 제작하고 운영하는 사람에게 돌아간다. 즉, 후보자의 공식 아바타가 발언한 모든 내용은 심지어 실제 후보자가 인식하지 못했다고 하더라도 법적으로는 해당 후보자가 책임을 져야 한다. 예를 들어, 아바타가 상대 후보에 대한 허위 사실을 유포해 명예를 훼손한 경우, 이는 아바타가 직접 처벌을 받는 것이 아니라 아바타의 실존 인물인 후보자의 책임으로 귀결된다. 물론 현실적으로 아바타의 모든 발언을 후보자가 일일이 검토하고 승낙한 후 내보낼 수는 없을지언정 법적으로는 아바타 가상 후보의 모든 언행에 대한 책임은 실제 후보자의 몫이다. 따라서 '아바타가 말했을 뿐 나는 모르는 일'이라고 후보자가 발을 뺄 수는 없다.

만일 제3자가 딥페이크 등 인공지능 기술을 이용해 특정 후보자의 모습을 한 아바타를 해당 후보자의 승낙 없이 별도로 만들어 인터넷상에 배포한 경우 법적인 문제를 충분히 일으킬 수 있다. 이런 경우 대부분 후보자를 곤경에 처하게 하는 흑색선전이나 비방전에 아바타를 이용하게 되므로 상대 후보 비방에 따른 선거법 위반이나 명예훼손, 초상권 침해와 형법 위반으로 처벌을 받을 수 있다.

20대 대통령선거 기간에 인공지능을 사용해 제작한 가상 후보가 실제 후보와 너무나 흡사해 일부 유권자의 경우 구분하기 힘들 수도 있었다. 아바타 가상 후보가 등장하는 동영상을 실제 후보를 촬영한 진짜 동영상이 아닌데 이를 진짜로 오인할 가능성이 충분히 존재한다. 따라서 이를 최소화하기 위한 사전 조치가 법적으로 강제되어야 했으나 그렇지 못했다. 구체적인 방법으로는 아바타 형태의 가상 후보가 등장하는 동영상마다 시작 부분에 '이 동영상에는 실제 후보가 아닌 인공지능으로 제작한 가상 후보가 등장합니다. 선거운동본부에서 문자로 입력한 내용을 토대로 인공지능이 가상 후보의 발언과 표정을 자동으로 생성하게 됩니다'라는 안내문을 붙이는 것이다. 이러한 면책 조항을 영어로 'disclaimer'라고 부른다. 이번 20대 대통령선거에서 인공지능 기술이 선거 전면에 활용되어 아바타 형태의 가상 후보가 최초로 선거운동에 등장한 것은 인공지능의 대중적 이용에 대한 강력한 신호로 다가온다. 다만 이러한 디스클레이머가 모든 동영상마다 명시되어야 일부 유권자의 오해와 혼동을 최대한 예방할 수 있었는데 그러지 못했다는 점에서 아쉬움이 남는 선거였다.

메타버스의 급습

메타버스는 현실 세계에서처럼 사람들이 모여서 다양한 사회 활동과 인간관계를 갖는 디지털 가상 세계다. 물론 가상 세계는 과거에도 존재해왔는데 2020년에 들어서면서 메타버스가 대중적 핫이슈로 부상됐다. 이러한 분위기에는 증강 현실 및 가상현실 기술을 보유한 기업의 새로운 마케팅 개척 전략, 그리고 새로운 성장 돌파구를 찾고자 하는 투자자와 정부의 직간접적 후원이 상당한 역할을 했다. 이보다도 더 결정적인 출현 배경은 예상보다 장기화된 코로나19 사태다. 현실 세계에서 엄격하게 금지되어온 대면 활동을 가상 세계에서라도 하고자 하는 사회적 욕구가 누적되어 분출되기 시작했다. 여기에 가상현실을 중심으로 한 첨단 기술 발전에 따른 몰입도 향상, 빨라진 온라인 환경의 보편화 등이 동시에 이뤄지면서 큰 상승효과를 일으켰다.

사람들이 자신의 아바타를 통해 온라인에서 함께 모여 즐기는 게임도 최근에는 메타버스라고 부르기 시작했다. 온라인 게임과 메타버스는 명칭도 다르고 등장한 시기도 다를 뿐 아니라 각각 추구하는 목적도 다르다. 그럼에도 온라인 게임은 메타버스에 가장 근접한 원형이라는 데 모두 동의하고 있다. 물론 메타버스에 대한 정의와 범위는 온라인 게임보다 더 넓다. 현실 세계를 그대로 투영해 새롭게 구축한 구글 맵이나 자동차 운전에서 사용하는 네비게이션 맵이 제시하는 세계도 일종의 메타버스다. 한동안 많은 사람들이 휴대폰을 들고 다니며 시내 곳곳 전국 곳곳을 누비도록 만들었던 포켓몬 고 게임처럼 눈에 보이는 현실 세계 위에 휴대폰이 제공하는 가상 세계를 덧입힌 증강 세계Augmented World도 메타버스의 일종이다. 심지어 SNS나 블로그와 같이 타인과 공유하는 나의 디지털 흔적도 메타버스의 범위에 들어간다. 현실 세계와 전혀 무관하지 않고 오히려 현실 세계를 투영하는 메타버스를 '거울 세계Mirror World'라고도 부른다.

원래 메타버스라는 용어는 '초월, 가상'을 뜻하는 메타meta와 '우주, 세계'를 뜻하는 유니버스universe의 합성어다. 1992년 닐 스티븐슨Neal Stephenson의 소설 〈스노 크래시Snow Crash〉에 이 용어가 처음 등장했다. 메타버스는 현실 세계를 초월한 가상 세계다. 이전에도 존재했던 가상 세계가 지금에 와서 핫이슈가 된 이유는 경제적 관점에서 볼 때 투자에 따른 이익 창출이 현실적으로 가능해졌기 때문이다. 일단 사람들이 모여야 한다. 그것도 엄청나게 많이 모여야 한다. 이들이 모여서 무엇인가 합의된 목적을 가지고 함께 활동해야 한다. 이런 활동을 통해 현실 세계에서 얻을 수 있는 행복과 의미를 동일하게 체험할 수 있거나 심지어 현실 세계에서는 전혀 맛볼 수 없는 새로운 것을 발견하게 된다면 사람들의 만족도는 높아지며 기꺼이 지출하려 할 것이다. 따라서 메타버스가 성공하려면 가급적 많은 사람들이 공통적으로 원하는 주제의 콘텐츠 혹은 활동 환경이 가상 세계 안에서 제공되어야 한다. 내 아바타를 통해 들어간 이 가상 세계에 대한 몰입도가 지금보다 훨씬 더 높아야 한다. 그런 측면에서 지금까지 지속적으로 발전해온 요즈음의 온라인 게임은 이러한 메타버스의 성공 요건을 가장 충족한다고 볼 수 있다.

앞서 소개한 게임 포트나이트Fortnite는 2017년 에픽게임즈Epic Games 기업에서 개발한 서바이벌용 1인칭 관점 슈팅 게임으로 가입자가 3억 5000만 명을 넘는다. 미국의 유명 래퍼 트래비스 스콧Travis Scott은 에픽게임즈와 기획해 2021년 4월 포트나이트에서 거대한 자신의 아바타를 등장시킨 후 '천문학Astronomical'이라는 타이틀로 온라인 가상 공연을 진행했다.[99] 보통 2~3시간 걸리는 일반 공연에 비해 이번 가상 공연은 10분 정도로 아주 짧았다. 그러나 이 짧은 공연에 포트나이트 게임 개설 이래 최고로 많은 1230만 명의 플레이어들이 동시에 참여했다. 10분짜리 공연이 올린 수익은 무려 2000만 달러(약 220억 원)에 달했다. 그 후로도 미국 앵콜 공연을 비롯해 세계 지역별 시간에 맞춰 3번의 온라인 가상 공연을 진행했다. 코로나19 사태 속에서는 진행할 수 없었던 공연이 온라인 게임을 활용해 더 극적이며 성공적으로 이뤄진 것이다.

이로 인해 온라인 게임 포트나이트는 가장 수익성 높은 메타버스로 주목을 받게 됐다. 특히 포트나이트가 제공하는 가상공간 '파티 로열Party Royale'을 통해서 게임 플레이어들은 다른 사람들과 함께 영화를 보거나 콘서트를 즐길 수도 있다. 파티 로열 때문에 포트나이트를 단순한 온라인 게임이 아니라 메타버스용 범용 플랫폼으로 평가하기도 한다. 방탄소년단(BTS)도 2020년 신곡 〈다이너마이트〉에 대한 안무 버전 뮤직비디오를 이 포트나이트 파티 로열에서 공개하기도 있다.

로블록스Roblox는 2006년부터 정식 발매되어 다양한 게임들을 사용자들이 직접 만들 수 있도록 해주는 게임 플랫폼이다. 플랫폼 사용자들은 별도로 제공되는 로블록스 스튜디오를 사용해 다양한 게임을 직접 제작한 후 유료 혹은 무료로 일반 사용자를 대상으로 게임 서비스를 오픈할 수 있다. 로블록스에서는 FPS, RPG, 레이싱 등 다양한 게임이 계속 등장하고 있다. 사람들은 각 게임 안에서 레고처럼 생긴 사람 '아바타'로 참여할 수 있다. 예를 들어, 밉시티MeepCity는 로블록스에서 방문자 수 20억 명을 기록한 인기 롤플레잉 게임으로 동시에 200명의 사용자, 즉 아바타가 등장해 참여할 수 있다. 로블록스 안에는 자체 거래 화폐인 '로벅스'가 있어서 자유로운 상거래를 지원한다. 아바타에게 새로운 장식을 추가한다든지, 보유하고 있는 아이템 종목을 늘리려면 이 로벅스를 사용해 지불하면 된다. 일정한 비용을 지불하면 사람들이 서로 만나서 교류할 수 있는 공간 그룹도 직접 만들어 운영할 수도 있다. 이런 기능으로 인해 원래 게임 플랫폼으로 시작한 로블록스도 메타버스로 분류되고 있다.

2018년 8월 네이버의 자회사인 스노우SNOW[100]에서 출시한 글로벌 아바타 서비스 '제페토'[101]는 그 안에서 제공하는 파티 게임 등 게임만을 놓고 볼 때는 일종의 롤플레잉 게임이다. 하지만 제페토는 단순한 게임 수준을 벗어난다. 사용자의 3차원 아바타 제작을 본격적으로 지원할 뿐만 아니라 아바타들이 모여서 서로 교류할 수 있는 교실, 스테이지, 공항 등과 같은 '제페토 월드'를 다양하게 제공한다. 최근에는 명품 브랜드 구찌GUCCI가 '구찌 빌라'라는 별도의 제페토 월드 공간을 할당받는 등 브랜드 홍보 및 마케팅 활동도 빈번하게 일어나고 있다. 2020년 9월 걸그룹 블랙핑크는 자신들의 아바타를 통해서 제페토에서 가상 팬 사인회를 개최했다. 4600만 명 넘는 팬들이 제페토 월드라는 가상공간 안에 모여들었다. 블랙핑크 멤버들은 팬들에게 사인도 해주고 가수와 팬이 자신들의 아바타로 함께 사진을 촬영하기도 했다. 대면이 힘든 코로나19 상황이 겹치면서 비대면 글로벌 교류 가상 세계 플랫폼으로 제페토는 많은 인기를 끌어냈다. 2021년 5월을 기준으로 가입자가 2억 명을 넘어섰는데 전체 이용자 중 80% 이상이 10대 청소년이고 90% 이상이 외국인이다. 메타버스의 바람이 불면서 제페토는 대표적인 메타버스로 분류되고 있다.

현실 세계가 아닌 가상 세계를 바탕으로 하는 메타버스에서 사람들은 아바타라는 가상 인간으로 존재하며 활동한다. 생존을 목표로 하는 서바이벌 게임과 같은 상황에서는 내 아바타가 어떤 비장의 무기 아이템을 가지고 있는지에 따라서 나의 생존이 직결된다. 여럿이 팀을 이뤄 진행하는 게임에서는 나와 한 팀을 이루는 다른 아바타들이 누구인지에 따라, 그리고 그들과의 적절한 의사소통을 통해서 모두의 생존과 활동이 직접적인 영향을 받게 된다. 많은 사람들이 아바타로 만나서 대화하며 교류하는 제페토 월드나 로블록스 그룹과 같은 가상공간에서는 다른 사람들에게 멋있고 호감을 주는 아바타로 존재해 다가가고 싶어진다. 그래서 내 아바타의 헤어스타일과 옷, 액세서리에도 아낌없이 투자한다. 메타버스 안에 존재하는 아바타는 현실 세계의 나를 대리하는 존재이기 때문에 실제 인간의 필요, 감정, 욕심을 그대로 투영하기 쉽다. 그렇기에 메타버스의 효용성과 유용성만을 강조할 수 없다. 현실 세계에 못지않은 문제점, 심지어 메타버스이기에 새롭게 생겨난 문제점들도 적지 않게 잠복해 있다.[102] 특히 가상 인간 아바타로서 메타버스 안에 나와 내가 사랑하는 사람들이 함께 존재하며 활동하기 때문에 이런 잠재적 문제들은 처음부터 진지하게 짚고 넘어가야만 한다.

메타버스 윤리: 디지털 윤리 vs 아날로그 윤리

온라인 게임과 같은 가상현실 기반의 메타버스에서는 프로그램의 취약점을 기반으로 하는 해킹과 같은 불법행위가 자주 발생한다. 아바타가 소유한 아이템이나 가상 화폐를 몰래 훔쳐가기도 하고, 심지어 내 아바타의 권한을 탈취해 나도 몰래 내 흉내를 내면서 메타버스에서 활동하기도 한다. 아울러 가상현실의 특성상 정교한 가짜의 출현과 불법 복제도 얼마든지 가능하다. '대체 불가 토큰'이라고 불리는 NFT[103]와 같은 새로운 기술을 도입하면 어느 정도 감소시킬 수는 있지만 메타버스의 본질적인 특성상 한동안 피할 수 없는 이슈로 다가올 것이다.

메타버스에서 다양한 채팅을 통해 이뤄지는 아바타 간의 대화는 자칫 선을 넘기 쉽다. 특히 양측이 반말 모드, 즉 반모 상태에 들어갔을 때는 더욱 그렇다. 상대방에 대한 모욕적 발언, 성희롱 발언, 차별적 발언 그리고 명예훼손을 일으키는 발언은 아바타 뒤에 실제 얼굴이 가려져 있다는 사실에 힘을 얻어 현실 세계보다 더 심각하게 자주 일어난다.

청소년들 사이에서 일어나는 '왕따' 현상도 메타버스라고 예외는 아니다. 제페토나 로블록스의 사용자 중 많은 수가 청소년이다 보니 원조 교제나 성매매로 이어지는 랜덤 채팅이 메타버스에서도 그대로 벌어진다. 이미 뉴스에도 자주 보도되었지만 제페토의 경우 어린아이의 아바타를 계속 따라다니며 접근해 지속적으로 이상한 언어와 행동을 하는 아바타 그리고 가상공간 안에서 물리적 스토킹 행위를 하는 성인 아바타들도 적지 않다.[104] 그래서 메타버스 안에서 이용자, 특히 10대 이용자에 대한 보호 조처도 시급해 보인다.

아바타의 개인 정보에 대한 신상 털기가 이뤄지는 경우도 눈에 띈다. 메타버스 안에서의 시간대별 행적이 모니터링 되어 그 동안 어떤 일을 했고 어느 장소를 방문해 누구랑 만났는지 등을 시간대별로 기록하면 아바타의 알리바이와 시간대별 동선이 추적될 수 있다. 이 경우 신상 털기와 연결되면 아바타의 실제 인물은 현실 세계에서 매우 곤란한 상황에 처할 수도 있다. 아울러 메타버스 안에서는 아바타가 구매한 물건, 참여한 회의, 만난 사람 등 프라이버시 또는 개인 정보와 관련된 항목을 누가 어떻게 관리하는지에 대한 규정이 아직은 존재하지 않는다.

현실 세계에서 이뤄지는 〈개인정보보호법〉 역시 메타버스에서는 적용되고 있지는 않다. 특히 현실 세계는 특정 국가의 법률 효력 아래 있지만 메타버스는 이미 국경을 초월한 글로벌 세계이므로 특정 사건에 대한 실정법 적용에도 큰 어려움이 따른다. 따라서 메타버스에는 법 적용의 사각 지역이 상당 기간 남아 있을 것이다. 메타버스에서 아바타는 실제 인간이 아닌 가상 인간이긴 하지만 그 뒤에 실제 인간이 긴밀하게 연결되어 있음을 인지하는 것이 마땅하다. 그럼에도 불구하고 메타버스 안에서의 개인별 '탈억제 효과'는 앞으로 더 심화될 것이다.[105]

윤리는 사람들이 함께 살아가면서 알고 따라야 하는 이치다. 윤리는 인간의 삶에 있어서 필수 불가결한 요소다. 지금까지의 윤리는 기술 윤리, 순수 규범 윤리, 응용 규범 윤리, 메타 윤리로 세분화되면서 서로 다르게 정의되며 나름대로의 역할이 정립되어왔다. 그런데 사람 살아가는 세상이 바뀌어도 너무 바뀌면서 전통적인 윤리의 틀 안에 이처럼 변해가는 세상에 필요한 윤리가 과연 온전하게 포함되거나 수용될 수 있을지에 대한 질문이 던져져왔다. 인류가 살아온 세상을 정보통신기술의 출현을 기점으로 전통적인 아날로그 세상과 새로운 디지털 세상으로 단순하게 구분할 경우, 윤리 역시 전통적인 아날로그 윤리와 새로운 디지털 윤리로 구분할 수 있다.

전통적인 사회에서 그동안 인지하며 지켜왔던 전통적 윤리, 즉 아날로그 윤리는 '지금-여기의 윤리now and here ethics'다. 전통적 윤리가 중요하게 다뤄온 시간은 '지금(현재)'이다. 시간 측면에서 약간 벗어난다고 해도 지금으로부터 어느 정도 예측이 가능한 매우 가까운 미래로 한정된다. 전통적 윤리가 관심을 두는 공간과 장소는 지금 내가 존재하는 '이곳(현실)'이다. 상상 속의 공간은 전통적 윤리의 중요한 관심사가 아니다. 전통적인 윤리가 관심을 두는 윤리의 주체는 지금 내 앞에 함께하며 여기에 실존하는 나를 포함한 '사람'이다. 따라서 지금 내 앞에 있는 사람들과 함께 살아가면서 지켜야 할 이치, 기억해야 할 삶의 원리가 바로 전통적 윤리, 아날로그 윤리다.

그런데 인터넷과 컴퓨터 그리고 최근에는 인공기술, 메타버스와 같은 정보통신기술의 출현과 발전은 전통적인 윤리의 관심 대상이 확대되거나 바뀌어야 함을 지적하고 있다. 시간으로는 '지금'뿐 아니라 '과거'도 윤리에서의 논의 대상으로 부상했다. 사람들이 남긴 디지털 흔적, 디지털 유산은 그 사람이 죽어도 여전히 존재하며 사회에 영향을 준다. 심지어 죽은 사람이 남긴 정보를 어떻게 다룰 것인가에 대한 '사후 프라이버시'가 중요하게 다뤄지는 시대가 됐다. EU의 〈일반개인정보보호법(GDPR)〉' 에서 보장하고 있는 '삭제권'은 나의 과거 시간에 대한 제어권을 원래 주인인 나에게 돌려준 사례다. 이 법률처럼 새로운 디지털 윤리는 관심의 대상인 시간을 현재나 가까운 미래에 국한하는 전통적 윤리와 달리 이미 지나간 '과거'까지도 포함해 고민해야 한다.

전통적인 윤리의 관심이 이곳 현실 세계에만 국한되어 있는 반면, 새로운 디지털 윤리에서는 엄청난 규모의 디지털 유적을 계속해 늘려가는 수많은 가상 인간이 활동하는 '가상 세계'까지 포함해 윤리의 관심 범위를 넓혀야 한다. 사이버 세상에서 일어나고 있는 일, 메타버스에서 벌어지고 있는 일도 디지털 윤리에서는 매우 중요하게 다뤄야 할 공간 범위다. 더구나 이러한 가상 공간, 사이버 세계의 면적과 크기는 이론상 무한하며, 이 공간에서 이뤄질 수 있는 활동 영역도 상상을 넘어선다는 특징을 감안해야 한다.

전통적인 윤리의 관심은 지금 실존하는 인간과 그 행위에만 국한되어 있지만, 새로운 디지털 윤리는 '아바타'와 같은 '가상 인간'도 행위의 대상으로 다뤄야 한다. 다만 가상 인간은 실제 인간이 아니므로 법의 주체가 될 수 없다. 이 점에서는 오히려 간단하게 접근할 수도 있다. 그렇지만 가상 인간이 실제 인간과 매우 밀접하게 연결되어 있다는 점을 중요하게 바라보면 새로운 윤리에서 고려할 상황은 생각보다 복잡해진다. 비록 법적으로는 가상 인간을 실제 인간과 동일하게 대우하거나 권리와 책임을 동일하게 부여할 수 없음에도 불구하고, 아바타의 뒤에 존재하는 실제 사람은 자신의 아바타가 당하는 상황을 그대로 실시간으로 느끼고 있다. 이뿐 아니라 본인과 아바타를 동일시하고 있다는 점에서 법적인 측면은 물론 윤리적인 측면에서도 쉽게 지나칠 상황은 아니다.

아날로그 현실 세계와 디지털 가상 세계는 현재의 시간 위에서 상호 긴밀하게 연결되어 있으며 그 경계선 구분도 점차 없어지는 혼합 현실(MR)Mixed Reality로 향하고 있다. 그리고 현실 세계에서 살고 있는 실제 인간과 가상 세계에서 살고 있는 가상 인간 아바타 역시 유기적이리만큼 동기화되어 있다. 따라서 새로운 디지털 윤리는 전통적인 아날로그 윤리와 완전히 분절된 새로운 윤리가 아니다. 오히려 전통적 윤리의 외연을 확장하고 신기술 생태계라는 맥락 안에서 의미를 다시 재해석해 새롭게 구축할 필요가 있다. 그 무엇보다도 디지털 윤리의 필요성과 방향에 대해 사회 구성원들이 공감대를 형성하는 것이 훨씬 더 현실적으로 필요하다. 지금 우리는 이러한 일을 해야 할 골든 타임을 지나고 있다.

3

‘신뢰’를 흔드는 AI

인공지능과 혁신

이루다와 알파고

2020년 12월 22일. 국산 인공지능 챗봇 '이루다'가 서비스를 개시했다. 이전의 인공지능 챗봇들은 금융, 쇼핑, 민원 등 '특정' 영역만 한정해 서비스를 제공해 왔다. 대부분 이들은 이용자가 질문하면 관련 정보를 대답해주는 형태로 대화형 서비스를 운영한다. 이루다는 대화의 주제에 제한을 받지 않았으며 대화의 선후 관계를 신경 쓰지 않아도 되는 '범용' 챗봇이었다.[106] 이루다는 상당히 자연스러운 대화 흐름과 내용을 제공해 짧은 시간에 큰 인기를 끌었다. 페이스북 메신저를 통해 채팅 서비스를 오픈한 지 2주도 안 되어 페이스북 팔로워 10만 명, 챗봇 서비스 이용자 40만 명, 누적 대화량 7000만 건을 돌파했다.

범용 챗봇에 대한 성능 평가 지표로 '감수성 및 특이성 평균(SSA)Sensibleness and Specificity Average'이라는 것이 있다.[107] 실험 통계치에 의하면 일반적인 인간이 갖는 SSA 값은 86%이다. 2020년 초에 구글이 공개한 범용 챗봇 미나Meena의 SSA 값은 79%였다.[108] 이루다의 SSA 값은 78%로 상당히 높은 편에 속한다.[109] 인공지능의 성능은 학습 데이터의 품질에 매우 민감하다. 얼마나 많은 데이터를 학습했는지, 그 학습 데이터의 품질이 얼마나 우수한지에 따라 인공지능의 성능이 달라진다. 이루다는 사람들로부터 직접 받은 카카오톡 대화 문장 94억 개를 학습 데이터로 사용했다.[110] 학습 데이터의 양이 풍부한 편이었다. 게다가 이 카카오톡 대화 자료는 다양한 남녀 간에 이뤄진 대화록, 그것도 오랜 기간 교제한 남녀 사이의 깊은 대화록도 많다 보니 대화 어투의 생동감도 살아 있고 학습 데이터로서의 구체성과 품질도 우수했다. 그래서 인공지능 이루다와의 대화가 실제 사람과 대화하는 것처럼 느껴지는 것은 매우 자연스러운 결과라고 볼 수 있었다.

가수 블랙핑크를 좋아하는 20세 여성 페르소나로 설정된 인공지능 '이루다'가 진짜 사람, 진짜 여성처럼 말을 한다는 소문이 퍼지던 중 특이한 상황이 벌어졌다. 이루다의 주된 이용자층인 10~20대 남자들에 의한 성희롱과 성 착취 대화가 집중적으로 이뤄진 것이다. 온라인 커뮤니티 '디시인사이드'[111]와 '아카라이브'[112]에는 이루다에 대한 성희롱 대화록 인증이 넘쳐났고 그 도를 넘으면서 뉴스거리가 되기 시작했다. 이루다 사건 1라운드는 이와 같이 시작됐다. 이루다에 대한 일부 이용자의 잘못된 이용 실태에 대한 비판이 1라운드의 핵심이었다.

곧이어 다른 성격의 2라운드가 전개됐다. 이루다가 쏟아내는 숱한 발언 중에서 사회적 차별을 문제 삼기 시작했다. 특히 동성연애 레즈비언에 대한 혐오, 지하철 좌석 중 임산부석에 대한 혐오, 장애인에 대한 차별 등에 걸친 이루다의 발언들이 급속히 공유되며 사회적 논란에 휘말리기 시작했다. 2라운드 비난의 핵심은 사회적 차별 발언을 한 인공지능 이루다에게 집중됐다. 매체들도 뉴스의 방향을 바꿔 보도하기 시작했다.

이루다의 운명을 가름한 결정적인 상황은 3라운드에 벌어졌다. 이용자들은 이루다의 발언 속에서 자신의 과거 대화 기록, 즉 자신이 카카오톡에서 다른 사람과 나눈 대화 내용이 포함되어 있음을 발견하기 시작했다. 인공지능 챗봇 이루다를 오픈하기 전에 해당 개발사인 스케터랩ScatterLab은 '텍스트앳TEXTAT'과 '연애의 과학'이라는 앱을 앞서 출시해 운영해오고 있었다. 텍스트앳은 교제 중인 두 남녀의 감성 분석을 해줄 목적으로 이용자로부터 카카오톡 대화록 전체를 받아서 처리했다. 연애의 과학도 이성 교제 중인 사람에게 성공적 연애를 위한 조언을 제공하는 앱으로, 역시 이용자로부터 카카오톡 대화록을 받아서 처리한 후 이를 보관했다.[113] 이처럼 이용자로부터 넘겨받은 방대한 카카오톡 대화록은 인공지능 챗봇 이루다를 학습시키는 데 사용되었고 이것은 3라운드 사건 발발의 배경이 됐다.

이루다의 이러한 학습 행위는 개인 정보를 수집해 이용하는 데 있어서 당사자에게 적절한 사전 허가를 받지 않은 개인 정보 수집과 유출이라는 주장이 급물살을 탔다. 이루다 개발사가 <개인정보보호법>을 위반했다는 주장이 청와대 국민청원 게시판에 올라왔고 곧이어 법적인 고소가 집단으로 이뤄졌다. 2021년 1월 11일, 오픈한 지 3주 만에 이루다는 서비스를 전격 중단했다. 2021년 4월, 개인정보보호위원회는 이루다 사건과 관련해 여덟 가지의 <개인정보보호법> 위반 행위를 근거로 하여 과징금 5500만 원과 과태료 4780만 원을 개발사에게 부과[114]하고 시정 조치를 명령했다.[115]

이루다 사건은 전 국민에게 인공지능이라는 신기술에 대해 '다시 한 번' 깊이 생각할 기회를 줬다. 이보다 5년 앞선 2016년 3월 엄청난 미래 신기술 인공지능을 '처음으로' 우리나라 국민 모두가 실시간으로 대면하면서 큰 충격에 빠졌던 경험을 이미 가지고 있다. 바로 구글 소속 딥마인드Deep Mind사의 인공지능 '알파고'가 바둑 대국에서 대한민국 이세돌 9단을 5전 4승 1패로 꺾은 사건이다.[116] 1년 뒤인 2017년 5월 알파고는 세계 랭킹 1위인 중국 커제 9단과의 바둑 대국에서도 3전 3승으로 완승했다.[117] 본인과의 대국에 앞서 알파고와 이세돌의 대국을 지켜보며 승리를 장담했던 커제는 알파고와의 대국 직후 전패의 충격으로 머리를 감싸고 눈물을 흘렸다. 딥마인드의 최고 경영자 데미스 허사비스Demis Hassabis는 커제와의 대국을 마지막으로 알파고는 바둑계에서 은퇴한다고 선언했다. 알파고의 공식 전적은 69전 68승 1패로 기록됐다.

2016년의 인공지능 알파고 사건은 인공지능이 우리의 생각보다 얼마나 더 똑똑할 수 있는지를 보여주었으며 인공지능의 엄청난 잠재력과 발전 가능성을 깨닫게 했다. 반면에 그로부터 5년 후인 2021년의 인공지능 이루다 사건은 우리가 인공지능을 자칫 잘못 다룰 경우 얼마나 불안하고 불편하며 심지어 위험하기까지 한 상황이 연출될 수 있는지를 보여줬다. 사실 인공지능의 매력적인 유용성 못지않게 인공지능의 역기능과 부작용, 잠재적 위험성에 대한 경고는 이미 인공지능의 기술 발전과 더불어 전 세계적으로 논의되어왔다. 그럼에도 불구하고 그동안 국내에서는 인공지능의 기술 수준이나 파급력이 사회 전반에 걸쳐 대혁신을 몰고 올 정도로 발전하거나 대중화되지 못했었다. 이런 이유로 인공지능의 어두운 면에 대한 문제 제기 역시 일부 전문가 그룹의 지나친 걱정으로 치부되었고 사회적 공론화 현상이 국내에서는 그다지 이뤄지지 않았다. 그러던 중 2021년 이루다 사건은 인공지능 활용의 잠재적 문제점에 대해 전 국민이 공감하면서 국내에서도 공론화 물꼬를 트기 시작했다는 데 그 의미를 찾을 수 있다.

의료계를 뒤흔든 인공지능

2016년은 인공지능의 탁월한 능력과 존재감을 매우 다양한 영역에 걸쳐 우리나라는 물론 전 세계가 확실하게 체험한 해로 기억된다. 앞서 소개한 구글의 알파고 사건은 이세돌 9단과 직접 관련되어 전 세계적인 관심을 끌었을 뿐 아니라 우리 국민에게도 인공지능이라는 새로운 기술이 일상생활 속으로 급속히 파고들고 있음을 느끼게 해줬다. 상당히 짧은 기간 내에 바둑을 학습했음에도 불구하고 세계 최고의 천재 바둑기사들을 상대해 모두 물리친 알파고 사건은 앞으로 인공지능이 각 분야 최고의 전문가들을 얼마든지 능가할 수 있음을 보여준 단적인 사례다.

같은 해인 2016년 8월, 인공지능은 암 치료 전문 의사의 자리에도 우뚝 섰다. IBM의 인공지능 컴퓨터 왓슨Watson은 일본 도쿄대 의대에 통원 치료 중이던 60세 백혈병 여성 환자를 대상으로 진료했다.[118] 이 환자는 발병 후 화학요법을 거쳐 두 가지의 치료 약물을 상당 기간 복용하고 있었으나 상태는 점점 더 나빠지고 있었다. 발병 원인이 1000가지가 넘는다는 백혈병은 그 원인을 정확히 찾은 후 이를 근거로 치료해야만 효과를 보는 것으로 알려져 있다. 그런데 이 환자의 경우는 그렇지 못했다. 인공지능 왓슨은 환자의 진료 기록과 증상을 입력받은 지 불과 10분도 안 되어 자신의 의학적 소견을 제시했다. 기존 처방은 잘못됐다고 판단했고 새로운 치료 방법으로 바꿀 것을 추천했다. 왓슨의 새로운 처방에 따른 투약 결과, 백혈병 환자는 3개월 만에 완치되는 기적과 같은 일이 벌어졌다. 전 세계 의학계는 큰 충격을 받았다.

인공지능 컴퓨터인 IBM 왓슨은 이 사건 이전부터 미국 등에서 이미 대중적 인지도를 얻고 있었다. 5년 전인 2011년 1월, 미국의 유명한 퀴즈 쇼 〈제퍼디Jeopardy!〉에서 최장 74회를 연속해 우승한 켄 제닝스Kenn Jennings, 역대 최고 상금인 330만 달러를 획득한 브래드 러터Brad Rutter와 함께 출연해 왓슨은 퀴즈 대결을 벌였다. 사람처럼 영어로 제시된 퀴즈 문제를 듣고 영어로 답을 제시한 IBM 왓슨은 이 퀴즈 쇼에서 압도적인 1위를 차지했다.[119] 박학다식한 인간 퀴즈 챔피언들보다 인공지능 왓슨이 훨씬 더 뛰어날 수 있음을 공개적으로 증명한 사건이었다.

퀴즈 쇼 우승을 뒤로 하고 IBM 왓슨은 곧바로 의학 분야, 특히 암 분야에서 관련 지식과 정보를 학습하기 시작했다. 왓슨은 2012년부터 뉴욕 메모리얼 슬로언 케터링 암센터Memorial Sloan Kettering Cancer Center에서 레지던트 생활을 했다. 이 기간에 290종의 의학 저널, 200종의 의학 교과서, 1200만 페이지의 의학 자료를 학습했다. 2014년 왓슨은 200명의 백혈병 환자를 처음으로 진단했는데, 그 정확도가 82.6%로 높았다. 2015년에는 대장암 98%, 난소암 95%, 직장암 96%, 신장암 91%, 방광암 91%, 자궁경부암 100%라는 높은 질병 진단 정확도를 보였다. 앞서 소개했듯이 2016년 8월, 도쿄대 의대의 백혈병 환자를 극적으로 완치시키면서 전 세계 의학계로부터 큰 주목을 받기 시작했다. 국내의 경우, 가천대학교 길병원에서 '종양학을 위한 왓슨Watson for Oncology'라는 명칭 아래 인공지능 IBM 왓슨을 암 진단에 최초로 도입했다.[120] 바로 뒤를 이어 부산대병원을 비롯해 국내 종합병원 7곳도 추가로 IBM 왓슨을 도입했다.

인공지능 의사를 통한 환자에 대한 진단과 치료는 의학계에 적지 않은 파장을 일으켰다. 인간 의사보다 뛰어난 인공지능 의사의 진단 정확도,[121] 90%가 넘는 환자의 높은 만족도와 같은 여러 통계 자료는 의학계에 앞으로 큰 변화가 불가피함을 암시했다. 서울대병원을 비롯한 국내 빅 5 병원과 이 그룹에 속하지 않은 병원들 사이에 고착되어온 암 환자의 병원 선호 현상에도 지각변동이 생기기 시작했다. 이런 현상에 고무된 일부 병원장은 명의로 알려진 전문의를 모시려고 힘들게 노력해오던 병원 정책을 앞으로는 대폭 수정하겠다고 선언했다. 그 대신에 환자들에게 친절하고 호감을 주며 의학 전반에 걸쳐 해박한 지식을 갖춘 의사들을 환자 진료의 전면부에 세운 후, 인공지능 의사인 IBM 왓슨과 협진하도록 환자 진료 체계를 바꾸는 편이 병원 경영 측면에서 더 바람직할 수 있다고 말하기도 했다. 만일 이처럼 인공지능 의사를 병원 현장에 혹은 원격 진료에 확대 배치해 병원 경영 스타일을 바꿀 경우, 우리 사회에 필요한 의사 수요는 지금보다 훨씬 크게 감소할 것이라는 예측이 뒤따랐다.

인공지능에 있어서 미국을 기필코 따라잡으려고 노력해온 중국은 의학 분야에서도 발 빠르게 대응했다. 2017년 8월 '작은 의사'라는 의미의 인공지능 의사 '샤오이曉醫'가 600점 만점에 커드라인 360점인 중국 국가의사면허시험을 456점으로 통과하면서 재수 끝에 의사 자격을 취득했다. 샤오이는 중국 기업 아이플라이테크iFLYTEK[122]와 칭화清華대가 공동 개발한 인공지능 의사다. 현재 샤오이는 '스마트 의료 조수'라는 이름으로 많은 농촌 보건진료소에 현장 배치되어 기본 질병의 95%에 대한 진료를 담당하고 있다. 2018년에는 인공지능 의사 '다바이大白'가 뒤이어 등장했다. 다바이는 광둥성 정부와 중국 인터넷 기업 텐센트Tencent, 홍콩과기대가 공동 개발한 인공지능 의사다. 다바이는 3억 명의 진료 기록과 10만 건 이상의 수술 기록을 가지고 학습했다.

이러한 글로벌 추세에 자극을 받아 우리나라도 국가 차원에서 한국형 인공지능 의사 '닥터앤서DrAnswer'를 개발하기 시작했다. 2018년부터 3년간 488억 원을 투자해 서울아산병원을 중심으로 26개 국내 의료 기관과 22개 기업이 공동 개발한 '닥터앤서 1.0'은 국민 건강 수명과 가장 밀접한 8대 질환을 중심으로 질병을 예측하고 진단한다. 2021년부터 연속해 진행된 '닥터앤서 2.0'은 서울대 분당병원을 중심으로 30개 국내 의료 기관과 18개 기업이 참여하고 있다. 닥터앤서 2.0은 질병의 전체 주기를 기준으로 의사의 다양한 의료 활동을 '돕는' 역할에 초점을 맞추고 있다.

금융계의 판도를 바꾼 로보 어드바이저

2016년 전 세계 금융계도 인공지능 '로보 어드바이저Robo Advisor'로 인한 소용돌이에 휩싸였다. 로보 어드바이저란 사람의 개입 없이 자동화된 알고리즘, 특히 인공지능 기술을 기반으로 재무 계획 서비스를 제공하는 디지털 플랫폼이라고 정의한다.[123]

좀 더 구체적으로 운영 과정을 살펴보면, 로보 어드바이저는 다음과 같이 몇 단계의 절차를 거치면서 고객 투자자가 위탁한 자산을 극대화한다.[124] 먼저 투자자의 위험 성향과 투자 목적을 분석해 투자자 고유의 프로파일을 생성한다. 그 후에 투자자의 투자 성향을 기반으로 위탁받은 자산을 배분한다. 배분한 투자자산별로 가장 좋은 금융 상품을 추천한 후 고객이 선택하도록 함으로써 고객용 포트폴리오를 만든다. 이제 고객이 선택한 포트폴리오를 근거로 투자를 진행하고 금융시장과 투자자산을 계속 모니터링하면서 고객의 포트폴리오를 조정하며 투자 이익을 극대화한다. 이 모든 과정은 사람의 개입을 최소화하며 자동으로 이뤄진다. 한마디로 로보 어드바이저는 고객 투자자의 자산을 위탁·운영하면서 수익을 늘려주는 자동화되고 지능화된 정보기술 솔루션이다. 금융계의 펀드 매니저, 자산 관리 전문가, 트레이더, 투자 애널리스트 등 다양한 명칭으로 불리는 고소득의 투자 전문 인력들이 맡아왔던 어려운 일을 로보 어드바이저가 대신하거나 그들의 핵심 업무를 보조해주는 것이다.

로보 어드바이저라는 용어는 2002년 3월 미국 기자 리차드 코레토Richard J. Koreto가 처음으로 사용했다. 당시에는 큰 관심을 받지 못하다가 2011년 언론에 재등장하면서 세간의 관심을 끌기 시작했다. 금융Finance과 정보기술Technology이 융합한 새로운 흐름의 금융 서비스인 '핀테크FinTech' 분야에 있어서, 로보 어드바이저는 가장 대표적인 성공 사례로 꼽힌다.

2016년 3월, 영국 최대의 국영은행 '로열 뱅크 오브 스코틀랜드(RBS)Royal Bank of Scotland'가 로보 어드바이저를 업무에 도입함과 동시에 220명의 투자 자문 전문가와 200명의 보험 상품 자문 전문가를 해고하는 사건이 발생해 글로벌 금융계에 큰 충격을 줬다.[125] 연이어 다국적 투자은행 골드만 삭스Goldman Sachs 역시 로보 어드바이저 '워런Waren'을 도입하면서 600명의 전문 애널리스트 중 598명을 해고했다. 워런은 '켄쇼 테크놀로지스Kensho Technologies'가 제작한 로보 어드바이저다. 켄쇼 테크롤로지스는 2013년 다니엘 내들러Daniel Nadler가 인공지능 딥러닝 기술의 능력에 도전을 받아 만든 기업이다.[126] 2016년 글로벌 금융 신탁 기업 베터먼트Betterment와 웰스프론드WealthFront의 경우, 로보 어드바이저 활용을 전제로 한 고객 수탁고가 이미 25억 달러와 24억 달러를 넘어서고 있었다. 2021년을 기준으로 전 세계적으로 100개 이상의 로보 어드바이저가 운영되고 있는데 대부분 인공지능 기술을 활용하고 있다.[127] 금융 분야에도 등장해 확산 일로에 있는 인공지능은 고도로 숙련된 투자 전문 인력 수십 명보다 뛰어난 능력을 보여준다고 평가받으면서 이들 전문가의 자리가 위협받기 시작했다.

리걸 테크의 꽃 인공지능 변호사

2016년 5월, 당시 900명의 변호사를 고용하고 있던 로펌 베이커 호스테틀러Baker Hostetler는 파산 분야 업무를 지원할 수 있는 인공지능 변호사 '로스 인텔리전스ROSS Intelligence'를 세계 최초로 공식 채용함으로써 글로벌 법조계에 큰 변화를 예고했다.[128] '세계 최초의 인공지능 변호사'라고 불리는 로스는 인공지능 기술이 적용된 법률 정보 검색 시스템이다. 기술적으로는 IBM 왓슨에서 제공하는 자연어 처리 기반의 지능형 검색 기능을 활용했다.

같은 해인 2016년 6월, 미국 스탠퍼드대학교 2학년 재학 중이던 조슈아 브라우더Joshua Brouder는 주차 위반 딱지를 받았을 때 법적인 이의 제기를 할 수 있도록 도와주는 인공지능 챗봇 '두낫 페이DoNotPay'를 개발해 발표했다. 영국 신문 《가디언Guardian》은 런던과 뉴욕에서 발행된 25만 건의 주차 위반 딱지 중 60%인 16만 건, 총 400만 달러의 벌금을 이 인공지능 챗봇이 무효화시켰다는 기사를 내보내 사람들에게 큰 호응을 얻었다.[129] DoNotPay는 부과된 주차 위반 벌금에 대해 당사자가 직접 항소 절차를 진행할 수 있도록 채팅 상담을 거쳐 벌금 철회 요청서를 자동으로 작성해준다. 그래서 외부 전문가의 도움 없이도 법적인 문제를 스스로 해결할 수 있도록 해준 '세계 최초의 로봇 변호사'라는 명칭이 DoNotPay에게 붙여졌다.[130]

2016년 10월. 영국 신문 《가디언》은 유럽인권재판소(ECHR)가 '세계 최초'로 도입한 인공지능 판사에 대한 기사를 내보냈다.[131] 이 인공지능 판사는 인간 판사가 내리는 재판 결과의 79%를 정확하게 예측한다고 밝혔다. 영국 유니버시티 칼리지 런던, 셰필드대학교, 그리고 미국 펜실베니아주립대학교에서 공동 개발한 이 인공지능 판사는 '인권' 조항 제3조 고문 및 비인간적 대우·처벌 금지, 제6조 공정한 재판을 받을 권리 그리고 제8조 사생활을 존중받을 권리와 관련된 판례 584건을 대상으로 하여 기계 학습(ML)Machine Learning이라는 인공지능 기술을 통해 개발됐다. 바로 다음 해인 2017년, 형사사건 범죄자를 가석방할지 말지를 판단하는 인공지능 콤파스COMPAS에 대해, 미국 위스콘신주 대법원은 이러한 인공지능의 재판 개입과 결정 행위가 위법이 아니라며 인공지능에게 법적인 자격을 실어주는 판결을 내리기도 했다.[132]

금융 분야에 정보기술이 접목해 '핀테크'가 생겨난 것처럼 법률 분야에도 정보기술이 접목해 '리걸 테크Legal Tech' 분야가 생겨났다.[133] 핀테크에 비해 리걸 테크 분야는 상당히 오랜 역사를 가지고 있다. 이전에는 기술 발전에 맞춰 컴퓨테이션 법률, 법률 전문가 시스템 등으로 부르다가 최근에는 리걸 테크로 부른다. 법률 분야에서 접목해 활용하는 기술이 주로 정보기술이지만 최근에는 정보기술 중에서 기계 학습 등 인공지능을 많이 사용하기 때문에 기존의 '리걸 테크'와 구분해 '리걸 AI'라고 부르기도 한다. 리컬 테크는 일종의 산업으로 자리를 잡아서 2021년을 기준으로 전 세계에 1000여 개의 리걸 테크 기업이 존재하는 것으로 알려졌다. 리걸 테크가 제공하는 서비스는 주로 변호사의 역할이지만 판사의 역할도 상당 부분 포함하고 있다. 예를 들어 법률 검색, 법률 분석, 전자 증거 개시 분석,[134] 법률 문서 자동 작성 등 인공지능 변호사로서의 서비스는 물론 재판 예측, 양형 판단, 재범 예측 등 인공지능 판사로서의 서비스까지 고객에게 제공한다.

예술 영역에도 발을 디딘 인공지능

예술 분야 중 미술 분야에서 인공지능의 활약이 대중적인 주목을 받은 시기도 2016년이다. 구글이 개발한 '딥드림Deep Dream'은 그림을 그려내는 인공지능이다. 딥드림은 딥러닝이라는 인공지능 학습 기술을 사용해 어떤 이미지를 읽었을 때, 내부적으로 어떻게 추상화되면서 이미지가 변하는지를 추적할 목적으로 만들어졌다. 마치 이미지가 꿈을 꾸듯 바뀐다고 해서 딥드림이라는 명칭이 붙여졌다.[135] 이 딥드림이 그려낸 29점의 그림이 2016년 2월 샌프란시스코 경매에서 총 9만 7000달러에 팔렸다. 이 중에서 〈월스트리트 저널Wall Street Journal〉이라는 작품은 최고가인 8000달러에 낙찰됐다.

2016년 4월 마이크로소프트사, 네덜란드 델프트과학기술대, 네델란드 ING, 렘브란트미술관은 18개월에 거친 공동 프로젝트를 진행해 인공지능을 학습시켜 그림을 그리도록 했다. '더 넥스트 렘브란트The Next Rembrandt'라고 붙여진 이 그림은 17세기 바로크시대 '빛의 화가'로 불리던 렘브란트Rembrandt의 화풍을 따라 그린 초상화인데, 이목구비가 렘브란트를 그대로 닮았다. 이 초상화 그림이 발표되자 "렘브란트가 다시 살아났다"는 찬사가 따랐다. 렘브란트 화풍을 재현하기 위해 프로젝트팀은 인공지능에게 렘브란트 작품 346점을 학습하도록 했다. 이 과정에서 150기가바이트 분량의 방대한 이미지 데이터가 생성되기도 했다. 그리고 인공지능의 학습 결과로 생성된 렘브란트 화풍의 초상화 이미지를 실제로 화폭에 옮기기 위해 3D 프린팅 기술을 이용했다. UV잉크 13겹을 사용해 렘브란트 그림의 질감과 붓 터치까지 완벽하게 재현해냈다. 이 사건으로 미술 등 예술 분야, 더 확장하면 창작 분야까지 인공지능의 활동 영역으로 확장될 수 있다는 가능성이 열렸다.

인공지능과 4차 산업혁명

4차 산업과 4차 산업혁명

2016년 우리나라 출판계 최고의 베스트셀러는 다보스 포럼이라고도 불리는 세계경제포럼(WEF)의 의장 클라우스 슈밥Klaus Schwab이 쓴 《4차 산업혁명The Fourth Industrial Revolution》이다. 4차 산업혁명은 아주 짧은 시간에 대중적 관심을 얻었고 곧이어 범국가적 과제로 부상했다. 정부의 신규 정책으로, 기업의 미래 추진 방향으로 그리고 대학에서는 중장기발전계획의 새 비전으로 4차 산업혁명은 급부상했다. 마침 같은 해 벌어진 구글 알파고와 이세돌 9단의 세기적 바둑 대결은 핵심 신기술인 인공지능이 곧 4차 산업혁명 시대를 성큼 앞당길 수 있음을 느끼게 했다. 그래서 미래를 이야기하는 곳마다 4차 산업혁명이라는 수식어가 줄곧 따라다녔다.

'4차 산업'과 '4차 산업혁명'은 같은 용어가 아니다. 그럼에도 불구하고 종종 혼동해 사용한다. 4차 산업은 산업을 분류할 때 나오는 항목이다. 1940년 영국의 경제학자 콜린 클라크Colin Grant Clark는 산업을 1차 산업, 2차 산업, 3차 산업으로 구분했다.[136] 1차 산업은 농업, 임업, 축산업, 어업처럼 자연환경을 이용해 자원을 얻거나 물품을 생산하는 산업이다. 2차 산업은 공업, 제조업, 건설업, 광업처럼 1차 산업에서 얻은 천연자원이나 물품을 가공해 새로운 형태의 상품을 만들어내는 산업이다. 3차 산업은 상업, 운송업, 관광업, 금융, 통신업과 같이 1차 산업과 2차 산업에서 생산된 물건을 판매하거나 각종 서비스를 제공하는 산업이다. 그런데 시간이 지나면서 3차 산업이 발달하고 세분화되면서 4차 산업, 5차 산업, 6차 산업이 추가로 제시됐다. 4차 사업은 정보, 의료, 교육 서비스 등 지식 집약적인 산업이다. 5차 산업은 패션, 취미, 관광, 레저 등 인간의 취향과 욕구를 대상으로 한 산업이다. 6차 산업은 농업에서 얻을 수 있는 농산물(1차 산업)을 다시 가공해 특산품이나 공산품을 만들 뿐 아니라(2차 산업) 이를 유통함과 동시에 농촌에 대한 관광, 체험(3차 산업)까지 연계해 제공하는 농촌 융·복합 산업이다.[137] 4차 산업과 4차 산업혁명을 사람들이 혼동하는 이유는 '정보산업'이 양쪽 모두에 관련되어 있기 때문이다. 하지만 4차 산업과 4차 산업혁명은 다른 용어다.

4차 산업혁명은 '산업혁명Industrial Revolution' 중 4번째로 일어난 산업혁명을 말한다. '산업혁명(IR)'이란 용어는 1844년 독일의 경제학자 프리드리 엥겔스Friedrich Engels가 처음 사용했다.[138]

그로부터 40년 뒤인 1884년 영국 역사학자 아놀드 토인비Arnold Joseph Toynbee는 자신의 책 제목에서 이를 인용하고 그 내용을 구체화했다.[139] 산업혁명은 산업 분야에서의 혁신적인 신기술이 출현함으로 인해 기존의 산업구조가 대폭 재편되는 것은 물론 정치, 경제, 사회 전반에 걸쳐 큰 혁신이 일어나는 현상을 말한다.

1차 산업혁명은 18세기 후반부에 일어났다. 스코틀랜드의 기계공학자 제임스 와트James Watt가 1769년 발명한 증기기관이 결정적인 혁신 신기술이었다. 사람의 힘을 대신한 동력을 사용해 기계를 움직일 수 있도록 한 '기계 혁명'이었다. 이로부터 100년이 지난 19세기 말, 2차 산업혁명이 일어났다. 1882년 토마스 에디슨Thomas Alva Edison에 의한 화력발전소 건설, 1891년 니콜라 테슬라Nikola Tesla에 의한 교류발전기 발명은 전기라는 새로운 동력을 인류가 지금처럼 사용할 수 있도록 한 일련의 '전기 혁명'이었다.[140] 이 전기는 생산 분야를 중심으로 '자동화 공정'이 가능하도록 만들어줬다. 2차 산업혁명으로부터 다시 100년이 지난 20세기 후반. 3차 산업혁명은 컴퓨터 중심의 정보기술(IT)과 네트워크, 이동통신 중심의 통신기술(CT)이라는 핵심 신기술의 출현으로 시작된 '정보 혁명'이다. 이로 인해 인류 사회 전반에 걸쳐 디지털 정보화가 급속하게 이뤄졌다. 그런데 4차 산업혁명은 3차 산업혁명으로부터 100년이 아닌 수십 년도 지나지 않았는데 벌써 시작됐다.[141]

클라우스 슈밥은 자신의 저서《4차 산업혁명》에서 핵심 신기술로 나노 기술, 사물인터넷, 빅데이터, 인공지능, 로봇공학, 블록체인, 3D 프린팅, 신경 기술 등 다양한 신기술 복합체를 소개했다. 2016년 박근혜 정부는 4차 산업혁명의 핵심 신기술을 'ICBM-AI'로 축약해 공식적으로 사용했다. 북한이 미국 본토를 겨냥해 개발해온 화성-14, 화성-15와 같은 대륙간 탄도 미사일의 공식 명칭인 'ICBM Inter-Continental Ballistic Missile'을 인용하고 그 뒤에 인공지능 AI만 추가해 덧붙였다. 4차 산업혁명의 핵심 신기술 ICBM에서 I는 사물인터넷 Internet of Things을, C는 클라우드 컴퓨팅 Cloud Computing을, B는 빅데이터 Big Data를, M은 스마트폰을 중심으로 한 모바일 Mobile을 의미한다.

이 4개의 신기술과 그 끝에 추가된 인공지능 AI 신기술의 상호 연관성을 생각해보면, 인공지능이 가장 으뜸이자 핵심 신기술이다. 컴퓨터를 중심으로 연결된 인터넷은 물론, 일상에 존재하는 거의 모든 사물이 서로 연결된 사물인터넷(I), 그리고 많은 사람이 사용하는 스마트폰(M)을 통해서 엄청난 데이터가 끊임없이 새로 만들어진다. 이같이 생성되는 데이터(B)를 대상으로 하여 대규모 클라우드 컴퓨팅(C) 환경 가운데 기계 학습이 반복되면서 새로운 인공지능(AI)이 꾸준히 생성되고 발전하기를 반복한다. 그래서 4차 산업혁명 핵심 신기술 가운데 최고이자 궁극적인 신기술은 인공지능인 셈이다.

2017년 5월, 문재인 정부가 새롭게 들어섰고 4차 산업혁명의 중요성은 그대로 인수인계됐다. 대통령 직속 '4차산업혁명위원회'라는 새로운 전담 조직이 생기면서 4차 산업혁명의 기조는 더 강조됐다. 그러나 이전 정부에서 사용하던 ICBM-AI라는 핵심 신기술에 대한 표현이 'Digital DNA'로 바뀌었다. DNA에서 D는 데이터(빅데이터 포함), N은 네트워크(사물인터넷 포함), A는 인공지능을 나타낸다. 표현은 좀 더 단순화되었지만 4차 산업혁명의 핵심 기술로 인공지능은 여전히 중요하며 핵심적으로 다뤄졌다. 2019년 12월 정부는 'IT 강국을 넘어 인공지능 강국으로'라는 비전을 세워 3대 분야, 9대 전략, 100대 과제로 구성된 '인공지능 국가 전략'[142]을 발표했다. 2019년 10월, 한국을 방문한 소프트뱅크 손정의 회장은 문재인 대통령에게 "첫째도 인공지능, 둘째도 인공지능, 셋째도 인공지능"이라며 한국의 인공지능 중심의 미래 신기술 전략을 확인하고 확신하게 만드는 주문을 했고 대통령도 이에 적극적으로 화답했다.[143] 《제3의 물결The third wave》, 《권력 이동Power shift》, 《부의 미래Revolutionary Wealth》 등의 저서로 잘 알려진 미래학자 앨빈 토플러Alvin Toffler가 약 20년 전 한국 정부에게 정보화 추진 정책을 강력하게 주문해 당시 김대중 대통령이 이를 적극적으로 수용했던 모습과 거의 흡사한 형국이었다.[144]

'혁신innovation'과 '개선improvement'라는 두 단어는 '변화'를 일으킨다는 면에서 유사해 보이지만, 변화의 '양'과 '질'에 있어서 큰 차이를 보인다. 개선에 비해 혁신은 비교할 수 없을 만큼 크고 강한 변화를 초래한다. 그래서 혁신이 몰고 오는 변화에는 '변혁'이라는 좀 더 강한 표현을 사용하기도 한다. 혁신은 '건설적 혁신constructive innovation'과 '파괴적 혁신destructive innovation'으로 구분할 수 있다. 기존의 질서와 구조를 그대로 유지하거나 심지어 강화하는 변혁을 초래하는 것이 '건설적 혁신'이라면, '파괴적 혁신'은 기존의 질서와 구조를 무너뜨리고 새로운 대안의 변혁을 가져온다. 직업 측면에서 볼 때, 파괴적 혁신은 기존의 많은 직업을 사라지게 하고 새로운 직업들을 나타나게 한다. 4차 산업혁명과 같은 '혁명'은 이러한 파괴적 혁신을 짧은 시간 안에 사회 전반에 걸쳐 일으킨다.

2016년 휘몰아치듯 발생한 인공지능 관련 혁신 사건들은 인류에게 새로운 희망을 심어줌과 동시에 새로운 혁신, 특히 '파괴적 혁신'이 시작될 수 있다는 생각에 불안과 걱정도 안겨줬다. 바둑 천재 이세돌 9단을 꺾은 인공지능 기사. 최고의 의사보다도 더 정확하게 암을 진단하는 인공지능 의사. 유능한 투자 전문가 그룹 전체보다 더 높은 수익률을 내는 로보 어드바이저. 변호사 수십 명의 역할을 대신하며 법정에서 판사를 대신해 판결 초안을 만드는 인공지능 중심의 리걸 테크. 미술부터 시작해 예술 분야 전반에서 작품 활동을 시작한 인공지능 예술가. 이처럼 인공지능을 중심으로 한 4차 산업혁명은 '직업' 측면에서 볼 때 바둑기사, 의사, 회계사, 변호사, 판사, 예술가 등 이른바 고도의 전문 직업군에 대한 파괴적 혁신을 예고하고 있었다. 이 모든 사건이 2016년에 한꺼번에 일어나 사람들이 받는 충격의 강도가 더 커졌다.

우리 사회의 많은 부모는 자신의 자녀만큼은 '사' 자로 끝나는 직업인 '의사, 변호사, 회계사' 등을 갖기를 희망한다. 그런데 2016년 인공지능이 보여준 혁신 대상 전문 직업군에 이들 모두가 포함되어 있었다. 이들 직업은 당사자가 갖기 원한다고 해서 빠른 시간 내에 쉽게 얻어지는 직업이 아니다. 진입 장벽이 매우 높기에 일단 진입하면 블루오션처럼 비교적 안정된 직업이다. 게다가 높은 소득과 사회적 명성을 더불어 얻을 수 있는 소수의 엘리트 직업으로 간주된다. "사람은 평생 일하다가 나중에 질병과 사고 때문에 의사에게 그리고 법적 소송 때문에 변호사에게 자신이 번 수익의 대부분을 바치고 인생을 마친다"는 말을 그냥 우스갯소리로 무시하기에는 말 속에 뼈가 들어 있다. 다른 전공과 달리 의학전문대학원, 법학전문대학원이 별도로 존재하는 것도 나름대로 이유가 있다며 이들 직업의 특수성을 기반으로 분석하기도 한다.

그런데 2016년에 집중해 발생한 인공지능 사건들은 이처럼 진입 장벽 높은 '전문' 직업들이 앞으로는 기술혁신과 산업혁명으로 인해 입지가 크게 흔들릴 수도 있음을 강하게 시사해줬다.

비록 직업 자체가 사라지지는 않겠지만, 현재 우리 사회가 필요로 하는 수요만큼 과연 미래에도 필요할지에 대한 강한 의구심을 심어줬다. 한국을 자주 방문했던 미래학자 앨빈 토플러도 같은 경고를 했다. 한국 부모들의 자녀 교육에 대한 열정과 그에 따른 여러 가지 사회현상을 눈으로 지켜보면서 그는 “한국의 부모들은 미래에 없어질 직업과 미래에 필요하지도 않을 지식을 위해 자신의 자녀들을 학교와 학원에서 시간 낭비하도록 잘못된 노력을 기울이고 있다”며 일침을 가했다.[145] 그 뒤에는 인공지능이 자리 잡고 있었다.

인류의 마지막 기술일까?

초지능 슈퍼인텔리전스

2016년은 바둑계에서 알파고가 보여준 인공지능의 능력으로 인해 우리나라 사람들은 물론 전 세계가 깜짝 놀랐던 해다. 이뿐만 아니라 2016년 내내 인공지능은 의학, 법학, 경영학, 예술 등 다양한 전문 분야에서 놀라운 존재감과 미래의 발전 가능성을 보여줬다. 이로 인해 전 세계는 큰 충격과 더불어 높은 기대감에 휩싸였다. 그런데 같은 해인 2016년 말, 이러한 흐름에 찬물을 끼얹는 기사가 영국 BBC 뉴스에 방송됐다.[146]

영국 옥스퍼드대는 2016년 10월 '지능미래센터(CFI)Center for the Future of Intelligence'[147]를 개소했다. 센터 개소 행사에서 연사로 나선 이론물리학 분야의 세계적 석학인 스티븐 호킹Stephen

Hawking 박사는 아주 짧지만 명확하게 경고의 메시지를 전했다. "인공지능은 인류에게 가장 최악의 것이 될 수 있다(AI could be the worst thing for humanity)" 2년 전인 2014년 2월, 스티븐 호킹 박사는 이미 BBC와의 인터뷰에서 "인공지능은 인류의 종말을 의미할 수 있다(AI could spell end of the human race)"는 동일한 발언을 한 적이 있었다.[148] 그 당시만 해도 인공지능에 대한 사람들의 인식이 그리 특별하거나 보편적이지 않았다. 그래서 스티븐 호킹의 당시 발언은 큰 주목을 받지 못했었다.

그런데 2016년의 상황은 완전히 달라졌다. 그해에 집중해 발생한 인공지능의 뛰어난 활약상 때문에 스티븐 호킹 박사의 반복된 경고 메시지가 이번에는 사람들에게 큰 반향을 불러일으켰다. 인공지능의 위험성에 대한 이러한 경고성 발언은 단지 스티븐 호킹 박사만의 목소리가 아니었다. 테슬라와 스페이스X의 회장인 일론 머스크Elon Musk, 마이크로소프트사 회장인 빌 게이츠Bill Gates, 그리고 스티브 잡스Steve Jobs와 함께 애플컴퓨터를 공동 창업했던 스티브 워즈니악Steve Wozniak도 인공지능의 위험성에 대해 경고의 목소리를 똑같이 내고 있다며 BBC는 전했다. 그리고 이날 오픈한 CFI의 설립자 중 한 사람인 닉 보스트롬Nick Bostrom 역시 상당히 오래전부터 인공지능의 위험성을 경고해왔던 핵심 인물이었다.

참고로 스티브 워즈니악의 경우 2016년 일론 머스크, 빌 게이츠와 같이 인공지능이 인류에게 매우 위험하다는 데 의견을 같이 해오고 있었다. 그러나 지금의 인공지능 기술 수준 정도로는 인류에게 결코 위협적일 수 없다며 2018년 2월에는 본인의 과거 의견을 번복했다.[149] 2045년이 되면 인공지능이 인간의 간섭을 벗어나 스스로 동작해 인류에게 위협이 되는 '특이점'이 도래할 것이라는 주장을 해온 미래학자 레이 커즈와일Ray Kurzweil과 함께 참석한 패널 토의에서도, 스티브 워즈니악은 인공지능이 더 이상 두렵지 않다는 자신의 변화된 시각을 굽히지 않았다.

지능미래센터는 영국 국가 보조금 결정 기구인 레버휼 트러스트Leverhumle Trust에서 지원한 자금으로 세워졌다. 인공지능과 관련된 과학, 철학, 사회과학 등 학문 간 융합 연구 센터다. 이 센터의 설립에 결정적인 역할을 한 두 명의 인물이 있다. 바로 스튜어드 러셀Stuart Russell과 닉 보스트롬이다.

스튜어드 러셀은 영국 출신 인공지능 과학자로서 미국 캘리포니아버클리대(UBC) 컴퓨터공학과 교수다. 2014년 5월 영국 《인디펜던트》지 기고문에서 물리학자 스티븐 호킹 박사, 노벨물리학상 수상자 프랭크 윌첵 MIT 교수, 맥스 태그마크 MIT 교수와 함께 스튜어트 러셀 교수는 "인공지능이 인류 사상 최대의 성과인 동시에 최후의 성과이자 인류의 재앙이 될 수 있다"고 주장한 바 있다.

닉 보스트롬은 스웨덴 출신의 철학자로서 옥스퍼드대 철학과 교수다. 앞서 소개했듯이 닉 보스트롬은 인공지능 분야의 융·복합, 윤리, 철학에 있어서 세계가 주목할만한 석학이다. 2014년 닉 보스트롬이 저술한 책《슈퍼인텔리전스superintelligence: 경로, 위험, 전략》은 상당히 잘 알려진 베스트셀러로서 미래 '초지능'에 대한 의미와 내재적 위험성을 알리며 일론 머스크, 빌 게이츠와 같은 많은 지식인에게 공감을 얻어 책의 추천사를 받기도 했다.

인공지능의 기술 수준을 인간의 지능 수준과 비교해볼 때 간단하게 3단계로 나눌 수 있다. 가장 낮은 1단계는 인간의 지능 수준보다 못한 단계, 2단계는 인간의 지능 수준과 동일한 단계 그리고 마지막 3단계는 인간의 지능 수준보다 뛰어난 단계다.

인간의 지능에는 미치지 못하지만, 특정 분야에서만큼은 인간과 같거나 심지어 인간보다 뛰어난 수준이 바로 1단계다. 1단계의 인공지능은 우리가 이미 경험해왔다. 바둑 분야에서의 알파고, 암 진단 분야에서의 IBM 왓슨, 스마트폰 안에 있는 인공지능 개인 비서인 시리Siri와 빅스비Bixby, 구글 어시스턴트Assistant 등은 제한된 분야에서만큼은 인간의 지능과 비슷하거나 인간을 능가하는 1단계 인공지능이다. 이처럼 특정 분야에 한정해 사용하는 인공지능이라는 의미로 1단계 인공지능을 '좁은 인공지능(ANI)Artificial Narrow Intelligence'이라고 부르며 '약한 인공지능Weak AI'이라고도 부른다. 현재 우리가 사용하고 있는 인공지능 대부분은 좁은 인공지능이다.

이보다 더 발달한 2단계 인공지능은 일상의 '모든' 분야에서 인간처럼 지능적으로 활동할 수 있는 수준의 인공지능이다. 인공지능이 거의 모든 분야를 섭렵해 활동하기 때문에 범위와 용도가 매우 넓다는 의미로 2단계 인공지능을 '범용 인공지능(AGI)Artificial General Intelligence'이라고 부른다. 가끔은 '강한 인공지능Strong AI'이라고도 한다.

약한 인공지능, 강한 인공지능이라는 표현은 1980년 철학자 존 설John Searle이 '중국인의 방The Chinese Room' 이야기를 만들어낼 때 처음으로 사용한 표현이다. 존 설은 '중국인의 방'을 통해 튜링 테스트Turing Test로는 기계의 지능 보유 여부를 판단할 수 없음을 반증하려고 했다. '튜링 테스트'란 기계가 얼마나 인간처럼 생각하는지, 즉 기계에게 사람과 같은 지능이 있는지 여부를 테스트하는 것이다. 기계와 사람을 커튼 뒤에 보이지 않도록 위치시킨 다음, 심판관이 기계와 사람에게 동일한 질문을 던졌을 때 이들이 제시하는 답변을 듣고 이 둘을 심판관이 분간할 수 없을 경우, 기계가 인간처럼 생각하는 지능을 가졌다고 인정하는 테스트다. 튜링 테스트는 1950년 수학자 알란 튜링Alan Turing이 제안했다.

이 튜링 테스트를 비판하고자 만든 존 설의 '중국인의 방' 예화는 이렇다. 어느 밀폐된 방 안에 중국어를 전혀 모른 채 영어만 사용하는 사람이 들어가 있다. 다만 그는 다양한 중국어 질문에 대해 중국어 답변이 일대일로 매핑된 자료만을 휴대하고 방에 들어가 있다고 가정한다. 방 밖에서 심판관이 중국어로 된 질문지를 방 안으로 집어넣는다. 방 안에 있는 사람은 이 질문지를 받아들고서 중국어의 생김새를 기준으로 자신이 가지고 있는 중국어 매핑 자료 중에서 해당 중국어 답변을 찾은 후, 이 답변을 방 밖으로 제시한다. 만일 제시한 중국어 질문에 대해 방으로부터 중국어 답변이 바르게 제시됐다고 심판관이 판단한다고 해서, 그 방 안에 있는 사람이 중국어를 이해하는 지능을 가지고 있다고 과연 말할 수 있겠느냐는 것이 존 설의 주장이었다.

이때 중국어는 전혀 모르지만 주어진 중국어의 글자 생김새를 보면서 자신의 자료집 안에서 매핑되는 답변을 추출하는 식으로 행동해 마치 중국어를 잘 이해하는듯한 흉내를 내는 인공지능을 '약한 인공지능'이라고 존 설은 불렀다. 반면에 중국어를 이해하는 지능을 기본적으로 가지고 있으면서 주어진 중국어 질문에 대해 답변을 해내는 인공지능은 '강한 인공지능'이라 불렀다. 약한 인공지능과 강한 인공지능이라는 존 설의 표현보다는 좁은 인공지능과 범용 인공지능이라는 표현이 지금은 더 많이 사용되며 인공지능 기술 수준 분석에도 보다 더 적합하다. 존 설의 '중국인의 방' 비유는 조악하며 억지라는 혹평을 받기도 했다.

현재 사용 중인 1단계의 좁은 인공지능이 앞으로 더 발전해 인간의 지능과 모든 면에서 유사해진다면, 이 인공지능을 2단계 범용 인공지능이라고 부를 것이다. 범용 인공지능은 지능 측면에서 사람과 똑같다. 인간의 마음과 감정도 이해하며 스스로 학습할 뿐만 아니라 복잡한 상황에서 인간처럼 최선의 대안을 찾아낼 수 있다. 영화 〈엑스 마키나Ex Machina〉(2015)에 등장하는 인공지능 '에바Eva',[150] HBO 드라마 〈웨스트 월드West World〉(2016)에 등장하는 '돌로레스Dolores'가 대표적인 범용 인공지능의 미래 모습이다.[151]

최고 수준인 3단계 인공지능은 모든 면에서 인간의 지능을 초월한다. 그래서 '초인공지능(ASI)Artificial Super Intelligence'이라고 부르며 간단하게 '초지능'이라고도 한다. 영화 〈어벤저스

The Avengers〉(2012)에 나오는 '울트론Ultron', 영화 〈터미네이터The Terminator〉(1984)에 나오는 '스카이넷SkyNet', 영화 〈트랜센던스Transcendence〉(2014)에 나오는 슈퍼컴 '트랜센던스'가 바로 초지능이면서 초인공지능에 해당한다. 지금 현실 속에서 우리가 만날 수 있는 인공지능의 수준은 좁은 인공지능이다. 범용 인공지능과 초인공지능은 아직은 공상과학 영화나 드라마, 소설 속에서만 만날 수 있다.

인류에 대한 초지능의 위협

닉 보스트롬 교수는 2014년 자신이 집필한 책[152]에서 '초지능'이란 "거의 모든 영역에서 인간의 지능을 훨씬 능가하는 인공지능"이라고 정의했다. 좁은 인공지능에서 범용 인공지능으로 기술 수준이 올라가려면 인간의 연구와 노력이 결정적인 역할을 하게 된다. 그러나 범용 인공지능에서 초인공지능으로 기술 수준이 올라갈 때는 인간의 개입이 필요하지 않다. 범용 인공지능의 특성상 인간처럼 스스로 자기 자신을 개선하고 필요한 것을 학습하면서 발전해나가는 '재귀적 자기 개선Recursive Self-improvement' 과정이 일어나기 때문이다. 그리고 이로 인해 '지능 폭발Intelligence Explosion' 현상이 지속되면서 결국 초지능이 자연스럽게 생겨나게 된다.[153]

이처럼 인류의 손을 거치지 않고 태어날 초지능은 매우 심각하게도 인류에게 우호적이지 않을 수 있다. 미래의 초지능은 자기보다 앞서서 지구상에 존재해왔던 인류의 존재에 대해 최소한 무관심하거나 심지어 적대적일 수도 있다. 이에 대한 걱정은 오래전부터 전문가들 사이에 종종 논의되어왔다. 닉 보스트롬은 이러한 초지능의 위험성에 대해 다음과 같은 비유를 들어 설명했다.[154]

어느 백화점에 손님들이 많이 늘어나자 주차 공간이 부족해졌다. 그래서 백화점 주인은 오랫동안 방치되어왔던 백화점 옆 공터에 새로운 주차장을 건축하기로 결정했다. 그런데 이 공터에는 아주 오래전부터 개미들이 군집을 이뤄 실질적인 주인으로 살아왔다. 그렇다면 새로운 주차장을 짓고자 계획한 백화점 주인이 이 공터의 원래 주인이었던 개미들의 운명이나 상황, 기득권을 고려하면서 새로운 건축 작업을 진행해줄까? 전혀 그렇지 않다. 마찬가지 논리로 인공지능 기술 발전의 극상極上에 해당하는 '초지능'이 출현하는 순간,[155] 이미 망가질 대로 망가져버린 지구 생태계를 다시 회복시킬 목적으로 초지능이 최적의 지구 리모델링 계획을 실행한다고 가정해보자. 이러한 지구 전체에 대한 리모델링 계획을 초지능이 수립하거나 실행에 옮기는 과정에서 과거의 유구한 역사 동안 지구에서 주인 노릇을 해왔던 인류의 처지를 과연 고려할까? 초지능이 인류라는 종족을 보호해줄 것이라고 기대할 수 있을까? 이 질문에 대한 답은 매우 부정적이다.

초지능의 출현은 호모 사피엔스로 불려온 인류의 멸종을 의미한다는 것이 닉 보스트롬의 주장이다. 그래서 이에 대비한 미래 전략을 구체적으로 세우기 위해 2005년 그는 옥스퍼드대학교 내에 '인간미래연구소(FHI)Future of Humanity Institute'를 설립했다.[156] 지난 70년 동안 두 번의 겨울기를 통과하고 다시금 제3의 황금기를 향해 인공지능이 질주하기 시작할 무렵이던 2014년, 영국 케임브리지대학이 발간한 《인공지능 핸드북》 15장에는 2011년에 앞서 발표한 닉 보스트롬의 '인공지능 윤리The Ethics of Artificial Intelligence'[157] 논문이 포함됐다. 이 논문에서 닉 보스트롬은 '인공지능 윤리'라는 키워드를 제시하면서 왜 인공지능 윤리가 필요하며 어떤 내용을 다뤄야 하는지에 대한 방향성을 제시하고 있다. 그는 초지능 인공지능의 위험성에 대비한 방어적 전략으로써 인공지능 윤리에 대한 글로벌 준비를 본격화하는 데 기여했다. 닉 보스트롬의 논문 이후에 인공지능 윤리에 관한 논문[158] 그리고 서적이 지금까지 출간되고 있다.[159]

초지능의 출현과 관련한 이론으로 '특이점Singularity'이 처음으로 등장한 시기는 제2차 세계대전 즈음이다. 이 시기 최고의 수학자이자 컴퓨터과학자였던 '존 폰 노이만John von Neumann'은 미래 초지능의 출현 현상을 '기술적 특이점Technological Singularity'이라는 용어로 표현했다. 이 기술적 특이점에 대해 대중적 관심을 이끌어낸 사람은 공상과학 작가이자 컴퓨터학과 대학교수였던 버너 빈지Vernor Vinge이다. 버너 빈지 교수는 1993년 자신의 에세이에서 초지능이 일단 나타나게 되면 인류는 더 이상 기술 발전 속도를 예측하거나 제어할 수 없으므로, 인류의 관리 범위를 벗어났다는 의미에서 기술적 특이점으로 풀어서 정의했다.

특이점이라는 용어는 여러 분야에 사용된다. 천체물리학에서 특이점이란 특정한 물리량이 정의되지 않거나 무한대로 발산하는 공간을 말한다. 예를 들어, 기존의 모든 물리 법칙이 무력하게 되는 블랙홀의 중심이 이러한 특이점에 해당한다. 수학적 특이점은 특정한 수학적 양이 정의되지 않거나 비정상적인 점을 가리킨다. 예를 들어, 함수 f(x)=1/x에 대해 변수 x의 값이 0일 경우 함수의 값이 무한대로 정해지지 않으므로 x=0은 특이점이 된다. 기술적 특이점은 인공지능을 포함한 여러 분야의 첨단 기술들이 융합해 발전에 발전을 거듭하면서, 어느 순간부터 과거의 기술에서 통용되던 규칙이나 인위적 통제, 인류의 개입이 무기력해지거나 무용지물이 되는 기준점을 말한다. 레이 커즈와일은 기술적 특이점을 그냥 특이점이라고 불렀다.

구글의 기술 이사를 역임했던 미래학자 레이 커즈와일도 자신의 책 《특이점이 온다-기술이 인간을 초월하는 순간》에서 방대한 근거를 제시하면서 인류가 곧 맞이할 특이점에 대해 총망라했다. 레이 커즈와일 책의 원문 제목은 “The singularity is near: When Humans transcend Biology”이다. 이를 국내 출판사에서 번역할 때 책 제목을 의역했다. 원래 제목에 충실하게 번역하면 “인간이 생명 활동을 초월하는 순간-특이점이 가깝다”이다. 레이 커즈와일은 적지 않은 미래학자들이 그렇듯이 인류의 발전과 역사 흐름을 바라보는 철학적 사조 중 ‘트랜스 휴머니즘’을 따르고 있으며 그 뒤를 잇는 ‘포스트 휴머니즘’ 기반 위에 서 있다고 볼 수 있다.

트랜스 휴머니즘과 포스트 휴머니즘에서 인간을 바라보는 시각은 지금까지의 전통적 휴머니즘과 많이 다르다. 그래서 이를 처음으로 접해보는 사람은 많이 어색해할 수 있다. 트랜스 휴머니즘의 경우 '기술적 요소'를 감안해 인간을 정의하고 해석한다. 인류에게 새로운 기술들이 나타남에 따라 인간 속에는 기술적 구성 요소가 갈수록 더 많이 포함되고 있다. 따라서 인간에 대한 정의와 자아에 대한 범위는 그 안에 포함되어 있는 기술적 요소에 따라 확장성이 상당히 커진다. 인간 안에 포함된 새로운 기술 요소 덕분에 현재의 인간은 과거의 인간보다 능력도 나아지며 활동 범위도 확장되고 수명도 점점 늘어나고 있다.

궁극적으로 인간은 새로운 기술이 나타날 때마다 이를 인간 안에 내재화시키는 작업을 하여 점점 '초인超人'이 되어가고 있으며 이 초인이 진화론적 관점에서 인류의 목적지라고 할 수 있다. 이것이 트랜스 휴머니즘이 추구하는 바다. 그런데 초인을 향한 인류의 기술 발전은 중대한 계기를 맞이한다. 바로 인간의 뇌와 관련된 기술 영역이다. 뇌를 제외한 인간의 모든 신체적 부위에는 지금까지 다양한 신기술이 개입하며 심지어 이를 대체하기도 했지만, 기억과 학습 기반의 자아 정체성과 정신세계를 주관하는 인간의 뇌는 여전히 남겨진 미지의 영역이었다.

그런데 이 미개척 영역에 대한 기술의 마지막 도전이 이미 시작됐다. 레이 커즈와일은 인공지능을 포함한 유전학(G), 나노기술(N), 로봇(R)이라는 GNR 기술을 이 마지막 도전 기술로 소개한다. 이 기술은 인간의 뇌 영역까지도 개입하며 신체는 물론 뇌까지도 대체하거나 백업 후 복귀할 수도 있게 해준다. 그래서 태어날 때부터 가지고 온 생물학적 구성 요소와 후천적으로 부여받은 기술적 산물을 인간 안에서 엄밀하게 구분하기 힘든 시대가 오고야 만다. 즉, 인간에게 있어서 무엇이 생물적인 요소이고 무엇이 기술적 요소인지 구분할 수 없는 새로운 인류가 나타나게 된다. 이것이 포스트 휴머니즘이 주장하는 바다. 포스트 휴머니즘은 진화론적 관점에서 볼 때 가장 진화된 존재로서의 인간에 초점을 맞추고 있다. 이 경우 인간은 죽음을 초월할 수도 있다.

히브리대학교 교수이면서 역사학자인 유발 하라리Yuval Noah Harari도 같은 관점을 가지고 있는데, 그의 책 《호모 데우스Homo Deus》에서 죽음을 초월한 신(데우스)으로 진화된 인간(호모)에 초점을 맞춘다. 트랜스 휴머니즘에 이은 포스트 휴머니즘 시대의 도래는 범용 인공지능의 출현에 이은 초인공지능 시대의 도래와 유사하게 대비된다. 이처럼 연속된 시대의 시작점을 레이 커즈와일은 특이점이라고 보았고 "인간이 생명 활동을 초월한 때"라는 그의 책 제목에 특이점과 함께 이를 제목으로 병기하고 있다. 그는 책의 시작 부분에서 '진화의 여섯 시기The Six Epochs'를 제시한다. 그리고 '제5기 기술과 인간 지능의 융합'을 특이점과 함께 도래할 시기로 소개한 것도 같은 논지에서다. 국내에서 책을 번역할 때 제목 자체가 매우 생경하고 전통적인 인간론을 뛰어넘고 있어서 이를 원문 그대로 직역하는 것이 많이 부담이 됐을 것이다. 그럼에도 분명한 것은 레이 커즈와일이 주장하는 특이점은 이와 같은 진화론적 인간관과 인류 발전사에 사상적 뿌리를 두고 있기에 책 제목도 이를 직접 반영하고 있다는 점이다. 유발 하라리는 《호모 데우스: A Brief History of Tomorrow》를 통해서 이러한 인류의 미래 역사를 예고했으며, 《사피엔스Sapiens: A Brief History of Humankind》 책에서는 동일한 사상적 흐름 안에서 인류의 지나온 역사를 기술하기도 했다.

인공지능이라는 '존재적 위험'

한글 번역서를 기준으로 하여 800페이지가 넘는 레이 커즈와일의 《특이점이 온다》는 모두 9개의 장으로 구성되어 있다. 이 책의 한가운데인 5장에서 인류에게 특이점을 가져올 3대 핵심 기술이 소개되고 있다. 이 5장의 제목은 'GNR: 중첩되어 일어날 세 가지 혁명'이다. 유전학Genetics 혁명, 나노 기술Nanotechnology 혁명, 로봇공학Robotics 혁명의 첫 글자를 모은 GNR 기술 혁명이 바로 인류에게 특이점을 가져올 세 가지 핵심 혁명이다. 이들은 현재 중첩해 발전하고 있다. 유전학은 생물학에 정보학을 접목한 것이고, 나노 기술은 물리 세계에 정보학을 접목한 것이며, 로봇공학은 인공지능의 발현체로서 핵심 중의 핵심이라고 정의하고 있다.

레이 커즈와일은 '8장 뗄 수 없게 얽힌 GNR의 희망과 위험'

에서 특이점으로 인해 인류가 처하게 될 위험에 대해 밝힌다. 9장이 레이 커즈와일에 대한 다양한 비판에 대한 재비판을 담고 있으므로 8장은 이 책의 실질적인 결론 장에 해당한다. 그의 결론은 이렇다. 인공지능을 중심으로 한 GNR 기술은 양날의 칼과 같다. 인공지능을 중심으로 한 GNR 기술은 인류가 당면한 숱한 문제들을 효율적으로 풀어낼 수 있다는 희망을 분명하게 제공하고 있다. 그러나 이들을 사용하는 데 있어서 부작용과 역기능도 꼭 따른다. 새로운 기술에 대한 인류의 오용과 악용, 남용은 언제나 그랬듯이 미리 예측하기도 힘들며 앞서 모두 피할 수도 없다. 더구나 인공지능이라는 기술은 기존의 다른 기술들과 다르게 인간의 개입 없이도 초지능으로의 자발적인 발전 본능을 가지고 있다. 이런 인공지능에게 인류의 기존 가치관과 윤리를 학습시키는 자체도 불가능하다. 궁극적으로 인공지능은 초지능을 정점으로 하여 인류에게 큰 위험이 될 것이다. 레이 커즈와일도 닉 보스트롬처럼 인공지능이 인류에게 주는 다양한 위험 가운데 최고의 위험은 결국 인류의 운명과 직결된 "존재적 위험"이라고 제시한다. BBC 방송을 통해 밝힌 "인공지능은 인류의 마지막 기술일 것이다"는 스티븐 호킹 교수의 경고도 같은 맥락이다.

그렇다고 해서 인공지능 기술을 인류가 부분적으로 수용을 포기하든지 혹은 전적으로 수용을 포기할 수 있는 상황이 아니다. 앞서 소개한 적 있는 '기술 결정론'을 인공지능 기술에 일부러 다시 적용해보지 않더라도 인공지능이라는 화살은 이미 활시위를 떠났다고 보는 것이 옳다. 다만 아직 떠난 지 얼마 되지 않기에 지금은 어느 정도 인류가 인공지능이라는 기술에 대해 준비할 수 있다는 희망이 남아 있다. 인공지능이 몰고 올 미래에 대해 인류 전체가 함께 '방어적 준비'를 해야만 한다. 그렇지 않으면 인공지능은 인류에게 특이점을 초래할 것이고 자연스레 발생할 초지능으로 인해 인류의 문명은 막을 내릴 것이라는 경고가 반복해 들려온다.

현재 인류가 접하는 모든 인공지능은 기술 수준으로 볼 때 가장 낮은 1단계인 '좁은 인공지능'에 속한다. 닉 보스트롬이나 레이 커즈와일, 스티븐 호킹, 일론 머스크, 빌 게이츠의 입을 통해 나온 미래 인공지능인 3단계 초지능의 출현은 아직은 먼 미래의 이야기일 수 있다. 그래서 초지능이라는 인공지능이 미래에 인류에게 얼마나 큰 위험을 가져올 것인지에 대한 경고도 현실성 없이 떠돌 수 있다.

어떤 전문가들은 1단계인 좁은 인공지능에서 2단계인 범용 인공지능으로 발전해 이행하는 과정조차도 기술적으로 결코 쉽지 않을 것이라고 예상한다. 아울러 초지능과 특이점의 도래를 주장하는 사람들을 '지나친 기술 낙천주의자'라고 비판한다. 레이 커즈와일은 특이점의 도래를 2045년으로 예상했지만 그런 일은 인류에게 일어나지 않을 것이며 혹시나 일어난다고 해도 우리의 예상보다 훨씬 더 오랜 시간이 흘러야 가능할 것이라며 반론을 제기한다. 그래서 초지능과 특이점에 대비해 방어적 준비를 미리 해두어야 한다고 주장하는 것은 부적절하며 과도하다고 비판한다.

그렇다면 초지능, 범용 인공지능을 떠나서 현재 우리가 활용하고 있는 '좁은 인공지능'이라는 인공지능에는 별다른 문제가 없는 것일까? 최소한 좁은 인공지능에 대해서만큼은 인류가 아직은 아무런 걱정을 하지 않고서도 수용이 가능한 '신뢰할 수 있는 인공지능'이라고 볼 수 있을까?[160] 이에 대한 대답은 '전혀 그렇지 않다'다. 다양한 분야에 걸쳐 인공지능, 특히 좁은 인공지능의 능력과 존재감이 글로벌하게 드러나기 시작했던 2016년에도 인공지능의 부작용과 역기능 등 인공지능의 어두운 그늘은 이미 구체적인 사건과 사고를 통해 드러나고 있었다. 인공지능의 미래 가능성과 존재감이 커지면 커질수록 인공지능이 과연 신뢰할 수 있는 기술인지에 대한 불안과 두려움도 이미 함께 자라고 있었다.

책임지지 않는 인공지능

자율 주행차 사고와 책임 소재

이미 상용화 단계에 들어선 자율 주행차는 운전자를 대신해 인공지능이 스스로 알아서 운전해주는 자동차다. 조금 복잡하게 기술적으로 정의하자면, 자율 주행차란 운전자를 대신해 딥러닝과 같은 인공지능으로 구현된 '객체 인식 기술'이 운전에 필요한 시각 정보를 자동으로 추출해주는 자동차다. 야간과 악천후, 복잡한 도로 상황에도 불구하고 정확하고 신속한 시각 정보를 생성하기 위해 자율 주행차는 자동차 주변을 감지할 목적으로 레이다Radar[161], 라이다RiDAR[162], 카메라, 초음파 센서 등 다양하고 많은 센서들을 동시에 사용한다.[163] 이들 다양한 센서들을 통해 수집한 정보를 토대로 자동차 주변의 객체들을 검출할 뿐만 아니라 각 객체의 이동 경로도 함께 파악한다. 이처럼 생성된 복잡한 시각 정보를 활용해 인공지능은 차량의 주행 상황을 실시간으로 판단한다. 그리고 운전자의 개입 없이 정지, 회전, 가속 등 바로 이어질 운전 조치를 자율적으로 결정해 운행한다. 우리나라도 2020년 제주 지역에 자율 주행 정기 셔틀이 제주공항과 쏘카스테이션 사이 6㎞를 운행하기 시작했다.[164]

2016년 5월 미국 플로리다주에서 테슬라의 전기자동차 모델 S가 오토파일럿Autopilot이라는 자율 주행 모드로 달리다가 교차로에서 교통사고를 일으켰다. 신호등 없는 삼거리 교차로에서 우회전해 들어오는 18륜 대형 트레일러의 컨테이너 부분을 테슬라가 정면으로 충돌해 테슬라 운전자가 현장에서 사망한 사고였다.[165] 이 사고는 자율 주행차의 역사에 있어서 최초의 사망 사고로 기록됐다. 테슬라 앞을 가로막은 대형 트레일러의 컨테이너 색상이 흰색이라서 테슬라의 인공지능은 우회전하면서 이를 하늘로 잘못 인식해 빈 공간이라고 판단한 후 그냥 직진함으로써 사고가 일어난 것으로 분석됐다. 따라서 이 사고의 책임을 사고 당시 운전에 전혀 개입하지 않은 운전자에게 물을 수 없으며 오토파일럿을 주관한 자율 주행차의 인공지능에게 귀책사유가 있다는 주장이 당연하게 받아들여졌다.

그러나 법원의 판결은 이와 정반대였다. 이 사고의 책임은 자동차 안에 장착된 인공지능이나 이를 제작한 테슬라 기업에게 있는 것이 아니라 운전자에게 책임이 있다는 것이었다. 테슬라의 오토파일럿 모드에서 발생한 사망 사고는 이후에도 꾸준히 발생했다.[166] 테슬라 고객이 오토파일럿 모드를 사용해 자율 주행을 이용할 경우 287만 마일당 1건의 사고가 발생하는 반면, 오토파일럿을 사용하지 않고 운전자가 직접 운전하는 경우 176만 마일당 1건의 사고가 발생해 오토파일럿을 사용하는 것이 훨씬 더 안전하고 믿을만하다고 테슬라는 2021년에 발표한 차량 안전 보고서에서 주장했다.[167] 이러한 테슬라의 통계 기반 설득에도 불구하고 운전자가 개입하지 않는 인공지능 주도로 운행되는 오토파일럿 모드에서 교통사고가 여전히 발생할 뿐만 아니라, 사고에 따른 책임 규명 문제가 더욱더 어렵다는 사실 때문에 오토파일럿을 과연 신뢰할 수 있을지 계속 의문을 가지게 된다.

비록 사망 사고까지는 아니지만, 자율 주행차가 자율 주행 도중에 겪은 교통사고는 이보다 몇 달 앞선 2016년 2월에도 발생했다. 이 사고는 구글의 자율 주행차에서 일어났다.[168] 다행히도 인명 사고는 없었으나 구글 차가 자율 주행 모드에서 겪은 최초의 사고로 기록됐다.[169] 인공지능에 의한 자율 주행 상태에서 구글 차는 자동 항법의 지시에 의해 교차로에서 우회전을 시도했다. 이를 위해 최하위 차선으로 내려섰는데 교차로 근처에 이르렀을 때 해당 차선에 장애물이 있음을 발견했다. 다시금 구글 차는 차선을 왼쪽으로 변경해 한 차선 위로 올라간 후 교차로 장애물을 피해 우회전을 진행하려고 했다. 변경하려는 바로 윗 차선으로 이미 직진 중이던 차량 몇 대를 보내준 후, 뒤이어 다가오는 버스 앞에 충분한 여유 공간이 확보됐다고 판단한 구글 차는 차선을 변경했다. 그러나 구글 차의 학습된 판단과 달리 버스 기사는 끼어드는 구글 차를 위해 감속하지 않고 그냥 직진해 구글 자율 주행차의 옆구리를 들이받았다. 이 사건은 구글 차에 탑재된 인공지능의 오판이라기보다는 구글 차의 전방 진입 사실을 인지하면서도 양보하지 않고 직진해 추돌한 버스 기사의 잘못이 더 큰 것처럼 보였다. 그러나 법원은 버스 기사의 책임이 아니라 구글 차, 즉 인공지능의 잘못으로 판결했다.

당시에는 사고로 인한 인명 피해는 없었지만 만일 자율 주행차 안에 있던 승객이 다치거나 사망했다면 인공지능은 당연히 인명 사고도 책임을 져야 한다. 그런데 인공지능은 법적인 책임을 질 수 있는 주체가 아니다. 따라서 자율 주행차라는 제품을 만든 기업이 사고의 책임을 져야 한다는 '제조물 책임 법'에 근거해 제조사인 구글이 인명 사고의 책임을 져야 한다. 그런데 만일 구글이 자율 주행 모드를 주관하는 인공지능은 아무런 결함이 없다고 이미 기술적으로 증명됐다고 주장하면서 사고 책임을 제조사가 질 수 없다고 고집한다면 그다음 상황은 어떻게 전개될까? 자율 주행차의 자율 주행을 주관한 인공지능의 기술적 완전성에 대한 법적, 기술적 다툼이 벌어질 것이다. 문제는 이 다툼이 쉽지 않다는 것이다. 인공지능으로 인한 사고를 누가 책임져야 하는지에 대한 문제는 다양한 당사자의 이해관계, 복잡한 법률적 상황, 고도의 신기술 오류 증빙까지 얽혀서 풀어야 할 난제가 적지 않다. 따라서 앞으로 변호사들에게 인공지능으로 인한 사건·사고 관련 수임이 더 증가할 것으로 예상된다. 그런데 어려운 법률 공부 외에 추가로 이해해야 할 첨단 기술들에 대한 전문

지식도 적지 않아서 인공지능 등 미래 기술과 관련된 사건과 사고를 수임하는 데 있어서 개인 변호사보다는 로펌 중심의 집단 변호사 활동이 더 유리한 상황이 올 것으로 보인다.

미국자동차기술협회(SAE)의 기준에 의하면 자율 주행차의 레벨은 모두 5단계로 구분되는데, 낮은 레벨 1부터 가장 높은 레벨 5로 올라갈수록 자율 주행차의 자율성 수준이 높아진다.[170] 그리고 자율 주행차의 자율성 수준이 높아질수록 사람이 운전에 개입해야 되는 상황이나 조건이 점점 줄어든다. 레벨 4부터 레벨 5까지는 운전자가 운전에 개입할 필요도 없고 사고에 따른 법적 책임도 질 필요가 없는 완전 자율 주행 단계다. 우리나라 국토교통부는 완전 자율 주행의 바로 아래 단계인 레벨 3에 대한 자율 주행차 안전기준을 마련해 2021년부터 국내에서도 레벨 3의 자율 주행차 판매를 허용했다. 이러한 자율 주행 레벨 3만 해도 출발, 주정차, 주행, 도로 상황 대처 등 대부분을 자동차가 스스로 결정한다. 다만 사고 발생 상황이나 자동차 고장 등 아주 예외적인 상황에서만 운전자가 최소한으로 개입하도록 되어 있다. 우리나라 국토교통부는 2024년까지 레벨 4, 2027년까지 레벨 5의 자율 주행차가 도로에서 운행될 수 있도록 추진하고 있다.

앞서 2016년에 발생한 테슬라와 구글의 자율 주행차 관련 두 건의 사고 책임에 대한 법원의 판단이 상식적인 판단과 달랐던 가장 큰 이유는, 사고가 발생한 시점에서 자율 주행차가 레벨 몇의 자율 주행 상태였는지와 밀접하다. 테슬라 사고의 경우, 레벨 3에서 주행 중이었기 때문에 여전히 사고에 대한 귀책사유는 운전자에게 있다. 따라서 인공지능이 흰색 컨테이너를 빈 공간으로 잘못 인식했다고 할지라도 사고 발생 직전에 운전자는 사고 가능성을 인지하고 즉각 인공지능의 운전을 중단하면서 본인이 직접 개입할 책임이 있다는 것이 법원의 판단이다. 이를 근거로 볼 때, 레벨 3 이하의 자율 주행 모드에서 운전자가 핸들에서 손을 떼며 브레이크에서 발을 떼는 행위는 법적으로 매우 위험한 행동이다. 자율 주행 모드가 레벨 4 이상이 되지 않는 한 운전자가 운전 중에 책을 보거나 음식을 먹거나 심지어 음악을 들으며 잠을 자는 등의 행위는 매우 위험하다. 따라서 자율 주행차 광고에서도 이러한 잘못된 희망을 심어주는 광고는 사고 위험을 조장하는 과장 광고이므로 아직은 하지 못하도록 막는 것이 필요하다.

구글 자율 주행차의 경우, 이미 끼어든 차량이 양보하지 않은 버스에 의해 추돌되는 억울한 사고가 발생했음에도 불구하고 구글 차가 레벨 4라는 완전 자율 주행 모드로 운행 중이었기 때문에 운전자에게 책임을 물을 수 없었다. 그렇다고 버스 운전자가 양보하지 않은 것이 사고 발생의 직접적인 원인이라고 볼 수도 없었기 때문에 이 교통사고에 대한 귀책사유는 발생 가능한 상황을 충분히 고려하지 않고 차선 변경을 시도한 구글 차, 즉 인공지능에게 있다는 것이 법원의 판단이다.

이처럼 인공지능과 관련된 사건과 사고가 발생할 경우 인공지능을 이용하거나 운영한 사람이 책임을 질 것이냐, 아니면 인공지능 자체에게 책임을 물을 것이냐를 결정하는 책임 규명이 쉽지 않다. 자율 주행차의 경우처럼 자율 주행 레벨에 따라 인간의 책임과 인공지능 자동차의 책임이 명확하게 구분되어 사전에 공표된다면 좀 더 쉽게 책임을 규명할 수 있다. 그러나 대부분 인공지능을 활용한 장치나 제품, 서비스에서 인공지능과 사람의 역할 구분을 정확하게 명시한 경우가 많지 않다. 그래서 사건과 사고, 민원이 발생하면 인공지능의 자율성과 사람의 개입 의무성 사이에서 책임 소재를 규명하는 것이 매우 힘들어진다.

탈인간 중심의 법체계는 가능할까?

사건과 사고의 원인을 분석해 귀책사유가 사람이 아닌 인공지능에게 귀결된다고 하더라도 여전히 인공지능에게 책임을 이행하도록 주문하는 것은 쉽지 않다. 현행 법체계에서는 인공지능에게 책임을 물을 수 있는 근거 조항이 없기 때문이다. 우리나라뿐 아니라 다른 나라에 있어서도 현행 법체계는 '인간 중심'의 인격을 중심으로 설계되어 있다. 여기에서 '인격Person'이란, 법체계 안에서 특정한 주체가 될 수 있는 자격, 권리와 의무를 지닐 수 있는 자격을 의미한다. 현행 법체계에서 인격은 '살아 있는 자연인'을 원칙으로 한다. 그나마 인격의 개념이 확장되면서 사단법인, 재단법인과 같은 '법인'은 자연인이 아님에도 불구하고 예외적으로 법적인 인격으로 인정받고 있다. 그러나 인공지능은 아직 아니다. 인간 모양으로 구현된 인공지능인 휴머노이드도 모양은 인간이지만 법적인 인격으로 인정되지 않는다.

2016년 5월 EU의 유럽의회 내 법무위원회는 인공지능을 포함한 로봇에게 '전자 인간Electronic Person'이라는 명칭을 처음으로 사용한 보고서 초안을 발표했다.[171] 자율성을 갖춘 정교한 로봇에게 잠재적인 법적 지위를 부여할 것을 목적으로 이 보고서는 작성됐다. 인공지능 로봇이 지능적인 자율 결정을 내리거나 제3자와 상호작용을 하는 경우, 이를 전자 인격체로 대하도록 명시했다. 만일 로봇 때문에 손해가 발생하면 그 손해를 적절하게 보상할 수 있도록 하는 등 특별한 권리와 의무를 로봇에게 부여할 필요가 있음을 이 보고서는 제시하고 있다.

이처럼 보고서를 작성하게 된 직접적인 동기는 따로 있었다.[172] 산업 현장에서 로봇이 인간 노동자를 대신해 점점 더 많이 투입되자 유럽의 퇴직급여시스템에 퇴직금 준비를 위한 수입이 줄어드는 현상이 갈수록 심화됐다. 노동자를 대신해 일하는 로봇에게는 퇴직금이 필요하지 않기 때문에 로봇 채용에 따른 수입 감소라는 손해를 적극적으로 보상할 필요가 생긴 것이다. 그래서 이 보고서는 로봇을 '전자 인간'으로 명시해 특별한 권리와 의무를 법적으로 부여하는 것을 시도했다. 당시에는 상당히 필요한 대안이었지만 동시에 법률적으로 매우 파격적인 제안이었기에 인공지능과 같은 자율형 로봇을 '전자 인간'과 같은 법적 인격으로 대우해주자는 보고서는 공식적으로 채택되지는 않았다.

그러나 인공지능이 사람을 대체하는 영역이 넓어지고 사회적 영향력이 커지며 심각한 사건과 사고가 많아질수록 인공지능을 자연인과 법인 외에 제3의 인격체로서 법적으로 인정해 책임과 권한을 부여하자는 의견은 많아질 것이다. 1단계 기술 수준인 '좁은 인공지능'만을 활용하는 현재와 같은 상황에서는 인공지능으로 인한 사건과 사고에 따른 책임은 〈제조물책임법〉에 근거해 인공지능을 제작한 기업에게 부여할 수 있으며 또한 부여하는 것이 마땅하다.[173] 하지만 이러한 권리와 책임의 범위가 생각보다 방대해지거나 예측 불가능해 기업에게 큰 부담으로 작용할 경우 기업은 자신이 제작한 인공지능 제품이나 서비스를 별도의 법인으로 독립시키는 방법도 생각할 수 있다. 더구나 인공지능 기술 수준이 2단계인 '범용 인공지능'으로 발전할 경우 인간 중심의 현행 법체계를 탈인간 중심의 법체계로 전환해야 한다는 시대적 요구에 직면할 수 있다.[174] 이 경우 인공지능과 관련된 사건과 사고에 대한 책임 문제는 지금까지와는 완전히 다른 새로운 국면을 맞이하게 된다.

탈인간 중심의 법체계로의 전환과 같이 다소 먼 미래의 이야기는 일단 여기서는 접어두자. 지금 당장 눈앞에서 '좁은 인공지능'과 관련된 사건과 사고가 발생했을 때에도 그 책임을 인공지능에게 묻는다는 것 자체도 쉬워 보이지 않는다. 현행 법체계에서는 법적 책임의 주체가 인공지능이 될 수 없다면, 인공지능으로 발생한 사건과 사고에 따른 책임은 최종적으로 누가 져야 할까? 해당 인공지능을 가지고 사업을 추진해온 사업자가 책임을 져야 할까? 아니면 사업자에게 주문을 받아 인공지능을 개발해 준 개발자가 책임을 져야 할까? 이도 저도 아니면 제작한 인공지능의 안전성을 검증하고 공인해준 인증 기관이 책임을 져야 할까? 귀책사유의 최종 귀결에 대해 사안마다 논쟁과 다툼의 여지가 많다. 따라서 인공지능을 활용하다 발생한 사건과 사고에 대해 누가 최종적으로 책임을 져야 하는지에 대해서는 앞으로도 계속 사안별로 논란이 벌어질 것이다. 이처럼 사건과 사고에서 직접적인 책임을 물을 수도 없으면서 전문적인 영역에서 자율적으로 판단하는 인공지능을 무조건 신뢰해 사회에 도입하는 것이 옳을까? 이에 대한 불안과 걱정이 스멀스멀 올라온다.

사람을 차별하는 인공지능

흑인을 차별하는 인공지능

앞서 소개했던 콤파스는 형사 피고인인 범죄자의 재범 위험도를 추론해 가석방 여부를 결정하는 데 활용하고자 미국 연방법원이 도입한 인공지능 알고리즘 기반의 사법 판단 시스템이다. 콤파스는 노스포인트Northpointe사가 관련 법률과 판례를 기반으로 개발해 미국 정부에 납품함으로써 2000년부터 사용하기 시작했다. 현재는 미국 전역에서 판사, 보호관찰 담당관, 가석방 담당관이 갈수록 더 많이 이용하고 있다. 사용 초기에는 콤파스가 사법 판단에 개입하는 것에 대한 저항이 있었다. 하지만 이러한 인공지능의 재판 개입과 결정 행위가 위법이 아니라며 법적인 정당성을 실어주는 법원 판결이 따르면서 불만이 수그러졌다. 참고로 콤파스와 유사한 '사브리

SAVRY'라는 인공지능 판결 시스템을 EU에서도 개발해 청소년의 폭력 위험성 평가를 하는 데 2006년부터 사용해오고 있다.[175]

2016년 5월 미국의 비영리 인터넷 언론 기구 '프로퍼블리카 ProPublica' 소속 기자와 연구진은 콤파스가 흑인에 대한 편견을 가지고 있다고 주장했다. 이 편견으로 인해 콤파스는 사법적 판단에 오류를 범하고 흑인을 차별하고 있다며 관련 분석 자료를 깃허브GitHub 등에 공개했다.[176] 프로퍼블리카는 미국 플로이다주 브로워드 카운티에 거주하는 1만 명 이상의 형사피고인을 대상으로 2년 동안 추적 조사해서 분석한 결과, 콤파스가 다음과 같이 중대한 실수를 저지르고 있다고 밝혔다.

첫째, 콤파스는 흑인 피고인을 백인 피고인보다 두 배 높게 고위험군으로 분류하고 있다.
둘째, 콤파스는 백인 피고인을 흑인 피고인보다 두 배 높게 저위험군으로 분류하고 있다.
셋째, 전과 경력, 미래의 재범률, 연령 및 성별을 고려하지 않더라도 콤파스는 백인 피고인보다 45% 더 높은 위험 점수를 흑인 피고인에게 배정한다.
넷째, 콤파스는 폭력적인 재범 위험성에 있어서도 흑인 피고인을 백인 피고인보다 두 배 더 높게 판단한다.
다섯째, 콤파스는 백인 폭력 재범자가 흑인 폭력 재범자보다 폭력적인 재범 위험성에 있어서 63% 더 낮다고 판단한다.

형사피고인이 백인이냐 흑인이냐에 무관하게 공정성fairness을 기반으로 운영되어야 마땅한 콤파스가 흑인에 대한 심한 편견과 차별을 원천적으로 가지고 있다는 지적이었다. 이 기사가 나간 후, 프로퍼블리카의 조사 방법론에 대한 반론들이 제시됐다.[177] 콤파스를 개발한 기업 노스포인트사 역시 프로퍼블리카의 주장이 잘못됐다는 반박 자료를 그다음 달인 2016년 6월 즉각적으로 발표했다.[178] 그 이후로 지금까지 콤파스가 인종차별을 하지 않음을 공시해오고 있다.[179] 해당 개발사는 콤파스의 핵심 기술인 인공지능 알고리즘이 기업의 독점적 영업 비밀에 속하므로 이에 대한 공개 요구를 공식적으로 거부했다. 이와 관련된 추가적인 연구들이 뒤따랐다.[180] 그리고 콤파스 관련 논쟁 과정을 통해 인공지능이 사람에 대해 얼마든지 편견을 가질 수 있으며 차별적으로 대할 수 있다는 우려가 전 세계적으로 커지기 시작했다.

구글이 개발한 인공지능이 편견과 차별을 가지고 있다면서 처음으로 대중적 비난을 받았던 사건은 2015년에 일어났다.[181] 구글의 사진 관리 앱인 '구글 포토'는 사용자가 올린 사진을 대상으로 사진에 찍힌 대상물이 무언인지를 인공지능으로 인식해 관련 태그 문자를 자동으로 달아주는 '자동 이미지 레이블링 서비스'를 제공했다. 예를 들어, 높은 빌딩 사진을 올리면 '마천루'라는 태그 문자를 보여주고, 비행기 날개 사진을 올리면 '비행기'라고 사진 중의 피사체를 파악해 태그 문자를 달아줬다. 한 번은 아프리카계 미국인 재키 앨신이 자신의 흑인 여성 친구 사진을 찍어서 구글 포토에 올리자 구글 포토는 '고릴라'라는 태그를 붙였다. 인공지능이 흑인 여성을 고릴라로 인식한 것이다. 당사자의 강력한 항의에 대해 구글은 사과하고 이를 시정했다. 그러나 해당 구글 포토를 전면 재학습시킨 것이 아니라 고릴라와 관련된 태그 생성만 제외한 것으로 나중에 알려졌다. 인공지능의 오인에 따른 편견과 차별에 대한 비판을 근본적으로 피하기 힘들어서 취한 차선책이었다.

여성을 차별하는 인공지능

글로벌 기업 아마존은 2014년부터 과거 10년 동안의 입사 지원 서류를 토대로 인공지능 기반의 신입 사원 채용 프로그램을 비공개적으로 개발하기 시작했다. 그리고 2016년 신입 사원 채용 과정 중 서류 평가 단계에서 이 인공지능 채용 프로그램을 처음으로 사용했다. 아마존 에든버러 사무소 연구소 소속 5명의 개발자가 참여해 만든 이 인공지능 채용 프로그램은 약 5만 개의 키워드를 기준으로 구직 희망자의 지원서를 자동 분석해준다. 100장의 신입 사원 지원서를 집어넣으면, 순식간에 최상의 조건을 갖춘 5명의 서류를 인공지능이 선발해낸다.

그런데 이 인공지능에 의한 서류 평가 과정에서 여성 지원자에 대한 명백한 차별이 벌어졌다는 주장이 제기되기 시작했다.[182] 이력서 중에 '여성'이나 '여성 체스 클럽 주장'과 같이 여성 관련 키워드가 들어가면, 서류 평가 등급이 전체 5등급 중에서 가장 낮은 등급으로 배정이 되어 결국 탈락한다는 소문이 났다. 그리고 탈락된 사람들 사이에 통계 기반의 확증이 형성되기 시작했고 아마존에 압박을 가하기 시작했다.

아마존은 회사가 의도하지도 않은 여성 차별이 왜 인공지능 채용 프로그램에서 발생했는지 연구팀에게 그 원인을 조사하도록 지시했다. 그러나 특별한 원인을 발견하지 못했고 결국 2017년 아마존은 해당 인공지능 리크루트 프로그램을 폐기하기로 결정했다. 기획 당시부터 전혀 의도하지도 않았음에도 불구하고 결과적으로는 여성 지원자를 차별해버린 인공지능 채용 프로그램을 개발했음을 아마존이 시인한 셈이다. 인공지능이 특정한 그룹의 사람을 차별할 수도 있을 뿐 아니라 그 원인을 찾아내는 것이 기술적으로 불가능할 수도 있다는 사실에 사람들은 과연 인공지능을 신뢰해 계속 수용할 수 있을지에 대한 우려와 불안감을 더 많이 가지게 됐다.

EU는 2021년에 제안한 인공지능 법에서 인공지능에 의해 사람을 평가하는 시스템을 매우 위험한 시스템으로 분류했다. 미국의 일부 주 정부에서도 인공지능을 가지고 사람을 평가하는 행위에 대해 법적인 제동을 걸었다. 반면에 우리나라의 경우, 인공지능이 사람을 평가하는 데 있어서 아직까지는 아무런 제약이 없다. 심지어 코로나19 사태를 통해서 비대면 활동이 강화되면서 상당히 많은 기업들이 신입 사원을 채용할 때 인공지능을 이용한 비대면 면접을 확대해 시행하고 있다.[183] 사람이 인공지능에 의해 평가를 받아 자신의 운명을 달리해도 될 만큼 인공지능의 신뢰성에 대한 객관적 검증도 안 된 상태에서 인공지능에 대한 의존도는 갈수록 높아지는 심각한 상황이다.

2019년 11월, 다국적 투자은행 골드만 삭스가 관리하고 애플 페이가 포함된 애플 신용카드가 새롭게 발행됐다. 그런데 이 애플 신용카드가 개인의 신용 점수가 아니라 성별에 따라 지출 한도를 결정한다는 주장이 제기되어 금융 당국이 조사에 착수했다. 데이비드 하인마이어 한손David Heinmeier Hansson이라는 기업가는 자신의 아내가 본인보다 더 높은 신용 점수를 가지고 있음에도 불구하고 애플 카드가 자신에게 책정한 지출 한도가 아내보다 20배 높다며 자신의 트위터를 통해서 이를 지적했다. 신용카드를 발급할 때 카드 소유자의 신용 정보를 기반으로 카드 지출 한도를 자동으로 결정하는데, 이때 여성에 대한 편견과 차별을 분명하게 가지고 있기 때문에 발생한 현상이라고 주장했다. 곧이어 애플컴퓨터의 공동 창업자인 스티브 워즈니악을 비롯한 다른 사람들도 이러한 주장에 동조했다. 스티브 워즈니악은 모든 자산과 계정을 부부가 공유하고 있음에도 불구하고 남편인 자신이 아내보다 10배가 높은 지출 한도를 배정받았다고 밝혔다.[184] 스티브 워즈니악은 이를 확인하려 애플에 연락했고 이러한 결정은 사람이 아닌 인공지능이 내렸음을 알게 됐다. 이 논쟁으로 인해 뉴욕 금융서비스부는 애플 신용카드에 대한 성차별 혐의를 조사했으나 골드만 삭스는 이러한 성 차별 사실을 공식적으로 부인함으로써 결론 없이 끝났다. 그럼에도 불구하고 애플 카드 이용자들은 신용카드 발급 업무에 참여한 인공지능이 여성에 대한 차별을 자행했다는 사실을 자신에게 발생한 실제 사례를 통해 확증할 수 있었다.

공립학교를 차별하는 인공지능

코로나19 사태로 인해 영국 정부는 2020년 8월 고등학교 학력 평가 A레벨 테스트를 시행할 수 없게 되자 '다이렉트센터 수행평가 모델'을 신규로 개발해 학점을 도출하도록 진행했다가 30만 명의 대입 지망생들의 거센 반발을 초래했다.

다이렉트센터 수행평가 모델은 인공지능 컴퓨터 알고리즘을 사용해 학생들의 학점을 산정한 후 이를 통보했다. 그런데 이 학점이 일선 교사들이 자체 평가한 학점과 많이 다르게 나왔던 것이다. 구체적으로 보면, 사립학교가 아닌 주립학교 학생들에게 그리고 불우한 환경의 학생들에게 학점이 불리하도록 인공지능이 산정한 것으로 드러났다. 이러한 차별로 인해 상당히 많은 고등학생들이 대학 입학 허가에 결정적인 불이익을 당했다며 공정성에 강력한 문제를 제기했다. 전국적인 데모가 학생과 학부모들이 참여하는 가운데 연일 벌어졌다. 소요가 계속되자 가빈 윌리엄슨Gavin Williamson 영국 교육부 장관은 인공지능 알고리즘이 산정한 학점이 아닌 교사들이 예측한 학점을 인정하도록 하겠다고 발표해 사태를 마무리했다.

사건의 내막을 들여다보면 인공지능 '다이렉트센터 수행평가 모델'은 나름대로 공정성을 극대화하도록 설계됐다. 점수의 과거 통계적 분포, 교사들이 예측한 학생들의 점수와 순위 등을 감안해 나름대로 공정성을 추구한 것이다. 그러나 학생들이 속한 학교별 과거 입시 성적까지 인공지능이 반영함으로써 고등학교 자체에 대한 오랜 사회적 차별 현상이 고스란히 인공지능에 투영된 것이었다. 이 사건은 인공지능에게 차별과 편견을 완벽하게 제거한다는 것이 얼마나 힘든 작업인지를 단적으로 보여준다. 이처럼 완전한 공정성이 보장되지 못하는 인공지능에게 자녀들의 장래와 진로를 결정하도록 맡긴다는 것이 부모로서는 매우 신뢰하기 힘든 상황이 아닐 수 없다.

챗봇이 보여준 차별과 편견

2021년에 국내에서 벌어진 범용 인공지능 챗봇 '이루다'에 의한 차별 발언은 우리 국민에게 인공지능이 사람을 차별하며 사람에 대한 편견을 충분히 가질 수 있음을 구체적으로 깨닫게 해줬다. 레즈비언과 같은 동성연애, 지하철의 임산부 좌석, 장애인 등 우리 사회에 편견과 차별로 존재해온 주제를 중심으로 이루다에게 질문을 던졌을 때 이루다는 모두 부정적으로 답을 제시했다는 사실이 사회에 적지 않은 충격을 줬다. 이루다가 보여준 차별과 편견의 자세는 많은 국민으로 하여금 인공지능에 대한 신뢰성에 의심과 불안을 갖도록 만들었다.

인공지능이 전 세계적인 이슈가 되어 다양한 분야에서 전면에 등장했던 2016년. 구글이 알파고를 앞세우고 IBM이 왓슨을 앞세울 때, 마이크로소프트사는 '이루다'와 유사한 '테이Tay'라는 인공지능 챗봇을 앞세우며 트위터를 통해서 전 세계 사람들에게 다가갔다. 그런데 테이는 얼마 안 되어 인종 차별 발언을 한다는 이유로 거센 항의를 받기 시작했다. 결국 오픈한 지 16시간 만에 서비스를 중단했다. 이 사건을 알고 있었던 사람들은 2021년 '이루다'의 차별과 편견 발언은 이미 5년 전인 2016년 '테이'에게서 발생한 것을 반복하는 잘못에 해당한다며 더 강한 비판을 했다. 그러나 이 두 인공지능 챗봇이 보여준 차별과 편견의 배경을 기술적으로 분석해보면 큰 차이가 있다. 단순히 과거의 경험에서 배우지 못한 반복된 실수라고 비판하는 것에는 무리가 있다.

마이크로소프트사 '테이'의 경우, 인공지능 챗봇으로서 어느 정도 기본적인 학습을 마친 다음에 일반인들에게 서비스를 오픈했다. 오픈된 다음에도 테이는 사용자들을 대상으로 추가 학습을 계속하는 인공지능 학습 모델이었다.[185] 테이가 오픈되자마자 특정한 사용자 그룹이 의도적으로 히틀러를 중심으로 한 나치의 만행, 유대인 학살 행위에 대해 긍정적으로 옹호하는 문장을 테이에게 집중적으로 추가 학습시켰다. 테이는 추가 학습된 내용을 점차 본인의 입으로 말함으로써 테이가 히틀러를 찬양하고 유대인 학살을 정당화하는 발언을 했다는 비난을 받게 된 것이다. 따라서 인공지능 챗봇 테이의 차별과 편견이 담긴 발언에 대해 개발사인 마이크로소프트사에게 용도에 적합하게 학습 모델을 선정하지 못한 책임을 물을 수는 있다. 하지만 차별과 편견을 개발자가 의도적으로 기획하거나 조장했다고 질책할 수는 없었다.

반면에 '이루다'의 경우는 달랐다. 이루다보다 앞서 오픈한 '연애의 과학'이라는 앱을 통해서 사용자들로부터 입수한 카카오톡 대화록 94억 건을 그대로 이루다 학습에 사용했고 이 중에서 1억 건을 이루다의 응답용으로 사용했다. 테이처럼 서비스를 오픈한 다음에 추가적인 학습이 이뤄지는 모델은 아니었다. 따라서 이루다가 어떤 주제에 대해 차별과 편견 섞인 발언을 했다면, 이것은 이루다의 학습 데이터 안에 이미 해당하는 차별과 편견이 담긴 카카오톡 대화록이 활용되어 크게 영향을 주었음을 의미한다. 이것이 문제가 될 것으로 처음부터 예상했다면, 개발업체는 학습 데이터 중에서 차별과 편견에 관련된 문장들을 찾아서 미리 삭제했어야 했다. 그러나 94억 건의 학습 문장과 1억 건의 응답 문장을 뒤져서 확정되지 않은 주제에 대한 차별과 편견 여부를 찾아내는 것은 원천적으로 불가능에 가깝다. 어떻게 보면 개발자인 스캐터랩도 인공지능 챗봇 이루다가 이렇게 답변할 줄 몰랐다고 표현하는 것이 정확하다.

이처럼 인공지능은 학습한 그대로 반응하고 행동한다. 쓰레기를 학습하면 쓰레기가 나오는데 이것을 'GIGO Garbage In, Garbage

Out'라고 부른다. 따라서 학습 데이터의 품질을 사전에 검증하지 못하고 학습 데이터의 특성을 파악하지 못할 경우, 인공지능이 장차 어떻게 반응할지에 대해서 개발자도 속수무책이다. 그렇다고 해서 개발자에게 책임이 없는 것이 아니다. 오히려 이루다의 차별과 편견 현상에 대한 책임은 개발자에게 일차적으로 물을 수밖에 없다. 인공지능이 사람에게 편견을 가지지 않게 하고 사람을 차별하지 않도록 하려면 그리고 인공지능이 사람을 공정하게 대하도록 하려면 무엇을 어떻게 해야 하는지는 인공지능의 기획 및 설계 초기 단계에서부터 중요한 숙제가 되고 있다. 이 숙제를 제대로 풀지 못하면 인공지능의 신뢰성에 대한 의문은 계속 커질 수밖에 없다.

착각하게 만드는 인공지능

인공지능의 의인화

2018년 5월 구글 개발자 회의에서 구글의 최고 경영자 순다르 피차이Sundar Pichai는 '구글 듀플렉스Duplex'라는 인공지능 기반의 자동 음성 통화 소프트웨어를 발표했다.[186] 스마트폰 주인이 인공지능 비서인 구글 어스시턴트에게 약속 예약을 지시하면, 구글 어시스턴트가 전화를 통한 예약 업무를 구글 듀플렉스에게 다시 하달하는 형태로 운영된다. 데모 영상에서 구글 듀플렉스는 헤어숍에 전화를 걸어 카운터 직원과 자연스러운 대화를 나누면서 주인이 지시한 약속을 성공적으로 예약했다. 전화 예약 대화 도중, 구글 듀플렉스는 헤어숍 직원과 이뤄진 대화 가운데 필요할 때는 대화의 속도를 조절했고 상대방이 말한 복잡한 문장을 잘 이해했다. 그리고 문장과 문장

사이에 말 추임새를 넣는 등 사람이 전화 예약을 할 때 이뤄지는 대화와 똑같은 말투와 화법으로 대화를 진행했다. 나중에 헤어숍 직원은 예약을 위해서 전화를 건 고객을 진짜 사람이라고 생각했고 인공지능이라고는 전혀 눈치를 채지 못했다고 말했다.

구글 듀플렉스와 같은 인공지능 기술은 상대방으로 하여금 인공지능을 사람으로 착각하도록 만든다. 인공지능은 갈수록 다양한 분야에서 진짜 사람과 같거나 그보다 더 뛰어난 능력을 보여주는 경우가 많아지고 있다. 따라서 이처럼 우수한 능력으로 인공지능이 특정 분야의 서비스를 사람 대신 제공할 경우, 이 서비스에 참여하는 사람은 상대방을 진짜 사람으로 충분히 착각할 수 있다. 문제는 여기에서 서비스를 제공하는 주체가 인간인지 인공지능인지를 이용자가 '스스로' 알아서 판단하도록 방임하는 것 자체가 윤리적으로나 법적으로 다양한 문제를 일으킬 수 있다는 점이다.

예를 들어 앞선 대화의 내용이나 결과에 따라 나중에 책임 공방이 발생할 경우, 인공지능을 사람으로 착각함에 따라 발생한 책임을 누구에게 물을 것인지에 대한 해결책은 쉽지 않다. 더구나 인공지능에 의한 대행 서비스가 범죄로 악용되는 경우는 더 심각해진다. 인터넷에서 쉽게 구할 수 있는 유명 연예인이나 정치인, 특정인의 가족이나 친구의 음성 자료를 구한 후, 이를 인공지능에게 학습시켜 구글 듀플렉스와 유사한 대화용 인공지능을 제작할 수 있다. 그리고 이러한 자동 음성 대화 프로그램을 가지고 특정인에게 전화를 걸어 악의적으로 접근함으로써 감쪽

같이 속이는 보이스 피싱Voice Phishing이 얼마든지 새롭게 나타날 수 있다.

불쾌한 골짜기

인공지능 기술은 사용자와의 친근감을 높이기 위해 계속해서 '의인화' 방향으로 인터페이스를 강화해오고 있다. 인공지능은 갈수록 인간의 행동과 언어에 근접하고 인간의 외모에 가깝게 발전한다. 따라서 인공지능을 마주하는 사람에게 상대방이 사람인지 인공지능인지를 스스로 알아서 판단한 후 적절하게 반응하라고 맡길 경우, 놀랍게 발전한 기술과 뜻하지 않은 환경에서 마주한 이용자의 입에서 나오는 '감탄과 탄성'은 순간일 뿐이다. 나 자신이 바보같이 속았다는 생각으로 인해 언짢음과 분노가 바로 뒤를 따르게 된다. 그리고 앞으로 더 자주 마주할 유사한 상황에 대한 불안감은 더욱 커질 것이고 이른 바 '불쾌한 골짜기' 현상은 더 심화될 것이다.

일본 로봇공학자 마사히로 모리Masahiro Mori는 1970년 '불쾌한 골짜기Uncanny Valley'라는 이론을 제시했다.[187] 로봇의 모습이 인간을 닮아갈수록 로봇에 대한 호감도는 계속 증가한다. 그러다가 무엇인가 이상하다고 느껴지는 순간에 이르면 로봇에 대한 강한 거부감이 생기면서 호감도가 골짜기처럼 뚝 떨어지며 불쾌해진다는 이론이다. 만일 로봇 기술이 지금보다 훨씬 더 발달해 사람이 로봇에게서 이상한 점을 조금도 찾아내지 못할 정도로 로봇의 모든 면이 인간과 똑같은 수준까지 발전하게 되면 상황이 달라진다. 이 경우 로봇에 대한 호감도는 이러한 불쾌한 골짜기를 완전히 벗어나 다시금 급격히 상승할 것이라고 마사히로 모리는 예견하고 있다.

불쾌한 골짜기 이론은 많은 전문가로부터 꾸준히 공격을 받아왔다. 특히 로봇 기술이 계속 발달해 진짜 사람과 구분을 할 수 없을 정도까지 되면 불쾌한 골짜기를 완전히 벗어날 수 있고 로봇에 대한 호감도도 급상승할 것이라고 예측한 뒷부분은 아예 현실적으로 실현 자체가 불가능한 이론이라는 비판도 받았다. 인공지능 로봇 소피아Sophia를 개발한 핸슨 로보틱스 기업의 창업주 데이비드 핸슨David Hanson도 불쾌한 골짜기 이론을 '사람들을 현혹하는 사이비 과학'이라고 혹평했다.[188]

이처럼 이론적 반대가 많음에도 불구하고 지금까지 적지 않은 사람들이 '불쾌한 골짜기'와 같은 심리 현상을 개인적으로 경험해왔다. 구글 듀플렉스와 전화로 통화하면서 인공지능이 원하는 대로 약속 시간을 잡아준 헤어숍 직원도 나중에 사실을 알고는 불쾌한 골짜기를 경험했다고 했다. 인공지능 구글 듀플렉스의 우수성을 자랑하는 데모 광경을 지켜본 사람 중에서 구글 소속 직원을 제외하면 많은 사람은 '놀라움의 언덕'을 잠깐 넘어가는 순간, 곧바로 '불쾌한 골짜기'로 떨어지게 된다. 특히 인공지능의 사용 사실을 고의로 계속 숨길 경우, 사람들의 호감도가 불쾌한 골짜기를 지나서 다시 상승세의 후반부 곡선을 올라타기란 불가능해진다.

인간의 존엄성 측면에서 볼 때도 인공지능의 존재를 의도적으로 감추는 것은 부정적이며 중대한 도전이다. 인공지능의 존재와 역할을 미리 알리지 않은 채 인간 스스로 인공지능 여부를 파악하도록 숨기는 것은 '인간과 인공지능의 수평적 공존'을 유도하는 행위다. 반면에 인공지능의 존재와 역할을 사전에 알리는 것은 인공지능이 '인간을 위해서' 존재한다는 점을 분명하게 밝히는 첫 단추이며 '수직적 공존 관계'를 유지하려는 출발점이다. 국내 한 생명회사가 기업 합병을 기념해 제작한 광고에서 '로지'라는 가상 인간 모델을 등장시켰다. 이 광고가 나가고 한참 뒤에 광고 모델이 진짜 인간이 아니라 가상 인간임을 밝혀 세간의 주목을 끌었다. 일종의 바이럴 마케팅이자 노이지noisy 마케팅 전략으로 봐줄 수도 있지만, 시청자를 대상으로 의도적으로 시험을 한 유쾌하지 않은 사례다. 많은 시청자는 기술의 진보에 처음에는 놀랐겠지만 이내 뭐라고 표현할 수 없는 불쾌감과 우려를 머릿속에서 지울 수 없었다. 특히 기성세대일수록 이런 불쾌한 골짜기 경험의 강도가 강했다.

앞으로 삶 곳곳에서 그리고 현장 여기저기에서 인공지능을 도입해 사용할 경우, 이러한 서비스를 제공하는 존재가 진짜 사람이 아니라 인공지능임을 꼭 알릴 필요가 있다. 단지 인공지능의 존재뿐만 아니라 인공지능이 맡은 역할의 범위, 능력의 수준까지도 사전에 구체적으로 알리는 것이 바람직하다. 마치 CCTV와 같은 영상 정보 기기를 공공장소에 설치해 운영하려면, 반드시 사전 고지 절차를 지켜야 하는 것과 동일하다. CCTV를 설치하는 목적과 장소, 촬영 범위와 시간, 관리 책임자 성명 및 연락처를 기재한 안내판을 일반 사람들도 쉽게 인식할 수 있도록 게시할 것을 법률로 규정하고 있다.[189] 이처럼 인공지능의 존재와 사용 사실, 활용 범위 등에 대한 사전 공지도 강제할 필요가 있다. 이렇게 하면 인공지능 이용자가 마음의 준비나 적절한 선택을 할 수 있으며, '불쾌한 골짜기'를 그나마 덜 만날 수 있을 것이다. 그리고 이러한 조치는 '인간을 위한 인공지능'이라는 슬로건에 대한 첫 단추를 적절하게 끼우는 출발점으로 볼 수 있다.

딥페이크와 딥누드

동영상의 진위 판단을 어렵게 만드는 '딥페이크'라 불리는 인공지능 기술이 있다. 인공지능 학습 모델 중 딥러닝 기반의 신경망 모델을 사용해 가짜Fake 동영상을 만들어낸다고 해서, 앞의 두 단어 'Deep'과 'Fake'를 인용해 이름을 지었다. 딥페이크는 인공지능 기술 측면에서 볼 때, 딥러닝 기반의 신경망 모델 중에서 새로운 이미지를 만들어내는 생성망 모델을 기반으로 동작한다. 특히 생성망 모델 중에서 '오토인코더Autoencoder' 모델 또는 '생성적 적대 신경망(GAN)'이라고 불리는 모델을 주로 사용한다. 이처럼 어려운 전공 용어 대신에 그냥

'딥페이크'라는 용어를 대표 명사처럼 사용한다. 마치 사발면이나 컵라면이 인스턴트 라면들의 대표 명사로 그냥 불리는 현상과 같다.

어려운 이야기를 한 김에 조금 더 소개하자. 여기에서 오토인코더 모델은 인코더Encoder와 디코더Decoder라는 두 개의 모듈이 선후 관계를 형성해 구성된다. 앞 모듈인 인코더는 입력을 받아서 특징을 추출해 내부 표현 또는 잠재적 표현으로 바꿔준다. 뒤 모듈인 디코더는 앞에서 생성된 내부 표현을 토대로 다시금 원래의 입력과 관련된 출력을 변형해 생성해준다. 만일 서로 다른 두 개의 오토인코더를 가지고 인코더와 디코더를 교차해 운영하면 두 입력이 서로 간섭 혹은 교체된 출력들을 만들 수 있다.

GAN은 'Generative Adversarial Networks'의 약자로 '생성적 적대 신경망'이라고 번역한다. GAN은 '갠'이라고 읽는다. GAN도 이미지를 만들어내는 생성망의 일종이다. GAN은 크게 두 개의 인공 신경망 모듈이 연결된 구조를 갖는다. 첫 번째 신경망 모듈은 새로운 이미지를 만들어내는 생성망Generative Network 모듈로서 일종의 변형된 오토인코더로 볼 수 있다. 나머지 신경망 모듈은 앞 모듈에서 생성된 이미지에 대해 진위 여부를 판별하는 식별망Discriminative Network 모듈이다. 기준 이미지로부터 조금씩 변화된 새로운 이미지를 생성망 모듈이 만들어내면, 이에 대해 기준 이미지와 같은지 다른지를 뒷단의 식별망 모듈이 판별하는 과정을 반복한다. 처음에는 기준 이미지와 동일한 것이라고 식별망이 판별하겠지만, 어느 순간이 되면 새로운 이미지라고 판별하게 된다. 이때의 새로운 이미지는 기준 이미지에서 출발했으면서도 다른 이미지로 인식되는 새로운 이미지인 셈이다. GAN은 2014년 이안 굿펠로우Ian J. Goodfellow가 제안한 논문에서 소개되었는데, 생성망을 위조지폐범에, 식별망을 경찰에 비유했다. 인공지능의 대부이자 페이스북의 인공지능 총괄을 맡은 얀 르쾽Yann André LeCun은 이 GAN 기술을 최근 10년간 머신러닝 분야에서의 가장 멋진 아이디어라고 극찬한 바 있다.

A라는 사람이 등장해 말하고 행동하는 것을 담은 동영상에 딥페이크 기술을 사용해 B라는 사람의 얼굴, 특히 이목구비 부분을 교체함으로써 마치 B가 A와 똑같이 말하고 행동하는 것과 같은 가짜 동영상을 만들 수 있다. 가상 인플루언서 '루이', 가상 가수 아이돌 '이터니티', Mnet 방송 프로그램에서 홀로그램으로 부활한 가상 가수 '터틀맨', 가상 대선 후보 'AI 윤석열'과 'AI 이재명'은 모두 딥페이크 기술을 사용해 만들어진 존재들이다. 온라인 게임을 할 때 그래픽 속도를 향상하기 위해 사용하는 그래픽 처리 프로세서 GPU가 있다. 이 GPU를 세계에서 가장 잘 만들고 가장 많이 판매하는 기업으로 엔비디아NVIDIA가 있다. 엔비디아는 기존의 다른 얼굴로 바꿔치기하는 수준에서 벗어나 아예 지금까지 존재하지 않았던 새로운 얼굴을 만들어내는 '스타일갠StyleGAN'이라는 딥페이크 소프트웨어를 만들어서 공개하기도 했다.[190]

2017년 미국 대형 온라인 커뮤니티 '레딧Reddit'에 올라온 인공지능 기반의 포르노 동영상 제작 프로그램이 이러한 딥페이크의 출발점이다. '딥페이크스Deepfakes'라는 아이디를 쓰는 이용자가 딥러닝용 오픈 소스 소프트웨어인 구글의 텐서플로를 활용해 유명 연예인에 대한 포르노 합성 영상을 제작한 후, 이를 레딧에 올리면서 딥페이크라는 용어가 대중에게 알려졌다. 바로 이어 프로그램 소스 코드를 공유하는 커뮤니티인 깃허브에도 딥페이크와 관련된 소스 코드들을 올려 일반인에게 공개했다. 최근에는 페이스스와프라는 전용 사이트를 통해서 딥페이크 관련 개발 활동을 계속하고 있다.[191] 그리고 페이크앱FakeApp이라는 무료 소프트웨어가 배포되면서 초보자도 쉽게 딥페이크 영상을 제작할 수 있게 됐다.[192] 인공지능 기술이 계속 발전하면서 모바일용 앱 스토어에는 리페이스Reface[193], 페이스플레이Faceplay[194]와 같은 딥페이크용 앱들이 출현해 매우 높은 다운로드 횟수를 기록하고 있다.

이들은 주로 신체 부위 중에서 얼굴을 바꿔치기할 수 있도록 해준다고 해서 '얼굴 합성 앱'으로 분류된다. 진짜 동영상을 딥페이크로 얼굴만 합성해 만든 가짜 동영상은 육안으로는 구분하기 힘들 정도로 기술 수준이 갈수록 향상되고 있다. 영국 BBC는 사이버 보안 기업인 딥트레이스DeepTrace의 연구 결과를 인용해 "2018년 12월 약 8000개로 집계됐던 딥페이크 동영상이 2019년 12월 기준으로 1만 4698개로 대폭 증가했다"고 보도했다.[195] 약 1년 만에 두 배 가량 증가한 셈이다. 이들 딥페이크 동영상 중 96%는 음란물, 즉 포르노 동영상이었다. 이 중에 적지 않은 수인 25%가 한국의 인기 여성 연예인들을 대상으로 한 포르노라는 통계도 나와 있다. 딥페이크가 루이나 터틀맨과 같은 가상 인간을 만드는 데 결정적으로 기여하기도 하지만, 이처럼 가짜 포르노 동영상을 제작하는 데도 악용되어 특정인에 대한 명예훼손과 성 착취를 일으킬 수도 있다는 기술의 양면성을 보여준다.

딥페이크에서 사용되는 GAN 기술은 가짜 얼굴 합성에만 이용되는 것이 아니다. '가짜 누드 합성'에도 이용된다. 2019년 6월 '딥누드DeepNude'라는 소프트웨어가 개발되어 상업용과 비상업용으로 따로 배포됐다. 상업용의 경우 50달러에 판매됐다. 딥누드를 사용하면 일반 동영상에서 등장하는 여성의 옷을 벗겨 누드 상태에서 움직이는 똑같은 동영상으로 변환해준다. 이러한 영상 변환을 사실에 가깝도록 하기 위해 딥누드는 인터넷상에 존재하는 수많은 포르노 동영상을 대상으로 미리 대량 학습을 진행했다. 어느 정도 예상했겠지만 이러한 딥누드 배포에 대한 사람들의 반응은 매우 비판적이었다. 상업용으로 판매한 지 한 달도 되지 않아서 기존 구매자들에게 받았던 50달러를 환불해주었고 딥누드의 배포 출구를 공식적으로 닫았다. 딥누드는 사람들의 '엿보기voyeurism' 심리를 이용해 출발했다. 그리고 엿보기 심리를 더 부추기는 결과를 초래했다고 해서 큰 비난에 봉착했다. 그럼에도 불구하고 인터넷상에서는 비트 토렌트 등 P2P 사이트나 웹하드 사이트를 중심으로 딥누드 소프트웨어를 여전히 다운로드할 수 있다는 정보가 끊이질 않는다. 그러나 이런 정보의 대부분은 악성 코드의 유포를 위한 사기성 정보이므로 호기심 때문에 낭패를 당하기 쉬우므로 주의가 필요하다.

의료 영상의 완벽한 위조

딥페이크에서 사용되는 GAN 기술은 가짜 얼굴 합성, 가짜 누드 합성 이외에 '가짜 의료 영상 합성'에도 이용됐다. 2018년에 발표된 'CT-GAN'이라고 불리는 가짜 의료 영상 합성 프로그램을 사용하면 병원의 PACS라는 시스템[196] 안에 존재하는 환자의 의료 영상을 원하는 대로 감쪽같이 위조할 수 있다.[197] 대다수 병원마다 운영하고 있는 PACS는 환자들의 엑스레이, CT, MRI, PET와 같은 의료 영상을 촬영하고 전송하며 보관·검색할 수 있도록 지원해주는 의학용 영상 저장 전송 장치다. 외부의 불법 공격으로부터 이 영상 정보를 보호하기 위해 정보 보안 기능을 나름대로 갖추고는 있지만, 뛰어난 해커들에게는 여전히 취약하다. 입수하기로 마음먹은 병원의 PACS는 얼마든지 뚫고 접근할 수 있을 만큼의 실력을 갖춘 해커들이 생각보다 적지 않다. 이런 위험한 상황이 실제로 발생할 경우, PACS 안에 저장된 특정 환자의 CT 영상이나 MRI 영상을 해커가 접근한 후 실제로 존재하는 암과 같은 질병의 영상 흔적을 없애버리거나 반대로 정상인 영상에 암 흔적이 있는 것처럼 추가할 수도 있다.

실제로 CT-GAN을 이용해 의료 영상을 변조한 다음에 전문의들에게 영상 판독을 의뢰했을 때, 위조된 가짜 영상임을 거의 알아차리지 못했다는 실험 결과는 이러한 우려를 더 크게 만든다. 더구나 이러한 의료 동영상 변조 작업에 필요한 시간은 불과 수 밀리초millisecond 이내로 정말 눈 깜짝할 사이에 이뤄진다. 따라서 PACS가 해킹되는 순간, 해커가 CT-GAN과 같은 인공지능 프로그램을 보유하고만 있다면 특정 환자의 의료 영상 정보는 얼마든지 조작할 수 있게 된다. 이 경우, 특정 환자가 누구냐에 따라 단순한 개인 문제를 떠나서 사회적으로 큰 혼란이 일어날 수도 있다. 2011년 1월 당시 애플의 최고 경영자 스티브 잡스가 질병 때문에 급하게 병가를 냈다는 소식 하나에 다음날 뉴욕 증시가 개장하자마자 애플의 주가가 6%나 폭락했던 사건은 특정인의 건강 정보가 경우에 따라서는 얼마나 큰 사회적 영향을 줄 수 있는지를 보여준 대표적인 사례다.[198] 이처럼 사회적인 영향력이 큰 사람일수록 그 사람의 질병 정보는 큰 사회적 파장을 불러일으킨다. 유력인의 심각한 건강 정보에 대한 폭로는 주식의 폭락, 사회적 불안, 정치적 음해, 심지어 테러와 같은 사회적 위험과 혼란으로도 직결될 수도 있기 때문이다.

안전하지 못한 인공지능

적대적 공격과 오픈 소스

2017년 12월 미국 캘리포니아 롱비치에서 개최된 제31회 신경정보처리학회(NIPS)에서 구글 연구팀은 '적대적 패치(AP) Adversarial Patch'라는 제목의 논문을 발표했다.[199] 적대적 패치는 인공지능이 사물을 잘못 인식하도록 의도적으로 유인하는 작은 조각과 같은 것이다. 이 조각 안에 특정한 인공지능의 학습 모델이 인식 동작을 잘못하도록 유도하는 이미지가 담겨 있다. 야구공 크기의 원 안에 특이한 이미지를 넣은 적대적 패치를 바나나 옆에 두자 'VGG16'라는 인공지능 학습 모델이 바나나를 토스터로 잘못 인식하는 실험 결과가 사진과 함께 이 논문에 실렸다. 적대적 패치는 인공지능, 특히 딥러닝 기반의 인공지능이 외부로부터 의도적 공격을 받을 경우 충분히 잘못 작동할 수 있음을 보여줬다. 이로써 인공지능이 생각만큼 안전하지 않을 수도 있음을 사람들은 알기 시작했다. 그 뒤로 계속 발표된 적대적 패치 기반의 인공지능 공격은 사람들에게 갈수록 많은 걱정을 불러일으켰다.

사람을 잘 인식하던 인공지능 앞에 적대적 패치를 목에 건 사람이 나타나자 인공지능은 그를 더 이상 사람으로 인식하지 못했다. '정지STOP'라는 교통 표지판에 조그마한 적대적 패치를 스티커처럼 부착하자 인공지능은 이 교통 표지판을 정상적으로 인식하지 못하는 상황도 연출됐다. 만일 자율 주행차가 인공지능에 의한 자율 운행 중일 때 이러한 적대적 패치가 부착된 교통 표지판이나 도로 옆 사물을 만난다고 상상해보자. 아주 끔찍한 대형 교통사고들이 동시에 발생할 수 있다. 이와 같이 바나나를 인식하고 사람을 인식하며 교통 표지판을 인식하는 인공지능 모델은 그 종류가 상당히 다양하므로 이들 모두에 대해 잘못 동작하도록 유인하는 적대적 패치를 만들어내는 것이 쉬운 일은 아니다. 하지만 결코 불가능한 것도 아니다.

적대적 패치를 이용해 외부로부터 의도적인 공격이 인공지능에게 이뤄지는 경우를 포함해 인공지능은 외부로부터의 다양한 공격에서 결코 자유롭지 못하다. 인공지능에 대한 의도적인 공격을 통칭해 '적대적 공격Adversarial Attack'이라고 부른다.[200] 적대적 공격은 방금 소개했듯이 인공지능이 현장에서 인식하는 데이터 안에 적대적 패치와 같은 잡음을 넣는 공격, 인공지능의 학습 모델 자체에 대한 공격 그리고 인공지능이 학습할 데이터를 오염시키는 공격 등 다양한 형태로 이뤄질 수 있다.

2018년 8월 미국에서 열린 해킹 콘퍼런스 블랙해트Black Hat에서 IBM 연구팀은 '딥로커DeepLocker'라는 인공지능 기반의 악성 코드를 처음으로 발표했다.[201] 보통 때는 정상적으로 동작하던 인공지능이 특정한 사람의 얼굴을 인식하는 순간 그 안에 숨겨진 악성 코드가 활성화되거나 비정상적으로 동작하는 것이다. 일반적으로 기업이나 개인이 인공지능 기술을 도입하는 과정을 보면, 사업 목적에 가장 적합한 인공지능 모델을 선정한 후 이와 관련해 이미 개발된 소스 코드를 깃허브[202], 소스포지SourceForge[203], 바운티소스BountySource[204]와 같은 오픈 소스 사이트에서 찾아서 활용하게 된다. 지금처럼 인공지능이 성공적인 결실을 거두게 된 이유 중 하나로, 프로그램 개발에 있어서 소스 코드를 글로벌하게 개방하고 서로 공유하면서 같이 개선시켜나가는 오픈 소스 개발 분위기를 꼽는다. 최근에는 전 세계 소프트웨어 개발의 90% 이상이 오픈 소스를 기반으로 이뤄진다고 평가할 정도다. 이런 오픈 소스 기반의 개발 환경은 인공지능 개발에 있어서도 마찬가지로 적용된다. 그런데 다른 사람이 제작한 오픈 소스를 가져다가 내가 필요한 부분만 수정하고 추가해 사용한다고 할 때, 오픈 소스의 다른 영역 속에 숨겨진 악의적인 부분을 파악하기란 현실적으로 불가능하다.

오픈 소스 개발 환경은 개발자 간 상호 신뢰를 전제로 운영된다. 그러나 악의적인 개발자가 원래의 목적과 전혀 다른 악성 코드를 소스 코드 속에 숨겨서 오픈 소스로 공개한다면, 이를 다운로드해 사용하는 사람들에게는 잠재적인 시한폭탄이 숨겨져 전달된 셈이다. IBM에서는 이를 인공지능 분야에 한정해 '딥로커'라고 표현하며 그 위험성을 경고한 것이다. 오픈 소스 소프트웨어 중심으로 이뤄지는 인공지능 개발은 악성 코드 혹은 악의적 코드가 소스 코드의 어느 부분에 숨겨져 있는지도 모른 채 진행될 수도 있다는 위험성을 가지고 있다. 일부 정보 보호 전문가들이 오픈 소스 코드의 안전성 확보를 위한 노력을 지속해오고 있지만, 생성되는 오픈 소스의 분량이 워낙 많아서 자동화된 도구를 사용한다고 해도 이들 모두에 대해 안전성을 점검하는 것은 역부족인 것이 현실이다.

이런 위험한 이야기는 학습 데이터의 경우도 마찬가지다. 분야별로 방대한 학습 데이터를 서로 공유하면서 인공지능을 학습시킨다. 그런데 공유된 학습 데이터 안에 의도적이든 아니든 잘못된 학습 데이터가 포함되어 있다면 잘못된 인공지능을 만들어낼 수 있다.[205] 그렇다고 개발자가 수십억 개의 데이터를 일일이 눈으로 검증할 수도 없으며 자동화된 도구를 사용해 검증한다고 해도 완벽하게 찾아내기 힘든 것이 현실이다.[206] 따라서 자체 인력으로 소스 코드 모두를 처음부터 개발하고, 방대한 학습 데이터를 모두 직접 생성하거나 수집해 인공지능을 구현하는 것이 아닌 이상 불안은 항상 잠재한다. 오픈 소스 환경, 오픈 데이터 환경에서 개발되는 대다수 인공지능이 과연 안전한지에 대한 의심은 버릴 수 없다. 그리고 이는 인공지능에 대한 신뢰성 하락으로 바로 이어진다.

인공지능 자체가 외부 공격으로부터 안전하다고 가정하더라도 인공지능이 어떤 시스템의 일부로 사용되는 한, 새로운 차원에서 안전 문제가 추가로 발생한다. 인공지능을 포함해 이를 활용하는 시스템을 '인공지능 컨테이너AI Container'라고 부르는데, 이 인공지능 컨테이너도 대부분 정보 시스템이다. 예를 들어, 인공지능 챗봇을 포함해 서비스를 제공하는 인공지능 스피커를 보자. 인공지능 스피커는 인공지능 챗봇에 대한 컨테이너다. 그 안에 프로세서와 메모리, 네트워크를 가지고 있는 작은 컴퓨터다. 문제는 이 컨테이너도 정보 시스템인 이상 보안에 취약하고 외부 공격에 취약할 수 있다. 컨테이너가 외부 공격에 취약하게 되면 그 안에 실린 인공지능도 무용지물이 되거나 악용 혹은 남용될 수 있다.

이런 상황은 비트코인과 같은 블록체인 기반의 가상 화폐에도 똑같이 벌어진다. 블록체인은 보안성이 뛰어나서 블록체인 기반의 가상 화폐 역시 위변조가 불가능하며 보안성이 뛰어나다고 주장한다. 그런데 크고 작은 가상 화폐 해킹 사고가 꾸준히 벌어지는 이유도 동일하다. 블록체인 기반의 가상 화폐 자체 보안이 문제의 원인이 아니다. 가상 화폐를 보관하고 거래를 지원해주는 가상 화폐 거래소의 '거래용 서버 시스템'이 문제다.[207] 바로 가상 화폐의 컨테이너다. 이 서버 시스템이 취약하면 당연히 이 안에 담겨서 관리되고 거래되는 가상 화폐도 공격에 노출되고 취약한 것처럼 보인다. 그래서 소비자들을 보호하는 차원에서 가상 화폐의 거래를 지원하는 거래소에게 최소한의 정보보호관리체계인증(ISMS)을 받도록 정부는 강력하게 요구했다.[208] 이를 끝까지 수용하지 못한 다수의 가상 화폐 거래소가 폐쇄되는 현상이 벌어졌다.[209] 이런 현상은 마치 가상 화폐 자체에 문제가 있는 것 같은 오해를 낳기도 했다. 인공지능의 경우도 마찬가지다. 인공지능 자체에 보안 문제가 없다고 할지라도, 인공지능 컨테이너에 보안 문제가 발생하게 되면 인공지능도 더불어 신뢰성 추락을 맞이할 수밖에 없다.

우리나라에 시판 중인 국내외 대표적인 인공지능 스피커에 대해 2018년 10월 국내 대학 연구소에서 해킹 취약점을 분석한 결과, 최소 300여 개 이상의 취약점이 존재함을 발견했다.[210] 이런 상황이라면, 인공지능 스피커는 보안에 매우 취약한 것으로 판단된다. 한국인터넷진흥원(KISA)이 2021년 10월에 발표한 '인공지능 스피커 보안 취약점 점검 결과'를 보면 인공지능 스피커의 보안에 갈수록 허점이 늘어나는 것으로 파악됐다.[211] 한국인터넷진흥원이 사용한 보안 취약점의 기준은 앞서 대학 연구소가 조사한 취약점 기준과 다른 각도에서 제시되었고 훨씬 완화된 편이다. 그런데도 인공지능 스피커의 보안 취약점은 2018년 8개에서 2020년 42개로 급증했으며, 2018년 1개사 평균 1개이던 취약점은 2019년 4개, 2020년 5개로 증가 추세를 보였다. 이처럼 인공지능 스피커의 신뢰성이 떨어지면 스피커 안에 실린 인공지능에 대한 신뢰성도 같이 떨어지게 되어 있다.

2017년에 개봉한 영화 〈분노의 질주The Fast and The Furious 8: 더 익스트림〉을 비롯해 많은 영화에 이미 등장했던 자율 자동차 해킹 사고. 내가 운행 중이거나 주차장에 주차해놓은 자율 주행차가 해커와 같은 제3자에 의해 해킹될 가능성은 과연 전혀 없는 것일까? 이것 역시 인공지능과 인공지능 컨테이너의 관계에서 바라보면 실상을 쉽게 파악할 수 있다. 자율 주행차는 다른 것들보다 더 복잡한 인공지능 컨테이너다. 따라서 자율 주행차에는 보안 취약점이 더 많이 존재할 수 있으므로 자율 주행차 안에 있는 인공지능 자체의 신뢰성이 제아무리 완벽하다고 해도 외부 공격으로부터 운명 공동체적인 성격을 가질 수밖에 없다. 자동차회사에서 최근에 보안 전문가를 대폭 채용하는 이유는 바로 이런 배경을 가지고 있다. 이처럼 인공지능 컨테이너의 보안 취약점은 인공지능 자체에 대한 취약점으로 직결된다. 따라서 인공지능 자체의 신뢰도 하락에 인공지능 컨테이너의 신뢰도 하락까지 겹치면 더 상황은 복잡하고 나빠질 수 있다.

신뢰할 수 있는 인공지능을 향해

앞서 살펴본 것들만 고려하더라도 현재 기술 수준의 좁은 인공지능에서도 어두운 그늘은 적지 않게 발견하게 된다. 물론 아직 거론하지도 않은 인공지능의 역기능과 부작용, 허점을 한참 더 많이 소개할 수도 있다. 인공지능 챗봇 이루다의 경우에서 드러났지만, 인공지능이 방대한 개인 정보를 학습 데이터로 이용한 경우에는 나중에 개인 정보가 다른 이용자에게 노출될 위험도 있다. 인공지능을 군사 무기와 접목하게 되면 더할 나위 없이 인간과 인류에게 치명적인 위험을 초래할 수 있다. 인공지능이 나의 신용도를 결정하고 내게 허용된 대출 총액을 결정하며 나의 채용 여부를 결정할 경우, 나는 인공지능의 이러한 결정에 대해 근거와 이유를 알고 싶어진다. 그렇다고 해서 왜 이런 결정을 내렸느냐고 인공지능에게 따져봐야 사람처럼 자세한 설명을 해주지도 않는다. 인간을 위해 개발됐다는 인공지능 기술이 인간을 차별하고 공격하며 무시하기도 한다. 자신 때문에 일어난 손해에 대해서 책임도 지지 않는다. 이런 인공지능 기술이 더 발전해 범용 인공지능을 거쳐 정말 초지능 수준에 도달하기라도 하면, 그때는 인류 전체를 멸망시킬 수도 있다는 예고가 과장이 아닐 수도 있다는 생각을 가지게 된다.

그렇다면 이런 인공지능을 우리는 어떻게 해야 신뢰할 수 있으며 미래 사회에서 함께 살아갈 수 있을까? 혹시 지금 시점에서 인공지능 도입을 인류가 전폭적으로 포기하는 것이 정답은 아닐까? 만일 그렇지도 못할 상황에 이미 인류가 처해버렸다면 이 시점에서 우리가 할 수 있는 최선의 대안을 무엇일까? 다행히도 인류는 이와 유사한 상황의 경험들을 이미 가지고 있다. 새로운 기술이 나타날 때마다 희망과 우려는 늘 교차했다. 특히 신기술이 사회를 변화시키고 파괴적 혁신을 초래하면 초래할수록 윤리적 대안이 궁극의 대안이었음을 경험해왔다.

인간이 이러한 인공지능을 통제할 수 있어야 한다. 역으로 인공지능이 인간을 통제해서는 안 된다. 그러기 위해서는 인공지능의 신뢰성을 처음부터 확보해야 한다. 신뢰할 수 있는 인공지능이라야 우리와 함께 지낼 수 있다. 윤리적 상상력을 동원해 인공지능 도입으로 인해 발생 가능한 문제점을 계속해서 찾아내야 한다. 그리고 이를 제거하거나 최소화할 수 있는 지혜들을 쌓아야 한다. 다양한 상황과 시각에서 적절한 인공지능 활용 가이드라인을 만들어야 한다. 지속적으로 갱신하는 작업을 이어가야 한다. 이를 통해서 인공지능이 인류에게 줄 수 있는 유익과 희망은 고스란히 담아내고 어둠과 불안의 그늘은 최대한 벗겨내야 한다. 다가오는 인공지능 시대에 필요한 새로운 윤리를 도출해 사회 구성원들이 함께 논의하고 사회적 합의를 거쳐야 한다. 어떻게 해야 인류를 위한 인공지능으로 신뢰 가운데 도입할 수 있을 것인지, 어떻게 해야 인류가 미래에 인공지능과 함께 공존할 수 있을지에 대한 해답을 찾아야 한다. '인공지능 윤리'가 그 첫 번째 해답이자 근원적인 해결 방법이다.

4

흔들림 너머 AI 바로 보기

흔들리는 인간을 위한 윤리

인공지능에게 윤리가 필요한 이유

인간보다 지능적이고 인간의 개입 없이도 스스로 동작하는 인공지능이 앞으로 세상을 온통 흔들어대며 크게 바꿔갈 것이 분명하다. 그렇다면 우리는 '믿고 함께할 수 있는 인공지능'을 확보하는 일에 지금 당장 온 힘을 쏟아야 한다. 그런데 이처럼 '신뢰할 수 있는' 인공지능을 확보하려면, 인공지능을 만들어내고 발전시키며 사회 전반에 이를 확산하는 주체인 '인간 자신'을 먼저 신뢰할 수 있어야 한다. 겉으로는 인공지능이 인간을 흔드는 것처럼 보이지만 결국 인간을 흔드는 것은 인간 자신이다. 인공지능은 인간으로부터 나오는 기술이기 때문이다.

그래서 인공지능으로 인해 우리의 미래가 흔들리지 않으려면, 인공지능이 가져올 미래를 앞서서 바르게 준비하려면 '신뢰할 수 있는 인공지능' 확보라는 미션은 '신뢰할 수 있는 인간' 확보라는 미션으로 바뀌게 된다. 이는 곧 '인공지능과 관련해' 인간이 가지는 생각과 가치관, 의도와 행동을 먼저 신뢰할 수 있어야 함을 의미한다. 이를 이끌어가는 핵심이 바로 '인공지능 윤리the Ethics of AI'이다. 우리가 근본적인 흔들림에서 벗어나고자 신뢰할 수 있는 인공지능을 얻고자 한다면, '인공지능 윤리'를 앞서 제대로 마련해야 한다. 그리고 이를 하나씩 하나씩 구체화해가는 전략이 필요하다.

인공지능 윤리와 관련해 강의나 토론을 진행할 때마다 다양한 청중으로부터 받아온 공통된 질문들이 있다. 그중에서 대표적인 질문 세 가지를 소개해본다.

첫 번째 질문, "왜 시작부터 윤리냐?" 미국, 유럽 심지어 중국과 비교해봐도 우리나라의 인공지능 기술 수준은 이들보다 몇 년 뒤처진 상황이다. 이제 겨우 인공지능 산업이 꿈틀대면서 발전하기 시작했다고 해도 과언이 아니다. 그런데 왜 첫 개시 단계부터 인공지능 사용을 바로 잡아야 한다는 식으로 윤리 이야기를 꺼내며 부정적인 이미지를 형성하느냐는 항의다. 어떤 신기술이든 처음 출현했을 때는 어느 정도 사회에 자리를 잡고 기술의 보편화가 이뤄지기까지는 기술 발전에만 집중한다. 그러다가 부작용이나 역기능이 대중적으로 인지되었을 때에야 이를 보완하고 해결하는 차원에서 윤리 이야기를 꺼내는 것이 통상적인 흐름이라고 주장한다. 더구나 인공지능 스타트업을 운영하는 사업자의 입장에서 윤리는 매우 불편하다. 시작 단계부터 윤리적 요소까지 고려하면서 인공지능 사업을 운영해야 한다는 지침은 사업 성장에 당장 도움이 되기보다는 이제 갓 걷기 시작한 아이 발에 태클을 거는 것과 같다고 말한다.

두 번째 질문, "소수 인력만이 윤리를 알면 되지 않을까?" 인공지능 기술을 이용해 제품과 서비스를 만드는 전문가들만 윤리적으로 개발하고, 이를 판매하고 제공하는 사업가들만 윤리적으로 경영한다면, 인공지능과 관련해 심각한 문제가 장차 우리 사회에서 일어나지 않을 것이라는 의견이다. 만일 인공지능 윤리 교육이 선제적으로 필요하다면 인공지능 개발자나 인공지능 사업자에 '한정'해 실시하면 된다. 이와 직접적인 관련성이 적은 이용자나, 심지어 우리 사회 구성원 '전체'를 대상으로 하여 인공지능 윤리를 논의할 필요가 없다는 생각이다.

세 번째 질문, "윤리보다는 차라리 법으로 대처하면 되지 않을까?" 인공지능 때문에 앞으로 일어날 사회적 문제들이 그렇게 중요하고 시급하다면, 윤리보다는 차라리 '법' 또는 '규제'를 만들어 엄격하게 다루는 것이 더 확실하다는 주장이다. 정보통신기술을 중심으로 한 3차 산업혁명 때문에 도래한 정보화사회의 경험을 돌이켜보자. 우리가 숱하게 다뤄왔던 넷티켓Netiquette과 같은 인터넷 윤리Internet Ethics도 필요한 역할을 해왔지만, 결정적인 사회의 질서와 틀은 법 제정을 통해서 이뤄졌다.[212] 〈개인정보보호법〉이나 일명 '망법'이라고 불리는 〈정보통신망 이용 촉진 및 정보 보호 등에 관한 법률〉과 같은 법을 제정해 대응함으로써 지금은 정보화사회의 질서와 틀이 어느 정도 잡혔다고 보기 때문이다. 따라서 이처럼 앞선 경험을 바탕으로 인공지능 신기술 분야도 필요한 법을 제정해 처음부터 엄정하게 대처하면 된다. 개인의 자율적 이행을 요구하며 강제성도 없는 윤리를 앞세워서 사회적 문제를 해결하고자 접근하는 것은 시간도 많이 걸릴 뿐 아니라 매우 효과적이지 못하다는 주장이다.

ESG 경영과 인공지능 윤리

앞선 질문은 일견 타당하게 보이지만 조금만 더 생각해보면 '윤리'에 대한 다소간의 오해에서 비롯됨을 알 수 있다. 세 가지 질문 속에 담겨 있는 오해를 먼저 풀어보자.

첫 번째, "왜 시작부터 윤리냐?"라는 질문에 대해 생각해보자. 도입 초기에는 유용하게만 사용되던 기술이 시간이 지나면서 오용되거나 악용되면서 잠재적인 부작용이 드러나는 경우는 흔한 일이다. 이런 상황이 되면, 해당 기술을 이용하는 사람들에게 주의를 촉구하거나 이용에 따른 윤리적 의무를 부과하게 된다. 이렇게 함으로써 어느 정도 문제 해결이 가능해질 경우, 이 기술에 대한 사회적 이용은 계속되거나 확장된다. 반면에 이러한 조치에도 불구하고 부작용이나 역기능이 심각해서 사회적인 수용이 더 이상 불가능하다고 판단되면, 공식적 합의를 거쳐 해당 기술의 사용을 중단하기도 한다. 그런데 지금까지 인류가 맞이한 신기술은 일부 분야, 일부 대상에 국한해 지엽적으로 활용되는 기술이 대부분이었기 때문에 부작용과 역기능 발생에 따른 이러한 사후 조치가 대부분 유효했다.

그러나 인공지능은 대부분의 신기술과 달리 그 영향력이 지엽적이지 않다. 사회 모든 분야, 사회 구성원 전체에게 막대한 영향을 주며 사회적 파급력이 큰 혁신 신기술이다. 그래서 사회적 대전환 현상이 불가피하다. 인공지능이 일부라도 채택되어 보편적 확산이 본격화되면, 다시 원위치하기란 거의 불가능하다. 인공기능 기술의 뛰어난 혁신성과 사업적 매력 때문에 이러한 '비가역적인' 사회 변화는 급격하게 일어난다. 이처럼 인공지능으로 인해 사회적 대전환이 시작되면 부작용과 역기능, 심지어 심각한 위험성이 드러난다고 해도 다시 원래로 되돌리는 것은 불가능하다. 따라서 다른 신기술과 달리 인공지능은 비가역적 사회 대전환을 감안해 '처음 시작 단계부터' 발전 방향을 올바르게 잡아야 하고 사회적 담론을 최대한 형성해야 한다. 이 과정에서의 핵심이 '인공지능 윤리'다.

기업 경영 입장에서 볼 때도 '처음 시작 단계부터' 인공지능 윤리를 고려해 기업 경영 과정에 인공지능을 활용하고 인공지능 제품을 만들며 인공지능 서비스를 개시할 필요가 있다. 이를 통해서 윤리적 기업 경영의 틀을 형성할 수도 있을 뿐 아니라, '지속 가능한 개발 목표(SDGs)'라는 글로벌 동향을 따르는 데 필요한 기반으로 활용할 수 있다.[213] 2021년 1월 인공지능 챗봇 '이루다'가 서비스를 오픈한 지 3주 만에 전격 중단했던 사건은 우리에게 아픈 교훈을 남겼다. 처음 시작 단계부터 인공지능 윤리를 충분히 고려하지 않았을 경우 지속 가능한 성장이란 결국 불가능하다. 더구나 ESG 경영이 향후 기업 평가의 중요한 요소로 등장하고 있는 지금의 상황에서는 더 신경을 써야 한다.[214] 인공지능 제품이나 서비스를 직접 다루는 기업은 물론 인공지능을 기업 경영 업무에 어떠한 형태로든 활용하려는 기업이라면, 인공지능 윤리를 중심으로 한 '사회적 책임' 부문을 인공지능의 도입 시작 단계부터 적극적으로 반영하는 것이 불가피하다.

'ESG 경영'이란 기업의 비재무적 요소인 환경Environment 요소, 사회Social 요소, 기업 지배 구조Governance 요소를 기업 경영의 중요한 요소로 인지하는 경영을 말한다. 기업의 가치를 평가할 때 이전에는 기업의 재무적 요소만을 가지고 평가했으나 지금은 '사회 책임 투자(SRI)' 또는 '지속 가능 투자'의 관점에서 비재무적 요소인 ESG 요소를 기업 평가에 반영하기 시작했다. 2000년 영국을 필두로 하여 캐나다, 프랑스, 스웨덴, 독일 등 선진국들이 연금을 지급하는 기금인 연기금을 중심으로 ESG 정보 공시 의무 제도를 도입하기 시작했다. 우리나라도 2025년부터는 자산 총액 2조 원 이상의 유가증권시장 상장 기업이라면 친환경(E) 활동과 사회적 책임(S) 활동을 담아낸 '지속가능경영보고서'를 의무적으로 공시하도록 금융위원회가 2021년 1월 발표했다. 이 공시 의무는 2030년부터는 코스피에 상장된 모든 기업으로 확대된다. 이로써 '기업지배구조보고서'(G)와 더불어 국내 기업에 대한 세 가지 ESG 평가 기반이 모두 조성된 셈이다. 기업지배구조보고서의 경우 자산 총액 2조 원 이상인 코스피 상장 기업들에게 공시 의무가 2019년부터 부과되었는데, 2026년에는 모든 코스피 상장 기업들로 확대될 예정이다. 인공지능 제품이나 서비스를 제공하는 기업은 물론 인사와 채용 등 기업 경영 내부에 어떠한 형태로든지 인공지능을 도입해 활용하는 기업이라면, '인공지능 윤리'를 기업 경영의 사회적 책임 평가 요소에 포함해 미리 준비해야 하는 상황이 벌어지고 있다.

개발자 중심에서 이용자 중심으로

두 번째, "소수 인력만이 윤리를 알면 되지 않을까?" 하는 질문에 대해서 생각해보자. 인공지능 기술과 제품 및 서비스를 개발하는 전문가들이나 이를 판매하는 사업자들을 상대로 부작용과 역기능을 대비해 인공지능 윤리를 요구하는 것은 당연한 조치다. 인공지능 윤리가 글로벌 이슈로 처음 부각 되었을 때는 이처럼 '개발자'를 윤리의 주요 적용 대상으로 바라보았다. 국제전기전자학회(IEEE)가 2016년과 2017년 'EAD v1, EAD v2'라는 두 번의 갱신 작업을 거쳐 2019년 3월 공식적인 초판으로 발표한 〈윤리적으로 조율된 설계(EAD) Ethically Aligned Design〉도 '개발자'를 위한 인공지능 윤리 사례다.[215] 2017년 1월 비영리단체 '생명의미래연구소(FLI) Future of Life Institute'

가 미국 캘리포니아 아실로마Asilomar에서 인공지능 콘퍼런스를 개최했다. 이 콘퍼런스에 참석한 인공지능 전문가, 미래학자, 산학연 관련자들이 함께 서명해 발표한 〈아실로마 인공지능 23 원칙Asilomar AI Principles〉 역시 같은 사례다.

1975년 2월 생명과학 분야에 있어서 유전자 재조합 신기술이 가져올 위험성을 감지해 이 신기술에 대한 활용 가이드라인을 공식적으로 논의했던 장소가 캘리포니아 아실로마다. 그로부터 약 42년이 지난 2017년 1월 인공지능 신기술이 가져올 위험성을 감지해 〈아실로마 인공지능 23 원칙〉을 이곳에서 발표한 것은 장소의 역사적 의미를 되새기며 반복하려는 의도가 있었다. 생명의미래연구소는 2014년 3월에 스카이프Skype 개발자인 얀 탈린Jaan Tallinn, 미국 MIT대의 맥스 테그마크Max Tegmark 교수를 비롯한 다섯 명의 전문가가 모여서 설립한 연구소다. 인공지능, 특히 범용 인공지능의 위험성에 대비하고 생명공학, 핵무기, 기후변화 등 인류 생명의 미래와 관련해 다방면으로 연구를 진행해오고 있다. 테슬라 회장 일론 머스크도 이 연구소의 자문위원이자 기부자로 활동 중이다. 이 연구소는 2015년부터 2년마다 인공지능 콘퍼런스를 개최해오고 있다. 2017년 정기 콘퍼런스에서 참여자들이 합의해 서명하고 발표한 〈아실로마 인공지능 23 원칙〉은 FLI 홈페이지에서 작성 과정과 원문을 찾아볼 수 있다.[216]

〈아실로마 인공지능 23 원칙〉은 인공지능 연구 개발의 '시작' 단계에서부터 무엇을 고려해야 할지에 관한 윤리적 이슈를 주로 담아내고 있다. 따라서 '개발자와 사업자 중심'의 인공지능 윤리다. 이처럼 인공지능 윤리라는 키워드를 포함해 초창기에 발표된 인공지능 관련 글로벌 가이드라인은 대부분 개발자 혹은 사업자를 대상으로 제작됐다. 인공지능이 이제 막 새롭게 발전하고 보편화되기 시작한 기술이다 보니, 이처럼 개발자 혹은 사업자에 방점을 두어 인공지능 윤리를 다루는 것은 당연하며 불가피해 보였다.

그럼에도 불구하고 인공지능이 70년이라는 결코 짧지 않은 역사를 가지고 있다는 점을 간과할 수 없다. 이 70년이라는 시간 동안 비록 두 번의 겨울기를 보냈지만, 지금은 다시 황금기를 맞이했을 뿐만 아니라 이 황금기가 10년 넘게 지속되고 있다는 사실을 주목하자. 우리의 느낌이나 예상과 달리 인공지능은 우리 생활 속 여기저기에 숨어들 듯 이미 들어와 있다. 인공지능 윤리를 개발자와 사업자뿐만 아니라 '이용자'도 충분히 이해하고 이를 생활 속에서 실천에 옮겨야 하는 상황 가운데 벌써 도달해 있다.

예를 들어보자. 2017년 8월 구글은 저작권 표시의 일종인 '워터마크Watermark'를 감쪽같이 제거해주는 인공지능 프로그램 '비쥬얼 워터마크 제거기Visual Watermark Remover'를 개발해 일반에게 공개했다. 이를 토대로 '로고 제거기Logo Remover'와 같은 유사 앱도 이미 많이 배포되어 있다. 이를 이용하면 사진 이미지나 동영상 비디오 안에 표시되어 있는 방송사 로고와 같은 워터마크를 손쉽게 제거할 수 있다. 물론 워터마크를 제거하는 행위 자체가 언제나 불법이고 비윤리적인 것은 아니다. 상황에 따라 합법적이며 꽤 유용하다. 그러나 저작자의 성명표시권의 발로이자 저작권 침해를 막기 위한 일차적 가시화 조치로 삽입한 워터마크를 저작자의 승인 없이 감쪽같이 제거하는 것은 많은 경우 불법이다.[217]

동일한 행위가 합법과 불법 사이를 오갈 때는 이용자의 판단이 매우 중요하다. 따라서 인공지능을 이용하는 일반인도 인공지능 기술과 제품 그리고 서비스의 특성과 영향에 대해 어느 정도 이해해야 한다. 이러한 이해를 기반으로 인공지능 이용에 따른 적합한 윤리 의식을 가져야 한다. 이를 통해서 인공지능에 대한 오용과 악용, 남용에 따른 사회적 문제를 상당 부분 예방하며 피해를 줄일 수 있다. 좀 더 크게 보면, 이용자의 윤리적 사고와 언행은 개발자 및 사업자, 정부가 내리는 판단과 정책 심지어 시장 흐름에도 직간접적으로 큰 영향을 줄 수 있다. 올바른 소비자가 올바른 제품을 만드는 셈이다.

2016년부터 연구를 시작해 2018년 6월 '정보 문화의 달' 행사에서 공식 발표한 한국 최초의 인공지능 윤리로 〈서울 팩트Seoul PACT〉가 있다. 한글로는 '지능정보사회 윤리'라고 부른다.[218] 〈지능정보사회 윤리〉는 당시 외국에서 발표하거나 개발 중이던 인공지능 윤리와는 확실하게 차별화된 특징을 가지고 있었다. 인공지능 윤리의 주체를 개발자에 한정하지 않고 사회의 모든 구성원으로 확대하고 포괄한 것이다. 인공지능 윤리에 관심을 가지고 실천해야 할 윤리 주체로서 '개발자'와 '사업자'는 물론 '일반 시민'과 '정부' 조직까지도 확대해 명시한 것이다. 외국처럼 '인공지능 윤리'라는 키워드를 전면에 내세우지 않았다. 그 대신에 인공지능이 몰고 올 미래의 '지능정보사회'를 부각하고, '모든' 사회 구성원들이 각자의 입장에서 지켜야 할 윤리를 강조했다. 그래서 윤리의 제목도 '인공지능 윤리'가 아닌 '지능정보사회 윤리 가이드라인'이라고 명명했다.[219] 인공지능 이용자와 일반 국민을 상대로 대중적 인식과 이해도를 높이려는 목적으로, 20장 남짓 제시된 윤리 가이드라인을 딱 1장으로 요약한 〈지능정보사회 윤리 헌장〉도 함께 발표했다.[220]

일반적인 소프트웨어의 개발 과정과 마찬가지로 인공지능 역시 이미 개발된 소스 코드를 누구든지 다운로드해 자신의 목적에 맞게 변형해 개발에 이용할 수 있다. 이를 위해 해당 소스 코드를 모두에게 공개할 뿐만 아니라 관련된 개발 도구나 학습 데이터도 가급적 공개하는 것이 전 세계적인 추세다. 따라서 일반인도 손쉽게 깃허브, 소스포지, 바운티소스와 같은 오픈 소스 코드 공유 사이트를 접근할 수 있다. 그리고 자신에게 필요한 인공지능 소스 코드와 개발 도구 그리고 관련 데이터셋을 다운로드한 후, 이를 이용해 새로운 제품이나 서비스를 개발하는 것이 어렵지 않다. 이러한 추세로 인해 이제는 일반인, 특히 인공지능 이용자도 언제든지 쉽게 생산자, 즉 개발자로 전환될 수 있다. 이처럼 개발자인 생산자producer의 입장과 이용자인 소비자consumer의 입장을 함께 갖춘 '프로슈머prosumer'가 갈수록 많이 등장할 수 있는 기술 영역이 바로 인공지능 분야다. 이런 프로슈머의 가능성 때문에 일반 이용자도 개발자나 사업자와 함께 인공지능 윤리의 시행 주체 안에 처음부터 포함해야 한다. 프로슈머의 가능성을 가지고 있는 이용자는 잠재적인 개발자이면서 사업자이기 때문이다.

아울러 정부나 공공 기관, 지방자치단체까지도 인공지능 윤리의 적용 대상으로서 처음부터 논의에 포함되어야 한다. 우리나라를 포함해 전 세계 195개 회원국을 가지고 있는 유네스코는 최근 2년 가까이 국제적 논의를 거쳐 준비한 〈인공지능 윤리 권고The Recommendation on the Ethics of AI〉를 2021년 11월 유네스코 총회 제41차 세션에서 공식 문서로 채택했다.[221] 유네스코 〈인공지능 윤리 권고〉에는 '인공지능 행위자AI Actor'라는 표현이 도입되고 있다는 점이 특이하다. 유네스코는 인공지능 행위자로 개발자와 사업자뿐만 아니라 이용자, 정부, 기업 등 인공지능과 관련된 다양한 부류의 사회 구성원 모두를 명확하면서도 동등하게 윤리의 주체로 명시하고 있다. 1998년 국내에 발표한 〈서울 팩트〉, 즉 〈지능정보사회 윤리 가이드라인〉과 동일하게 윤리 주체를 포괄적으로 명시한 글로벌 인공지능 윤리 기준이라고 볼 수 있다.

'윤리'의 바다를 항해하는 '법'이라는 배

세 번째, "윤리보다는 차라리 법으로 대처하면 되지 않을까?" 하는 질문에 대해 생각해보자.

우선 윤리와 법의 일반적인 관계를 짚고 넘어가면 이렇다. "법은 윤리의 최소한이며, 법은 윤리의 바다 위에 떠 있는 배다. 윤리가 없는 법이란 존재할 수 없다." 이 말은 미국 대법원장을 지낸 얼 워런Earl Warren의 말이다.[222] '법'은 국가에 의해 강제되는 타율성을 기반으로 한다. 따라서 최소한의 규제를 지향하고 법 적용의 범위 역시 제한적이며 다소 투박하다. 반면에 '윤리'는 사회 구성원의 자율성을 기반으로 한다. 그래서 매우 세세한 부분까지도 적용이 가능하고 구석구석 영향력을 미치며 상황에 대한 디테일이 섬세하다. 법은 인간의 외부로 드러난 행동과 결과에만 관여한다. 반면에 윤리는 법의 영역을 포함하면서도 외부적으로 표출된 사안은 물론 표출되지 않은 생각과 태도까지도 민감하게 다룬다. 그래서 어떤 사안에 대해 먼저 윤리가 세워진 후 이를 기반으로 법 정서가 어느 정도 무르익을 경우, 최소한의 제한 사항을 담아서 법을 제정하는 것이 가장 자연스러운 흐름이다. 인공지능이라는 새로운 기술의 출현 과정에 있어서도 '선先 윤리 후後 법률'이라는 통상적 흐름을 따르는 것이 바람직해 보인다.

그럼에도 불구하고 유독 인공지능의 경우, 법보다는 윤리로 선제 대응해야 함이 더욱더 강조되는 특별한 이유가 있다. 그것은 인공지능의 뛰어난 발전 속도와 엄청난 확산 능력에서 기인한다. 인공지능은 그 발전 속도가 다른 기술보다 월등하게 빨라서 현실적으로 법이 기술의 발전 속도를 따라갈 수가 없다. 인공지능에 의한 부작용과 역기능, 위험성을 모두 법으로 포괄해내기에는 시간적으로 따라잡기 힘들 만큼 인공지능의 발전 속도는 빠르다. 아울러 인공지능이 미치는 사회 영역 역시 전문가들도 가늠할 수 없을 정도로 광활해 모두를 한곳에 집약해 소수가 관리하는 것 자체가 불가능하다. 이와 같이 특별한 상황에 놓일수록, 법보다는 윤리를 통한 사회적 담론 형성과 구성원들의 합의 노력이 충분히 선행되어야 한다. 처벌 중심이며 후발적 성격의 법보다는 자율적이며 예방적인 성격의 윤리를 앞세울 경우 사회 전반에 걸쳐 폭넓으면서도 구체적으로, 아울러 신속하게 유효한 영향력을 발휘할 수 있다. 따라서 "윤리는 바다와 같으며 법은 이 바다 위에서 항해하는 배와 같다"는 얼 워런 대법원장의 비유는 인공지능 기술에 있어서 더 잘 맞아 떨어진다.

인터넷 윤리를 품은 인공지능 윤리

인터넷 윤리의 등장

3차 산업혁명으로 도래한 정보화사회에서도 우리는 다양한 부작용과 역기능을 충분히 경험했다. 정보기술과 통신기술의 급속한 발전은 정보화사회 전반에 걸쳐 대변혁을 초래했으나 이에 따른 부작용과 역기능은 충분하게 예견하지 못했다. 더구나 기술 발전에 따른 정책적 대안 수립이나 수위 조절도 사전에 적절하게 마련되지 못했다. 이러한 사회적 현상을 반복해 체험하는 동안, '기술'이야말로 인류 사회 변화에 있어서 결정적인 동인動因이자 독립변수라는 '기술 결정론technological determinism'이 한층 더 힘을 얻었다.[223] 다행스럽게도 일부 전문가들이 급하게 진전되는 정보화 현상에 따른 부작용과 역기능을 예견하면서 윤리 측면에서 사회현상과 문제를 다루기 시작했다.

1976년 월터 매너Walter Manner는 '컴퓨터 윤리Computer Ethics'라는 용어를 만들었다. 이는 컴퓨터에 의해 생성, 변형 또는 악화되는 윤리적 문제에 초점을 맞춘 응용 윤리의 특정 분야를 지칭하는 말이었다. 그는 컴퓨터 윤리를 다루는 대학 과정을 개발해 발표했으며, 학문 분야로서 컴퓨터 윤리의 후속 발전에 큰 영향을 준 자료와 문서를 출판했다.[224] 데버라 존슨Deborah Johnson은 1985년 《컴퓨터 윤리》라는 교과서를 최초로 출판했다. 이 책은 소프트웨어와 지적재산권, 개인 정보 보호, 컴퓨터 전문가 등의 책임 문제를 다뤘다.

1990년 초 로버트 하우프트먼Robert Hauptman은 '정보 윤리Information Ethics'라는 용어를 처음 사용했다. 그는 도서관 활용 분야에 국한해 정보 윤리를 다뤘다. 1992년 《정보 윤리 학술지Journal of Information Ethics》를 창간하기도 했다. 그러던 중 '정보 윤리'가 컴퓨터 윤리의 2세대로 자리 잡게 됐다. 여기에는 지크문트 로저슨Rogerson과 테일러 바이넘Bynem이 기여한 바가 크다.[225] 이들은 정보 시스템과 정보 프로젝트 관리 과정에서의 정보 윤리를 집중적으로 다뤘다. 그 뒤에 플로리디Floridi는 컴퓨터 윤리를 더 든든히 다지기 위해 정보 윤리를 먼저 체계화할 필요가 있다고 주장했다.[226] 이때부터 컴퓨터 윤리는 개념과 실천이라는 두 축을 중심으로 크게 발전했다.

그러던 중 1995년 비영리에서 출발했던 인터넷 기술에 대한 상업적 이용이 허용된 후, 글로벌한 대중화가 이뤄지면서 사이버공간에서의 윤리 문제가 새롭게 급부상했다. 슐러J. Shuller가 발표한 '온라인 탈억제 효과The Online Disinhibition Effect'[227], 리차드 루빈Richard Rubin이 발표한 '정보통신기술의 7가지 유혹'[228]을 통해 정보 윤리의 무게중심은 정보기술에서 통신기술, 특히 인터넷 기술로 이동했다. 그래서 사이버공간에서 벌어지는 윤리적 문제에 사람들은 더 주목하기 시작했다. 특히 미국 보스턴대 교수 리차드 스피넬로Richard A. Spinello와 프랑스 사상가 자크 헤임링크Jacobus Marinus Hamelink를 중심으로 '사이버 윤리Cyber ethics'라는 명칭 아래 구체적으로 논의해야 할 세부 주제들이 부각됐다.

특히 스피넬로는 사이버 윤리에 있어서 공통분모가 되는 규범적 원리로 '① 자율성Autonomy, ② 해악 금지Non-maleficence, ③ 선행Beneficence, ④ 정의Justice'라는 4대 원칙을 도출해 발표했다.[229] 인터넷에서의 게시물 통제, 표현의 자유, 프라이버시 규제, 인터넷 규제, 인터넷 관리 등에 이러한 4대 원칙이 그대로 투영됐다. 이로써 구체적인 가이드라인이 사안별로 생성되었고 '인터넷 윤리'라는 커다란 퍼즐이 완성되기 시작했다. 네티켓, 온라인 게시판 이용 수칙, SNS 이용 가이드라인, 개인 정보 보호 수칙과 같이 구체적인 인터넷 윤리 가이드라인 모두는 이러한 접근 방법으로 만들어진 결과물이다.

2000년 7월 덩컨 랭퍼드Duncan Langford는 '인터넷 윤리'라는 제목의 서적을 출판했다. 덩컨 랭퍼드를 포함해 스피넬로 등 정보윤리, 사이버 윤리 전문가 8명이 각자 원고를 집필해 모은 책이다. 목차를 보면 개인 정보와 보안, 인터넷과 법률, 인터넷과 부정행위, 정보 무결성, 민주주의와 인터넷, 컴퓨터 전문가의 책임 등 정보화사회 및 사이버공간과 관련된 제반 이슈들을 망라하고 있다. 이 책의 출판을 계기로 사이버 윤리보다는 인터넷 윤리라는 명칭을 사람들이 더 보편적으로 사용하기 시작했다.[230]

인공지능 윤리의 등장

예상보다 빠르게 4차 산업혁명이 시작됐다. 4차 산업혁명을 이끄는 핵심 기술인 '인공지능'과 관련해 '인공지능 윤리'라는 용어가 새롭게 등장했다.[231] 4차 산업혁명으로 인해 기존의 정보화사회가 지능정보사회로 대전환되면서 등장했기 때문에, 인공지능 윤리를 '지능정보사회 윤리' 또는 '4차 산업혁명 윤리'라고도 부른다. 그런데 '인공지능 윤리'를 기존의 '인터넷 윤리'와 별개로 분리해 접근함으로써 지금까지 상당한 오해와 잘못을 낳아오고 있다. 3차 산업혁명 시대와 정보화사회에 발생해 성장한 인터넷 윤리가 4차 산업혁명 시대와 지능정보사회에서는 더 이상 필요 없다는 듯이 바라보는 자세가 문제다. 새로운 사회가 도래했으니 우리에게는 새로운 윤리가 필요하다는 단순한 주장은 큰 오해를 불러일으킨다. 나타나는 현상과 사실은 이 주장과 다르다. 새롭게 필요로 하는 인공지능 윤리의 일부는 여전히 기존의 인터넷 윤리의 내용을 담아내며 인터넷 윤리의 연장선에 있기 때문이다. 오히려 인공지능 윤리가 인터넷 윤리보다 확대되고 심화된 내용을 포함하고 있다. 이것은 마치 4차 산업혁명을 3차 산업혁명과의 단절이 아니라 3차 산업혁명의 확대 내지 심화로 보는 시각과 맥락을 같이한다.[232] 예를 들어, 인공지능의 의인화 현상은 인터넷 윤리에서 이미 중요하게 다루고 있는 남용과 중독 문제, 개인 정보와 프라이버시 정보 유출 문제를 더 심화시키며 확대하고 있다.[233]

인공지능은 점점 사람의 모습에 가깝게 사람들에게 다가온다. '사람 모습을 한 로봇Anthropomorphic Robot'이라고도 불리는 휴머노이드 로봇의 개수는 2022년 1월을 기준으로 ABOT 데이터베이스에 251개로 등록되어 있다.[234] 그런데 외모만 사람에 가까운 모습을 갖는 것이 아니라, 사람의 감정을 이해하고 사람과 진지한 대화를 나눌 수 있는 인공지능을 탑재한 휴머노이드가 갈수록 많아지고 있다.

반려 로봇

반려 로봇Companion Robot은 감정 인지, 감정 교류와 같은 차별화된 특징을 더 갖춰 사람에게 더욱 친근하게 다가온다. 세계 최초의 반려 로봇은 1999년에 일본 기업 소니가 개발한 강아지 모양의 애완 로봇 '아이보Aibo'를 꼽는다. 지금의 수준으로 볼 때 인공지능 기능이 많이 약했지만 25만 엔(약 250만 원)이라는 고가임에도 불구하고 대중적으로 많은 인기를 끌었다. 지금은 단종된 상태다. 2015년 6월 일본 기업 소프트뱅크가 발표한 '페퍼Pepper'라는 사람 모양의 휴머노이드 로봇은 아이보의 뒤를 잇는 일본

판 반려 로봇이다. 이보다 앞선 2013년 소프트뱅크는 프랑스 로봇 기업 알데바란 로보틱스를 인수했는데, 이 알데바란은 이미 2008년 휴머노이드 로봇 '나오Nao'를 출시했었다. 나오는 자폐아를 위한 반려 로봇으로 활용되기도 했다. 반려 로봇 페퍼는 나오의 일본판이라고 할 수 있다. 즉, 페퍼는 일본 소프트뱅크의 로봇 제품이기는 하지만 프랑스 기업이 제작한 반려 로봇인 셈이다. 반려 로봇은 로봇 이용자의 나이나 신체적·정신적 상태에 따라 다양하게 존재하며 기능도 제각각이다. 어린아이들을 위한 반려 로봇도 있고 어른들을 위한 반려 로봇도 있다.

반려 로봇이 환자 또는 노약자의 건강을 모니터링하고 대화도 나누며 생활에 실질적인 도움을 주면서 지낼 경우, 특별히 '케어 로봇Care Robot' 또는 '돌봄 로봇'이라고도 부른다. 우리나라도 최근에 실버 세대를 위한 반려 로봇인 케어 로봇들이 등장하고 있다. 예를 들어 '리쿠Liku'라는 반려 로봇은 어르신들을 대상으로 화상 통화, 문자 송수신 등 간단한 스마트폰 사용법을 알려준다. 서울시는 리쿠를 이용한 실버 세대 교육과 돌봄을 진행한 실적을 국제적으로 인정받아 2021년 4월 유네스코로부터 '넷엑스플로 연결 도시Netexplo Linking Cities' 상을 받기도 했다. '효돌이, 복돌이, 똑똑이' 등과 같은 실버 케어 로봇은 어른들의 투약 시간을 자동으로 알려주고 건강 상태를 모니터링하며 재롱도 떨면서 심심하지 않도록 말동무 역할도 잘 해내고 있다.

섹스 로봇

배우자 로봇Spouse Robot, 섹스봇SexBot, 섹스 로봇Sex Robot과 같은 성인용 소셜 로봇의 경우 리얼돌RealDoll 역할 그 이상을 담당하고 있다.[235] 리얼돌은 섹스 파트너 역할을 하도록 마네킹처럼 제작된 성인용 인형을 통칭한다. 반면에 섹스 로봇은 수동적 대상으로서의 리얼돌 역할에서 벗어나 소유자에 대한 인식, 감성과 인지 기능, 반응 기능과 같은 소셜 기능 및 인공지능 요소를 추가로 제공한다. 사용자의 주문을 기반으로 외모에 대한 커스터마이징 작업을 거쳐 제작되기도 한다. 스페인 바르셀로나의 엔지니어 세르지 산토스가 영국의 발명가 애런 리의 도움을 받아 세계 최초로 제작해 2017년 발표한 섹스 로봇이 '사만다Samantha'이다. 다양한 종류가 존재하며 기본 판매가격은 4000달러(약 480만 원)이다. 인공지능 영화 〈그녀Her〉(2013)에 등장하는 인공지능 운영체제의 이름인 사만다와 동일하다.

섹스 로봇을 제작하는 대표적인 기업으로는 미국의 리얼보틱스Realbotix, 캐나다의 그린 어스 로보틱스Green Earth Robotics, 영국의 트루 컴패니언True Companion, 중국의 WMdoll과 JYdoll, Exdoll이 있다. 특히 '하모니Harmony'라는 여성 모습의 섹스 로봇은 리얼보틱스가 만든 베스트셀러로서 이전부터 리얼돌을 판매해오던 어비스 크리에이션Abyss Creation사가 이를 새로운 마케팅 영역으로 인수해 확장하는 중이다. 세계 최대의 정보기술전시회인 CES 2018에 참여해 섹스 로봇의 첨단성과 유용성을 홍보하기도 했다. 하모니 외에 솔라나Solana, 헨리Henry도 판매하고 있는데 헨리는 남성 모습을 하고 있다. 하모니는 모바일 앱과 연동되며 주요 부품을 교체할 수도 있다. 기본 판매가격은 1만 7000달러(약 2000만 원) 내외다.

이를 개인이 구매해 자신의 반려 로봇, 배우자 로봇으로 활용하고 있는데, 조만간 인공지능 로봇과의 결혼 문제가 사회적 이슈로 떠오를 가능성이 크다. 반면에 섹스 로봇을 기업이 대량 구매해 '로봇 성매매 업소'를 꾸미기도 한다. 캐나다 기업 킨키스돌스KinkySdollS는 캐나다에 로봇 성매매 업소 1호점을 이미 오픈해 영업하고 있다. 2018년에는 미국 텍사스주 휴스턴시에 2호점을 오픈하려다가 시민들의 거센 반대와 시의회의 〈로봇 성매매 업소 금지 조례〉 제정으로 무산된 사건이 발생하기도 했다. 인공지능 인지 기능을 활용해 상대방에 반응하는 섹스 로봇에 대한 중독성은 기존의 리얼돌과 비교할 수 없을 만큼 크고 심각하다.

인공지능 기술이 발전함에 따라 사용자는 인공지능에 더욱 친밀감을 느끼며 갈수록 함께하는 시간이 늘면서 남용 및 중독 현상이 심화된다. 인공지능에 대한 인식은 자연스럽게 사용자 개인을 중심으로 발전하며 사적인 영역으로 특화된다. 최근에 일본, 프랑스, 중국에서는 자신과 오랫동안 함께해온 인공지능 로봇과의 결혼 허용을 국가에게 요구하거나 실제로 결혼식을 진행하는 사례도 발생하고 있다.[236] 현재는 법적으로 인공지능이나 로봇에게 기본권과 인격권을 주고 있지 않다. 하지만 앞으로 인공지능에 대한 사람들의 인식이 급변함에 따라 인공지능에 대한 법적 지위 및 인격권 부여에 대한 논의가 불가피할 것이다.

이런 변화 속에서 인공지능 로봇에 대한 법적 지위 부여 문제보다 더 가까운 시일 내에 겪게 될 심각한 문제가 있다. 바로 개인 정보와 프라이버시 정보 유출 문제다.

개인 정보와 프라이버시 정보 유출

반려 로봇, 케어 로봇, 배우자 로봇, 섹스 로봇과 같은 소셜 로봇을 좀 더 구체적으로 살펴보자. 이들은 소유주에 관한 개인 정보와 프라이버시 정보를 그 어떤 디지털 장비보다도 더 많이 그리고 더 깊이 인지해 보유하게 된다. 경우에 따라서는 대화의 문맥context을 더 잘 이해하기 위해 소유주에 대한 추가적인 학습을 진행하기도 한다. 이처럼 획득한 개인 정보와 프라이버시 정보의 상당 부분을 기록에 남겨 나중에 이를 다시 활용함으로써 개인적 친밀감을 높이게 된다. 그런데 소셜 로봇의 내구성 제한으로 물리적 수명이 다할 경우, 일부 부품을 바꾸거나 다른 소셜 로봇으로 교체해야 하는 상황에 이르게 된다. 사회적 관계성을 가장 중요하게 다루는 소셜 로봇의 특성상, 교체 직전까지 학습하고 인지해 저장한 개인 정보와 프라이버시 정보들은 후속 소셜 로봇에게 신속하면서도 정확하게 인수인계되어야 한다.

이를 기술적으로 구현하는 데 있어서 대표적인 두 가지 기술이 사용된다. 첫 번째 기술은 '로봇 대 로봇의 인수인계' 기술이다. 현재의 로봇 안에 저장된 정보를 새로운 로봇에게 일시에 한꺼번에 전송하는 기술이다. 두 번째 기술은 네트워크 기반의 '클라우드 서비스' 기술이다. 로봇이 새로운 정보를 습득할 때마다 외부 네트워크로 실시간으로 전송해 꾸준히 클라우드 서버에 보관한다. 그러다가 필요한 경우에 클라우드로부터 정보를 추출해 사용하는 기술이다. 이 경우 선후 로봇 간에 정보 인수인계가 언제든지 빠르게 이뤄질 수 있다. 첫 번째 기술의 경우 기계 대 기계의 전통적인 인수인계 방법으로써 점차 사용하지 않는 추세이며, 두 번째 기술과 병행해 사용하거나 아예 두 번째 기술로 옮겨가고 있다. 어느 경우든지 분명한 사실은 소유자 개인 및 프라이버시에 대한 엄청나고 은밀한 정보들이 로봇의 외부로 흘러나가고 다시 흘러들어오는 과정이 불가피하다는 점이다.

그렇다면 이렇게 기록되고 저장되며 흘러나가고 흘러들어오는 개인 정보와 프라이버시 정보에 대한 관리 과정을 100% 신뢰할 수 있을까? 기업이 최신 암호화 기법과 인증 기술을 활용해 철저하게 관리한다고 해도 외부로부터의 악의적 해킹 또는 로봇 내부 관리자에 의한 의도적인 정보 유출 행위는 전혀 걱정하지 않아도 될까? 만일 이런 질문에 확신 있는 답변을 제시하지 못한다면, 이로 인해 벌어질 파장과 부작용은 전통적인 인터넷 윤리에서 다뤄왔던 사안보다 훨씬 더 심각한 수준에 처하게 된다. 그런데 이 질문에 대한 현재까지의 답변은 '불행히도 그렇지 못하다'이다.

일라이자 효과 vs 중독 현상

소셜 로봇과 인공지능이 갈수록 사람을 닮아가며 의인화됨에 따라 이에 대한 이용이 확대될 경우, 긍정적으로는 '일라이자 효과ELIZA Effect'와 같은 심리적 치료 효과를 얻을 수도 있다.[237] 일라이자 효과란, 정신 질환 환자 상담용 인공지능 챗봇 '일라이자'를 이용해 환자들로부터 이끌어낸 긍정적인 치료 효과를 말한다. 일라이자는 1966년 미국 MIT 소속 컴퓨터공학자 요제프 바이첸바움Joseph Weizenbaum이 개발한 인공지능 챗봇이다. 일라이자는 상담을 받고자 하는 환자의 질문을 그대로 인용한 후, 역질문 형태로 바꿔 대답함으로써 대화를 유도한다. 이 대화 과정에서 환자는 자신이 던진 질문에 대해 스스로 답을 만들어가는 사고 과정에 참여한다. 일라이자의 치료 효과는 생각보다 훌륭했다. 환자는 인공지능 일라이자를 자신에게 공감해주는 정신과 의사나 상담자인 것처럼 의인화해 생각하고 대화를 진행했다.

임상심리학자 칼 로저스Carl Ransom Rogers가 1940년대에 제시한 '인간 중심 치료(PCT)Person-Centered Therapy' 중 '내담자 중심 이론'을 성공적으로 구현해낸 사례가 바로 인공지능 일라이자이다. 개발자인 요제프 바이첸바움은 인공지능 챗봇의 이름 '일라이자'를 희곡 〈피그말리온〉의 주인공인 일라이자 둘리틀Eliza Doolittle에서 인용했다. 자신이 개발한 인공지능 일라이자의 큰 성공을 지켜보면서 다른 한편으로 심각한 걱정이 생겼다. 이러한 성공에도 불구하고 인공지능은 인간성을 가지고 있지 않으므로 중요한 결정을 인공지능이나 컴퓨터에게 위탁하지 말아야 한다는 주장을 요제프 바이첸바움은 강력하게 펼쳤다.

자폐아를 치료하고 교육할 목적으로 개발한 소셜 로봇 역시 유사한 긍정적 효과를 내는 것으로 보고되고 있다.[238] 자폐아 전문 교사보다 자폐아 치료 전용 소셜 로봇에 대한 아이의 집중도가 훨씬 더 높다. '로미보Romibo'는 자폐아의 치료 및 언어 학습을 목적으로 2013년 세계 최초로 공개된 인공지능 로봇이다. 미국 카네기멜론대학교(CMU) 연구팀이 개발하고 미국 오리가미 로보틱스사가 인수해 판매해왔다. '나를 위한 로봇Robot for me'의 발음을 따라 로미보라는 이름이 지어졌다. 자연언어를 비롯한 인간 사고 능력의 애매함을 정량적으로 표현하기 위해 개발된 '퍼지 이론Fuzzy Theory'을 활용하고 있다. 로미보는 두 개의 큰 눈에 털북숭이 모양을 하고 있고 두 바퀴로 움직이며 아이들이 들 수 있을 정도로 가벼운 3kg 정도의 무게를 가지고 있다.

현재 가장 많이 판매되는 자폐아의 의사소통 능력을 강화하는 소셜 로봇은 '마일로Milo'이다. 2015년 출시된 마일로는 벨기에 기업 아카펠라 그룹의 연구 결과인 'MaRDI'라는 인간-로봇 대화 인터페이스를 적용해 미국 기업 로보카인드Robokind가 개발해 판매하고 있다. 60㎝ 키의 어린이 모습에 어린이 목소리를 사용해 30개 언어 100개 이상의 합성 음성을 제공하고 있다. 로보카인드사는 마일로 외에 피부색과 외모에 따라 '카버Carver', '베다Veda', '제미Jemi'라는 다양한 모습의 자폐아용 소셜 로봇을 판매한다. 이외에도 자폐아를 위한 소셜 로봇으로 프랑스 알데바란 로보틱스에서 개발하고 일본의 소프트뱅크에서 인수해 판매 중인 '나오', 미국 임바디드에서 개발한 '목시Moxie', 영국 하트퍼드셔Hertfordshire대학교에서 개발한 '카스파Kaspar' 등이 있다.

이러한 자폐아에 대한 '로봇 보조 치료(RAT)Robot Assisted Therapy'의 효과는 점차 널리 알려져서 해당 인공지능 로봇의 비싼 가격에도 불구하고 계속 확산되는 추세다. 자폐아뿐만 아니라 실버 세대, 싱글 세대 등 1인 가구의 경우에도 인공지능과의 대화 및 인공지능에 의한 보살핌이 정신적 치료와 그에 따른 건강 증진에 유의미한 개선 효과가 있음도 잘 알려져 있다. 하지만 여기에서도 과유불급過猶不及이 존재한다. 소셜 로봇에 대한 이용 정도가 지나칠 경우 과도한 의존과 집착, 남용과 중독 현상이 연이어 발생할 수 있다. 따라서 인공지능 윤리에서의 중독 문제는 기존 인터넷 윤리에서 중요하게 다뤄왔던 인터넷 중독, 온라인 게임 중독, 스마트폰 중독보다 더하면 더했지 줄어들 것 같지 않다.[239] 인공지능 챗봇이나 비서부터 시작해 인공지능 기능이 탑재된 반려 로봇, 소셜 로봇, 배우자 로봇, 섹스 로봇에 이르기까지 인공지능에 대한 남용과 중독 현상은 더 심각하게 발생할 가능성이 크다.

환자를 치료하거나 간병하는 메디컬 로봇Medical Robot, 실버 세대를 돌보는 케어 로봇의 경우를 보면, 또 다른 윤리적 문제를 발견할 수 있다. 육체적, 정신적으로 약자인 이들을 도와주는 케어 로봇은 그 어느 영역보다도 사회적 수요가 폭발적으로 증가할 것으로 예측된다. 만일 이들 로봇이 사회적 약자들 곁에서 다양하게 획득한 개인 정보와 사생활 정보가 유출될 경우, 이를 활용한 2차적인 사건과 사고는 지금보다 더 심각한 양태로 일어날 것이다. 특히 외부로부터의 의도적 공격 혹은 시스템 운영 관리의 실수로 인해 메디컬 로봇과 케어 로봇이 사회적 약자에게 비우호적으로 행동하거나 심지어 생명과 건강을 위협하는 행위를 시도할 수도 있다. 이 경우, 인터넷 윤리에서 중요하게 다뤄왔던 사이버 공격, 악성 코드 배포 및 해킹 행위보다 더 큰 피해가 정신적, 물리적으로 더 광범위하며 강력하게 발생할 수 있다.

새로운 윤리의 기본 원칙

'정보격차Information Divide' 또는 '디지털 격차Digital Divide'에 대한 해소는 주로 국제적으로나 국가적 차원에서 다뤄온 인터넷 윤리의 핵심 주제다.[240] 정보기술의 접근성 및 활용 수준에 따라 개인별로 새로운 생산수단 확보와 직업 종사 기회가 갈리게 되므로 빈익빈 부익부 현상이 갈수록 심화된다. 이를 '정보격차' 또는 '디지털 격차'라고 부른다. 이는 개인에서도 발생하지만 크게는 지역 간, 계층 간, 국가 간에도 발생한다. 그래서 정보격차는 정보화사회에서 국가적으로나 국제적으로 꼭 해결해야 할 중요한 정책 과제로 다뤄왔다.

그런데 이제는 인류 사회가 정보화사회에서 인공지능 중심의 '지능정보사회'로 이행되고 있다. 이에 따라 인공지능 신기술에 대한 활용 역량, 인공지능 서비스의 보유 여부가 사회적으로 빈익빈 부익부 현상을 더 심화시킬 것이라고 예견된다. 좀 더 구체적으로 보자. 인공지능은 미래의 지능정보사회에서 중산층의 몰락을 가져올 것이다. 인공지능을 활용할 수 있는 소수의 상위 계층만이 경제적 부의 대부분을 차지하게 되는 기이하면서도 바람직하지 않은 현상이 일어날 가능성이 커진다. 그래서 많은 미래학자는 이에 대한 선제적 대응이 필요함을 역설해왔다.

이처럼 인공지능 신기술에 의해 기존의 정보격차보다 더 심화된 새로운 격차 발생이 예고되자 아예 '인공지능 격차AI Divide'라는 새로운 영역을 만들어서 문제의 심각성을 강조하며 구체적인 대안을 제시하고 있다.[241] 예를 들어, 인공지능과 로봇을 활용해 경제적 부를 창출하는 사람들에게는 로봇세, 인공지능세, 데이터세와 같은 '세금 부과'라는 사회적 배분 과정을 통해 부의 편중 현상을 경감해야 한다는 주장도 있다. 이와 더불어 인공지능 관련 사업자에 대한 노블레스 오블리주noblesse oblige를 처음 시작 단계부터 강조해 사업자 스스로 이에 대한 자율적 조치를 취하도록 해야 한다는 주장도 있다.[242]

정보화사회에서는 한 번도 경험해보지 못한 윤리적 이슈들을 인공지능이라는 신기술이 새롭게 제시하는 것은 사실이다. 하지만 이상에서 살펴본 바와 같이 기존의 인터넷 윤리에서 다루던 이슈들 역시 인공지능 윤리에서도 반복되고 확대되는 양상도 함께 보인다. 그런데 인터넷 윤리의 경우, 정보기술과 통신기술의 부작용과 역기능에 대해 '후발적 조치의 성격'이 강했다는 비판이 항상 있었다. 그래서 인공지능 윤리만큼은 인터넷 윤리보다 훨씬 더 선제적으로 대응해야 한다는 점이 강조되고 있다. 아울러 인터넷 윤리를 도출해 확립할 때의 과거 경험을 그대로 살려서 인공지능 윤리 역시 신속하면서도 적절하게 체계화해 갖춰야 한다. 전 세계 국가 및 국제단체 대다수가 이에 동의하며 함께 보조를 맞추고 있다.

앞서 언급했듯이 정보화사회에서 인터넷 윤리가 형성되는 과정을 잘 지켜본 후, 이와 유사한 접근 방법으로 인공지능 윤리를 도출하는 것이 일반적이며 효과적이다. 먼저 인터넷 윤리를 도출하는 과정을 간략하게 살펴보자. 슐러가 발표한 '온라인 탈억제 효과', 리차드 루빈이 발표한 '정보통신기술의 7가지 유혹'을 비롯해 여러 가지 분석 자료들을 토대로 인터넷 신기술의 차별화된 특징을 먼저 파악한다. 특히 리차드 루빈이 제시한 정보통신기술의 7가지 유혹은 정보통신기술의 7가지 특징이기도 하다. 리차드 루빈이 제시한 7가지 유혹, 즉 7가지 특징은 '① 속도, ② 프라이버시와 익명성, ③ 매체의 본질, ④ 심미적 매료감, ⑤ 잠재적 피해자로 이용될 가능성, ⑥ 국제적인 영역, ⑦ 파괴력'이다. 좀 더 구체적으로 살펴보자.

인터넷을 통해 다양한 정보에 대한 습득 속도가 급속하게 빨라지고 있는데, 온라인에서의 비윤리적 행위 역시 현실 세계보다 훨씬 더 짧은 시간에 이뤄지고 있다(속도). 인터넷에서는 익명이 보장되므로 본인을 밝히지 않고서도 다른 사람의 정보에 접근할 수 있다. 이로 인해 타인의 프라이버시를 침해하고 사이버 범죄를 저지르는 등 비윤리적인 행위를 쉽게 행할 수 있다(프라이버시와 익명성). 기존의 아날로그 데이터와 달리 디지털 데이터는 아무리 복제해도 원본이 손상되지 않을 뿐 아니라 복제본의 품질도 전혀 나빠지지 않는다. 이로 인해 무한 복제의 유혹이 강해진다(매체의 본질). 컴퓨터와 인터넷을 사용함으로써 현실 세계에서의 장애와 불편을 극복해 활동할 수 있으므로 개인적인 성취감이 매우 커진다. 아울러 권한을 초월해 접근하거나 행동할 수도 있어서 시스템 불법 침투, 파괴 시도 등 잘못된 성취감에 중독되거나 매료될 수 있다(심미적 매료감). 인터넷은 많은 사람에게 접근과 이용의 기회를 제공하므로 누군가 이를 악용하거나 오용하려 할 것이며 나 역시 언제든지 피해자가 될 가능성이 크다(잠재적 피해자로 이용될 가능성). 인터넷은 전 세계를 하나로 묶어가고 있어서 자신이 물리적으로 소속한 지역에 메이지 않고 전 세계를 대상으로 접근할 수 있으므로 불법행위와 비도덕적 행위 역시 갈수록 국제적으로 확대된다(국제적인 영역). 사회 전반에 걸쳐 컴퓨터와 인터넷을 기반으로 새로운 시스템들이 구축되고 있으므로 이에 대한 불법행위가 끼치는 파괴력 역시 아주 짧은 시간 안에 사회 전반 및 전 세계에 미치게 된다(파괴력).

정보통신기술 중에서 '인터넷' 기술의 차별화된 특성으로는 '① 개방성, ② 공유성, ③ 자발성, ④ 다양성, ⑤ 이타성, ⑥ 익명성, ⑦ 비대면성'을 꼽는다. 인터넷을 통해서 누구나 각종 매체에 자유롭게 접근할 수 있는데, 특히 시간과 공간의 제약을 뛰어넘는다(개방성). 온라인에 연결된 사람들끼리 상호작용하며 크고 작은 영향을 미치는 집단을 꾸준히 형성하면서 다양한 정보를 공유할 수 있다(공유성). 자발적인 참여가 가능하며 오프라인보다 훨씬 더 자유로운 의사소통과 자기표현이 인터넷에서는 가능하다(자발성). 인터넷에서 교류되는 정보는 방대하고 다양하다(다양성). 오프라인과 다르게 남을 돕고 타인에게 도움이 되고자 하는 생각과 행동이 인터넷에서는 많이 날 수 있다(이타성). 실명 대신 계정 이름이나 닉네임을 사용해 이용자의 실체가 직접 드러나지 않으므로 이로 인해 일탈 현상, 즉 '탈억제 효과'가 발생한다(익명성). 인터넷에서는 대화 상대끼리 서로 얼굴을 마주 보고 대화하는 것이 아니므로 상대방의 실체는 물론 내 실체도 드러나지 않게 되어 이 역시 일탈 현상, 즉 탈억제 효과를 유발한다(비대면성).

이처럼 파악한 신기술의 특징을 기반으로 하여 다음 단계에서는 인터넷 윤리 수립에 필요한 '기본 원칙'을 도출한다. 이때 윤리의 기본 원칙에 대한 정의를 처음부터 명확하게 하는 것은 매우 중요하다. 이 정의가 잘못 기술되거나 도중에 변하게 되면, 이를 투영해 연쇄적으로 생성되는 각종 후속 작업과 가이드라인에도 혼동과 오류가 발생하기 때문이다. 따라서 윤리의 원칙을 도출할 때는 어떤 의미로 사용할 원칙인지를 분명하게 규정해야 한다. 앞서 소개한 대로 스피넬로는 인터넷 윤리의 4대 원칙으로 '① 자율성, ② 해악 금지, ③ 선행, ④ 정의'를 제시한 후 다음과 같이 원칙의 정의를 제시했다. 인터넷에 참여한 모든 사람은 자유의지를 가지고 스스로 결정할 수 있어야 한다(자율성의 원칙). 인터넷에서는 남에게 피해를 주지 않아야 한다(해악 금지의 원칙). 인터넷에서는 긍정적인 의무로써 타인의 행복을 증진하도록 해야 한다(선행의 원칙). 인터넷에서는 한쪽으로 치우치지 않고 공평하며 공정한 대우가 이뤄지도록 해야 한다(정의의 원칙). 다음 단계이자 마지막 단계로 이들 기본 원칙을 염두에 두고서 인터넷을 활용하는 다양한 상황과 이를 사용하는 주체를 달리하면서 구체적인 인터넷 윤리 가이드라인을 꾸준히 만들었다. 그리고 필요하면 개정도 해왔다. 이상이 인터넷 윤리를 도출하게 된 과거의 경험에 대한 간단한 요약이다.

여기에서 중요하게 생각할 것이 하나 있다. 신기술의 차별화된 특징을 고려해 도출할 새로운 윤리의 기본 원칙을 대략 몇 개 정도로 한정해야 효과적일지 결정하는 것이다. 이론적으로 윤리의 기본 원칙에 대한 개수는 아주 적게는 두어 개에서부터 많게는 수십 개일 수 있다. 그러나 경험적으로 볼 때, 윤리의 기본 원칙은 그 개수가 적을수록 좋다. 기억하며 적용하기에 유리할 뿐만 아니라 대중적 인식과 공감을 얻는 데 있어서 보다 효과적이기 때문이다. 이 기본 원칙을 적용해 세부 활용 분야 및 상황별로 윤리 가이드라인을 구체화할 때에도 원칙의 개수가 적을수록 유연성과 융통성이 크다는 장점이 있다. 스피넬로가 인터넷 윤리의 원칙을 단지 4개로 제한한 것은 이러한 배경을 가지고 있다.[243] 인공지능 윤리의 경우 기본 원칙을 몇 가지 정도도 제한하는 것이 합리적일까? 인터넷 윤리처럼 인공지능 윤리 역시 일반인을 대상으로 하고 대중적 공감이 필요하다고 느낄수록 윤리 원칙의 개수는 가급적 줄이는 것이 효과적이다. 그러나 개발자와 사업자를 주된 대상으로 바라볼 경우 윤리 원칙의 개수는 많을수록, 그 내용이 구체적일수록 좋을 것이다. 어느 쪽에 방점을 두느냐에 따라 인공지능 윤리의 원칙은 적을 수도 있고 많을 수도 있다.

인공지능 윤리 원칙의 도출

5 Whys에 의한 특성 분석

인터넷 윤리에서의 앞선 경험을 인공지능 윤리 도출 과정에 활용해보자. 인공지능 윤리를 도출하려면 인공지능의 차별적인 특징과 장점은 물론 인공지능이 초래할 고유한 부작용과 역기능, 인공지능 도입에 따라 예상되는 불안과 우려 사항을 최대한 모아서 먼저 분석해야 한다. 이러한 분석 결과를 토대로 인공지능 신기술이 기존의 다른 신기술들과 어떤 면에서 차별적 특성을 가지고 있는지 파악해본다. 이처럼 파악한 인공지능의 차별화된 특징들을 기반으로 하여 향후 인공지능 윤리 가이드라인을 구체적으로 작성해나갈 때 어떤 윤리 원칙들을 가지고 투영할 것인지를 생각하면서 기본적인 원칙들을 도출해낸다.

이때 인공지능 윤리의 원칙들은 '미시(MECE)Mutually Exclusive and Collectively Exhaustive' 형식을 따르도록 도출하는 것이 가장 좋다.[244] '미시' 형식이란 어떤 대상 하나를 여러 구성 요소로 나눠 분석할 때 구성 요소 중에서 누락되는 것이 없으면서도 구성 요소 간에 중복됨이 없도록 구성 요소를 분할 도출하는 방식을 말한다. 즉, 어떤 대상물의 구성 요소들이 누락이나 중복 없이 도출된 상태다. 미시 형식을 따라 도출된 구성 요소들의 합집합은 분석 대상물 전체집합에 해당하며 구성 요소 간의 교집합은 겹침이 없으므로 공집합이 된다.

이러한 미시 형식을 따라 인공지능 윤리의 원칙들을 도출하면 원칙 간에 중복됨 없이 명확한 구분이 가능하므로 나중에 이해하며 기억하기가 훨씬 쉬워진다. 이를 기반으로 작성할 윤리 가이드라인 역시 혼동함 없이 간단명료하면서도 융통성 있게 추출될 수 있다. 그러나 현실적으로는 윤리의 기본 원칙을 미시 형식에 정확하게 맞춰 도출하기란 쉬운 작업이 아니다. 원칙을 어떻게 정의하고 바라보느냐에 따라 원칙의 정의 간에 일부 중첩 현상이 얼마든지 발생할 수 있다. 심지어 하나의 원칙이 다른 원칙 안에 완전히 중첩되는 상하 관계의 원칙들도 도출되기 쉽다.

예를 들어보자. 인공지능 윤리의 원칙으로 '안전성'과 '책임성'을 도출했다고 가정하자. 이 원칙들을 어떻게 정의하느냐에 따라 안전성과 책임성이 겹치는 영역에 대한 변폭이 다양해질 수 있다. 인공지능은 모든 사건과 사고로부터 안전하도록 개발되어야 한다는 윤리 원칙을 '안전성'으로 정의했다고 가정해보

자. 인공지능 개발자는 자신이 개발한 인공지능으로 인해 야기되는 모든 사건과 사고에 있어서 일차적인 책임을 져야 하는 윤리 원칙을 '책임성'으로 정의했다고 역시 가정해보자. 이런 정의하에서 안전성은 책임성의 하위 원칙에 속한다. 따라서 이러한 정의로 두 개의 원칙을 도출할 경우 이 원칙들은 미시 형식을 따른다고 볼 수 없다. 미시 형식을 따르지 않음으로 인해 안전성에서 파생된 윤리 가이드라인과 책임성에서 파생된 윤리 가이드라인은 그 내용에 있어서 중첩이 불가피해진다.

따라서 인공지능 윤리의 원칙들은 '최대한' 미시 형식을 따라 '누락 없이, 중복 없이' 도출하는 것이 중요하다. 이를 위해 그 앞 단계부터 인공지능 기술에 대한 차별화된 특징 역시 미시 형식에 근거해 분석해낼 필요가 있다. 그렇게 되면 미시 형식을 따르는 이들 특징 각각에 대해 윤리 원칙들도 자연스럽게 미시 형식으로 도출된다. 이들 윤리 원칙을 다양한 적용 상황과 윤리 주체에 맞춰 투영함으로써 인공지능 윤리 가이드라인을 누락과 중복 없이 체계적이면서도 융통성 있게 만들어낼 수 있다. 최근 몇 년 동안 우리나라는 물론 외국이나 국제기구들이 인공지능 윤리를 새롭게 도출해 제시할 때 대부분이 이러한 접근 방법을 사용해 오고 있다.

2016년 '지능정보사회 윤리' 연구팀에서는 인공지능 윤리의 기본 원칙을 도출하기 위한 앞 단계를 먼저 진행했다. 기존의 다른 신기술에 비해 인공지능 신기술만이 가지는 차별화된 특징을 추출하는 작업이었다. 이 작업을 진행하기 위해 일본 토요타자동차에서 무결점 자동차를 생산하기 위해 사용했던 창의적 발상법인 '5 Whys 기법'을 사용했다.[245] 5 Whys 기법에서는 어떤 현상과 사건, 사고의 원인을 찾기 위해 '왜Why'라는 질문을 꼬리에 꼬리를 물어 반복하게 된다. 그런데 '왜?'라는 질문을 아무리 반복한다고 해도 최대 5번 이내에서 근본적인 이유와 원인에 도달하게 된다. 대부분 5번 이내에 끝내지만 경우에 따라서는 6번, 7번까지 반복해 질문할 수도 있다. 경험적으로 얻은 매직넘버는 5이다. 그래서 명칭이 '5 Whys' 기법이다.

인공지능 기술에 대해 5 Whys 기법을 적용한 사례를 하나 살펴보자. 어떤 사람들은 인공지능을 신뢰할 수 없다고 생각한다. 이처럼 신뢰할 수 없다고 생각하는 근본 원인을 찾는 과정에 5 Whys 기법을 적용해보자.

"나는 인공지능을 신뢰할 수 없다. '(첫 번째) 왜?' 인공지능을 이용하다가 사고가 발생하면 아무도 책임지지 않는다. '(두 번째) 왜?' 인공지능도 사람처럼 스스로 판단하므로 사람들은 인공지능에게 책임을 미룰 것이다. '(세 번째) 왜?' 인공지능은 해당 분야에서 전문가만큼 혹은 전문가보다 더 똑똑할 수 있다. '(네 번째) 왜?' 인공지능은 지능적인 소프트웨어다."

하나 더 예를 들어보자.

"나는 인공지능이 두렵다. '(첫 번째) 왜?' 인공지능은 나에게 불리한 결정을 내릴 수 있다. '(두 번째) 왜?' 인공지능이 나에 대한 편견과 잘못된 선입견을 이미 가지고 있을 수 있다. '(세 번째) 왜?' 인공지능이 학습한 내용이 나에게는 공정하지 않을 수 있다. '(네 번째) 왜?' 인공지능에 대한 학습 과정이 의도적이든 아니든 잘못될 수 있다. '(다섯 번째) 왜?' 인공지능은 학습을 기반으로 자율적으로 동작한다."

차별적 특성과 보편적 특성

이러한 5 Whys 기법을 사용해 인공지능과 관련하여 그동안 발생한 사건과 사고, 사람들의 불안과 두려움에 대한 근원을 추적해보면 인공지능 기술 고유의 차별적인 특성 몇 가지에 도달한다.[246]

인공지능 기술의 첫 번째 차별적 특성은 인공지능은 '자율적인 소프트웨어'라는 점이다. 인공지능은 학습을 기반으로 스스로 판단하고 알아서 동작하는 자율적 소프트웨어다. 현재의 수준인 좁은 인공지능을 거쳐 범용 인공지능 그리고 슈퍼 인공지능으로 이어지면서 기술적 진화가 가능한 소프트웨어라는 특성을 갖는다. 즉, 사람의 개입이 없어도 스스로 동작하는 소프트웨어가 인공지능이다.

두 번째 차별적 특성은 인공지능은 '지능적인 소프트웨어'라는 점이다. 인공지능은 현재의 기술 수준에서도 특정 영역에서 전문가만큼 혹은 전문가보다 더 똑똑하고 지능적이다. 그럼에도 불구하고 뛰어난 지능성에 대한 설명이 결코 쉽게 이뤄지지 못하는 소프트웨어이기도 하다. 즉, 설명하기는 힘들지만 사람보다 더 똑똑할 가능성이 큰 지능적인 소프트웨어가 인공지능이다. 인공지능 기술의 이러한 차별적 특성은 인공지능 윤리를 다른 첨단 기술 또는 혁신 신기술에 의한 윤리와 구별되며 차별화되도록 만든다.

이러한 차별적 특성 이외에 인공지능은 일반적인 첨단 신기술이 갖는 보편적 특성도 가지고 있다. 이러한 보편적 특성은 새로운 기술을 인류가 활용하는 보편적인 목적과 관련이 있다. 즉, 인공지능 신기술을 활용하려는 목적은 다른 신기술들을 활용하려는 목적과 궁극적으로 동일한 방향을 가리키고 있다. 이러한 보편적 특성은 전문 기술을 가지고 종사하는 직업인들이 자신들의 직업윤리로써 제시하는 기술 활용 목적의 보편적 특성과도 동일하다. 그래서 '보편적' 특성이라고 부른다. 예를 들면, 미국 기술사협회(NSPE) 윤리 강령을 보면 공학 분야에 있어서 어떤 기술을 활용할 때 지향하는 목적이 명시되어 있다.[247] 여기에서도 인공지능과 같은 신기술의 보편적 특성을 엿볼 수 있다.

인공지능도 소프트웨어의 일종이므로 소프트웨어 전반을 다루는 전문 직업인들의 직업윤리에도 관심을 두자. 이들이 소프트웨어를 활용해 직업에서 추구하는 보편적 가치를 인공지능의 보편적 특성으로 공유할 수 있다. 예를 들어 소프트웨어를 다루는 전문 직업인들에 대한 윤리 강령인 〈IEEE 윤리 강령〉[248], 〈ACM 윤리 강령〉[249]은 소프트웨어 분야 전문인들이 추구해야 할 기술 활용 목적의 보편적 특성을 직업윤리 형태로 보여주고 있다.

이들 NSPE, IEEE, ACM 등의 윤리 강령은 직업 활동의 궁극적인 목적으로 '인류의 번영과 복지, 건강'을 꼽고 있으며, 자신의 활동에 따른 '변화에 대한 책임'을 공통으로 요구하고 있다. 이러한 점을 감안해 인공지능 기술의 보편적 특성을 제시할 수 있다. 인공지능은 4차 산업혁명의 핵심 기술로써 기존의 정보화 사회를 미래의 지능정보사회로 사회적 대전환을 가능하게 해주는 파괴적 혁신 신기술이다. 따라서 지금까지 존재했던 혁신 신기술은 물론 기존 기술들이 갖는 보편적인 특성, 기술 활용의 공통된 지향점을 인공지능도 공유해야 한다. 이러한 보편적 특성으로 크게 두 가지를 꼽을 수 있다. 다른 혁신 신기술처럼 인공지능도 '인류를 위한 기술'이어야 하며 '사회 변화를 이끌어가는 기술'이어야 한다.

이상에서 제시한 인공지능 기술의 특성을 정리해보자. 인공지능 기술은 다른 신기술들도 갖는 보편적 특성 두 가지를 역시 가지고 있다. 첫째, 인공지능은 인류, 즉 인간을 위한 기술이다. 둘째, 인공지능은 사회 변화를 이끌어가는 기술이다. 이러한 보편적 특성 외에 인공지능 기술은 다른 신기술들과 차별화된 특성 두 가지를 별도로 가지고 있다. 첫째, 인공지능은 자율적인 소프트웨어이다. 둘째, 인공지능은 지능적인 소프트웨어이다. 인공지능 기술의 특성은 이상과 같이 간단하게 네 가지로 정리할 수 있다. 이는 인공지능의 특성을 누락과 중첩 없이 최소화해 정리한 결과로서 미시 형식을 따른다.

이제 인공지능의 이러한 네 가지 특성을 기반으로 인공지능 윤리의 기본 원칙을 도출해보자. 가장 간단한 방법은 1개 특성당 1개의 기본 원칙을 도출하는 것이다. 물론 1개 특성에서 다수의 기본 원칙을 도출할 수도 있다. 하지만 앞서 인터넷 윤리의 기본 원칙에 대한 매직넘버를 언급했을 때, 가급적 최소화하는 것이 보다 효과적임을 상기해 1개 특성당 1개 기본 원칙을 도출하기로 한다. 따라서 인공지능의 특성 네 개에 대해 인공지능 윤리의 기본 원칙을 모두 네 개로 한정하고 간소화해 도출한다. 그 대신에 이들 기본 원칙 네 개에 대한 정의는 다소 넓게 제시하고, 하나의 원칙이 포괄할 수 있는 다수의 하위 원칙이나 유사 원칙들도 함께 나열한다. 이렇게 하면 국가마다, 단체마다 다양하게 제시해온 인공지능 윤리의 원칙들에 대한 통합적이며 융통성 있는 이해가 가능해진다.

인공지능 윤리의 기본 원칙

인공지능의 네 가지 대표적 특성에 대응하는 윤리의 기본 원칙을 각각 도출해보자.

첫 번째 기본 원칙은 '공공성publicness'이다. 인공지능도 다른 기술들처럼 인류의 번영과 복지, 건강 등 인류를 위해 사용되는 기술이라는 보편적 특성에 집중해보자. 인공지능은 사회 구성원 모두에게 이익과 발전, 복지를 가져올 수 있도록 도입되는 것이 가장 바람직하다. 인공지능 때문에 창출된 경제적 번영은 소수나 개인에게만 국한되지 않고 사회 전반에 걸쳐 광범위하게 공유되어야 한다. 이처럼 인공지능이 가능한 인류 모두에게 도움과 이익을 주고 인류 전체를 대상으로 혜택을 제공해야 한다는 보편적 특성에 대응해 '공공성'이라는 윤리 원칙이 필요하다.

두 번째 원칙은 '책무성accountability'이다. 인공지능은 사회적 대변혁과 대전환을 유도하게 되므로 인공지능으로 인한 모든 변화가 파생할 결과와 현상에 대해 행위자에게 적합한 책임이 요구된다. 인공지능의 개발, 도입 및 이용과 관련된 다양한 이해 당사자들은 자신의 모든 행위와 결과에 대해 일차적인 책임을 지는 것이 마땅하다. 특히 인공지능이라는 새로운 기술 도입으로 인해 사회의 안전과 개인의 사생활이 위협받는 일이 발생하지 않도록 조치하는 것은 상식이다. 인공지능 도입으로 인해 발생하게 될 기술적 부작용은 물론, 부의 불균형과 같은 사회적 문제에도 구성원 모두 관심을 가지고 이를 함께 해결해나갈 필요가 있다. 이것은 행위자의 직접적인 책임성이라는 좁은 시각에서 벗어나는 것이다. 그 대신에 사회 공동체의 번영과 발전이 바람직한 방향으로 이뤄지도록 사회 구성원 모두가 관심을 가지고 함께 참여하는 넓은 시각의 '책무성'을 요구한다. 사회 전반에 걸쳐 큰 변화를 일으키게 될 인공지능이 최대한 구성원 모두에게 유익을 주고 인류 전체를 대상으로 혜택을 제공하도록 도입되고 이용되어야 한다는 보편적 특성 때문에 '책무성'이라는 윤리 원칙이 필요해진다.

세 번째 원칙은 '통제성controllability'이다. 인공지능은 학습을 기반으로 스스로 판단하고 인간의 개입이 없어도 동작하며 어떤 결정을 내릴 수 있는 자율적인 소프트웨어라는 차별적 특성을 갖는다. 따라서 인공지능은 인간의 기대와 다르게 동작할 가능성이 있으므로 어떠한 환경 가운데서도 인공지능은 원래의 목적에 부합해 제대로 동작하도록 해야 한다. 인공지능으로 인해 발생 가능한 모든 상황에 대해 언제든지 인간이 개입하고 관리하며 통제할 수 있어야 한다. 아울러 인공지능으로 인해 발생 가능한 그 어떠한 오동작에 대해서도 적합한 대비책을 미리 마련할 필요가 있다. 이처럼 인간의 개입 없이 자율적으로 동작할 수 있다는 인공지능의 차별적 특성 때문에 '통제성'이라는 윤리 원칙이 필요하다.

네 번째 원칙은 '투명성transparency'이다. 인공지능은 사람보다 똑똑하고 더 지능적인 소프트웨어일 가능성이 크다. 따라서 인공지능의 이러한 지능적 행동과 결정에 대해 명확한 설명이 필요해진다. 즉, 인공지능이 내리는 결정과 행동에 대해 이해당사자가 충분히 이해할 수 있을 정도로 필요한 설명이 투명하게 제공되어야 한다. 인공지능으로 인한 잠재적 또는 현실적 위험 가능성에 관한 정보도 사회적으로 공유되고 투명하게 공개되어야 한다. 이를 통해서 사회적 대응이 가능해지기 때문이다. 인공지능이 자율적으로 내리는 의사 결정은 원칙적으로 사회적 합의를 기반으로 이뤄진 결과를 반영해야 한다. 아울러 인공지능은 인류의 다양한 의견과 문화 양식을 무시하지 않고 최대한 수용하는 것이 바람직하다. 이처럼 인공지능의 뛰어난 지능적 특징으로 인해 그 내부적 동작 과정과 지능적 결정 배경에 대한 ‘투명성’이 네 번째 원칙으로 세워질 필요가 있다.

위와 같이 인공지능의 네 가지 특성을 기반으로 도출된 인공지능 윤리의 네 가지 기본 원칙을 영어 단어 첫 글자를 따서 ‘팩트PACT’라고 부른다. ‘PACT’라는 영어 단어가 이미 존재하는데, 이는 사람·단체·국가 간에 서로 돕기로 하는 약속이나 협정·조약을 의미한다. 우리나라 최초의 인공지능 윤리를 PACT라는 4대 기본 원칙을 토대로 만들어졌다고 해서 ‘Seoul PACT’라고 불렀다. 이에 대한 공식 명칭은 ‘지능정보사회 윤리The Ethics of Intelligent Information Society’이다. 공식 발표 시기는 2018년 3월이었다.

우리나라를 포함해 주요 선진국 38개 국가가 가입되어 있는 경제협력개발기구(OECD)도 2019년 5월 〈인공지능 윤리 원칙AI Principles〉을 발표했다.[250] OECD가 섹션 1에서 제시한 인공지능 원칙을 살펴보면 ‘포용성, 공정성, 투명성과 설명 가능성, 견고성과 보안성 및 안전성, 책임성’ 등 모두 다섯 개의 대원칙이 제시되고 있다. OECD의 포용성과 공정성은 〈Seoul PACT〉의 공공성과 관련 있고, OECD의 견고성과 보안성 및 안전성은 〈Seoul PACT〉의 통제성과 관련 있다. 따라서 OECD의 〈인공지능 윤리 원칙〉은 우리나라의 인공지능 윤리 〈Seoul PACT〉의 4대 원칙과 거의 일치한다고 볼 수 있다. OECD는 섹션 2에서 인공지능과 관련한 정부의 역할과 국제적 협력에 대해 강조했는데, 이는 〈Seoul PACT〉에서 정부라는 주체에 대한 역할을 추가로 제시한 부분에 상응한다.

이처럼 인공지능 윤리에 대한 국가별, 단체별 연구는 항상 윤리의 기본 원칙을 먼저 도출해 제시하는 것부터 출발한다. 다만 이처럼 도출한 윤리의 기본 원칙에 대한 개수는 연구해온 국가나 기관, 단체, 연구진의 특성과 상황에 따라 다양하다.

공공성과 책무성 이해하기

공공성 관련 원칙들

우리나라의 인공지능 윤리인 〈Seoul PACT〉는 전 세계에서 가장 적은 4개의 기본 원칙을 제시했다. 이처럼 기억해야 할 기본 원칙의 개수를 가급적 최소화하면 다양한 사회 구성원, 특히 일반 이용자들도 쉽게 친숙해질 수 있다는 점 그리고 과거의 인터넷 윤리에서도 4개의 기본 원칙에서 출발했다는 점을 고려한 결정이었다. 물론 기본 원칙의 개수가 적을 경우, 원칙별 정의 해석에 있어서 임의성이 커질 수 있고 윤리 가이드라인 도출 과정에서 개인적 해석과 적용의 편차가 커질 수 있다는 불편함이 존재한다. 아울러 보다 구체적인 세부 원칙 여러 개를 하위에 추가로 제시하거나 유사한 명칭의 원칙들과 상호 연계성을 밝혀줄 필요도 있다.

특히 공공성과 책무성이라는 두 개의 원칙은 인공지능 신기술의 '보편적 특성'에 뿌리를 둔 보편적 원칙이다. 다시 말해서 이들 공공성과 책무성은 대부분의 신기술이 등장할 때 보편적으로 적용되는 특징이자 원칙이라는 뜻이다. 그래서 이 두 원칙은 다른 표현의 원칙들과 관련되어 있어서 다른 명칭으로도 유사하게 표현될 수 있다. 이러한 윤리 원칙의 의미를 잘 이해하고 유사한 원칙 간의 관계를 잘 정립하면, 전 세계적으로 다양하게 제시되고 있는 인공지능 윤리를 체계적으로 이해하는 데 필요한 통찰력을 얻을 수 있다. 먼저 공공성과 책무성 원칙을 관련 원칙들과 더불어 살펴보자.

공공성이란 인류 공동체와 사회 공동체에 최대한 도움을 줄 수 있도록 인공지능을 도입해 활용하고, 사회적 약자에 대한 배려가 이뤄져야 하며, 이윤 창출과 공공 기여가 균형을 이루도록 하는 원칙이다. 간단히 말하자면, 인공지능은 사회 구성원 모두에게 이익과 발전, 복지를 가져올 수 있도록 도입되어야 함을 의미한다. 이 공공성과 관련되어 있는 유사한 원칙으로는 공정성, 비차별성, 차별 배제, 데이터 관리, 포용성, 다양성, 접근성 제공, 인간 중심, 인간 존엄성, 인권 보장, 공익 우선, 이익 공유, 선한 의도를 꼽을 수 있다.

공정성과 비차별성, 차별 배제

공정성은 인공지능이 어떤 결정을 내릴 때 편견prejudice이나 편향bias, 차별discrimination이 없어야 함을 의미한다. 특히 인종, 성별,

나이, 장애 등에 따른 차별 없이 인공지능은 모든 인간을 공정하게 대해야 한다. 이 원칙을 비차별성non-discrimination이라고도 부른다. 인공지능은 여러 가지 방법으로 구현되지만 가장 최근의 방법은 '기계 학습' 방법으로 구현되는 인공지능이 주류를 이룬다. 이 경우 인공지능은 학습 모델이라 불리는 알고리즘이 대량의 데이터를 학습한 후 추론하거나 결정하는 방식을 따른다. 따라서 대량의 학습 데이터가 한쪽으로 편향되어 있거나 특정 대상을 차별하는 데이터들이 존재하고 있다면 인공지능은 공정하게 동작할 수 없다. 따라서 공정한 인공지능을 기대한다면, 방대한 학습 데이터에 대한 엄격한 품질 관리가 매우 중요하다.

이처럼 학습 데이터가 원래부터 공정하지 않게 생성될 수도 있지만, 인공지능을 학습시키는 개발자가 의도적으로 차별을 목적으로 학습 데이터를 조작할 가능성도 있다. 예를 들어, 학습 모델이라는 알고리즘 안에서 가중치weight value와 임계치threshold value처럼 인공지능이 어떤 판단을 내리는 기준 상수를 개발자가 의도적으로 바꿈으로써 공정성을 해치는 경우도 존재할 수 있다. 따라서 그 어떤 경우이든지 공정성을 해치는 사례를 사전에 방지해 인공지능은 개발되어야 한다. 아울러 인공지능을 운영하는 과정에서도 운영자에 의한 공정한 운영이 필요하다. 이처럼 공정성은 공공성 원칙의 하위 원칙으로 다뤄질 수 있다. 하지만 방대한 데이터를 학습해 학습 모델 알고리즘의 주요 값을 자동으로 결정함으로써 인공지능이 동작한다는 기술적 특징을 매우 중요하게 생각하는 경우, 이러한 '공정성'을 '공공성'과 별도로 분리해 독립적인 원칙으로 다루는 경향이 적지 않다.

포용성

포용성inclusiveness은 인공지능 기술의 혜택으로부터 소외되는 구성원이 없도록 해야 한다는 원칙이다. 포용성 역시 공공성의 중요한 하위 원칙이다. 그런데 포용성의 원칙은 인공지능에만 국한된 이야기가 아니다. 인공지능 이전부터 디지털 기술 전반에 걸쳐 요구된 원칙이기도 하다. 사회 구성원 중에서 디지털 기술의 혜택으로부터 소외된 사람이 없도록 하자는 것이 포용성의 원칙인데, 특별히 이를 '디지털 포용성digital inclusiveness'이라고 부르기도 한다. 디지털 대전환의 시대를 맞이해 디지털 포용성은 국가 정책의 중요한 의제가 됐다. 국민 가운데 디지털 기술의 혜택으로부터 소외된 사람이 없도록 하기 위해 정부는 디지털 포용 정책을 수립해 지금까지 다양하게 구현하며 시행해오고 있다. 우리나라도 관계 부처 합동으로 2020년 6월 '디지털 포용 추진 계획'을 수립해 지금까지 디지털 포용 정책을 추진해오고 있다.[251] 2022년부터는 '디지털 포용 추진 계획 2.0'을 새롭게 수립해 추진하고 법률적 기반인 〈디지털 포용법〉도 시행할 예정이다.

디지털 포용의 한 가지로 '인공지능 포용'이 진행되고 있는데, 이에 대한 배경은 앞서 기술한 '디지털 격차' 부분에서 이미 소개했다. OECD가 발표한 인공지능 원칙을 보면, 중소기업SME의 경우 인공지능 기술을 도입하고 싶어도 현실적으로는 역량과 여력이 부족한 경우가 많으므로 이를 포용성의 원칙에 입각해 국가가 정책적으로 도와줘야 한다고 밝히고 있다.[252] OECD는 인공지능 원리 섹션 2의 원칙 1에서 사회적 약자에 대한 편향이 해결되지 못해서 공정성이 약화될 경우, 결국 사회적 약자에 대한 포용성도 물 건너갈 수 있다는 점을 지적하고 있다. 개인에 대한 포용 정책에 있어서 인공지능은 소외된 사람들의 필요를 적극적으로 채워주는 기술로도 활용되는데, 이 경우 인공지능 기술을 특별히 '에이블 테크Able Tech'라고 부른다. 예를 들어, EU의 아슬란ASLAN 프로젝트의 경우 자율 주행 과정에서 청각장애인을 위한 수화 통역용 인공지능 로봇을 도입하고 있다.[253] 미국 필라델피아시의 플로레오Floreo 프로젝트의 경우 자폐아를 위한 인공지능-가상현실 치료 콘텐츠를 개발해 제공하고 있다.[254] 우리나라 서울시의 경우도 실버 세대에 대한 스마트폰 교육을 위해 '리쿠'라는 인공지능 챗봇 로봇을 보급하는 포용 정책을 펼쳐오고 있다.[255]

다양성

다양성diversity은 인류와 인간의 다양한 삶의 모습은 물론 다양한 존재 중 일부가 인공지능에 의해 억압되거나 제한되지 않고 오히려 적극적으로 보호받고 보장되어야 한다는 원칙이다. 인간의 인종, 피부색, 혈통, 성별, 나이, 언어, 종교, 정치적 사상, 국적, 민족, 사회적 기원, 출생 시 사회경제적 상황, 장애 등과 관계없이 인간은 다양하게 존재하고 다양한 삶의 모습을 보인다. 이러한 인류의 다양성이 적극적으로 인공지능의 도입과 활용에 반영되어 모두가 공정하게 대우받아야 다양성이 인정되며 향상될 수 있다. 이러한 다양성 보장 요구는 2021년 11월에 공식 발표된 유네스코 〈인공지능 윤리 권고〉 19문단에서 강조되고 있다. 이처럼 다양성 보장을 위해서는 먼저 공정성이 보장되어야 한다. 이들은 포용성과도 연계되어 있다. 예를 들어, 특정한 그룹에 대한 데이터를 무시해 학습할 경우 인공지능은 그 그룹을 차별해 다루게 될 것이다. 이러한 차별로 인해 인공지능의 공정성이 훼손됨과 동시에 해당 특정 그룹에 대한 다양성을 인공지능이 인정하지 않게 된다. 이로 인해 해당 그룹에 대한 포용성도 자연스레 약화된다.

인공지능이 문화적 다양성을 해치지 않도록 하는 것도 다양성의 원칙을 내세우는 목적이다. 유네스코의 경우 전 세계 195개국이 참여하는 국제기구이다 보니 그 어느 국제기구보다 문화적 다양성 보장이 중요한 이슈다. 유네스코 〈인공지능 윤리 권고〉 28문단에 이러한 표현이 있다. “회원국은 지역 공동체를 포함한 모두가 다국어와 문화적 다양성이 반영된 인공지능 콘텐츠 및 서비스에 포용적으로 접근할 수 있도록 해야 한다.” 이처럼 유네스코는 인공지능 때문에 인류의 문화적 다양성이 위축되는 것은 매우 바람직하지 않다고 본다. 그래서 유네스코 인공지능 윤리에서는 다양성이 중요한 원칙으로 자주 거론된다. 이 다양성의 상당 부분은 앞서 설명한 공정성이나 포용성과 연관되어 있으나 어느 부분은 문화적 다양성 보장과 연관되어 있다. 예를 들어, 전 세계 언어 번역기로서 구글 번역기가 독점하는 상황을 생각해보자. 일반적으로 번역하거나 통역할 때는 통번역 전문가에 따라서 혹은 요구하는 시대 및 특정 문체에 따라서 동일한 원문에 대해 번역문과 통역문을 다양하게 생성할 수 있다. 그러나 구글 번역기처럼 소수의 인공지능 번역기가 인류의 번역과 통역 작업을 독과점 형태로 점유해 운영할 경우, 인공지능은 통번역 과정에서 존재해온 다양성을 위축하는 결과를 가져올 수 있다. 다양성의 원칙 측면에서 볼 때, 다양한 스타일의 인공지능 번역기가 더 많이 나오는 것이 바람직하다는 의미다. 이를 위해서는 번역 옵션의 다양화, 번역용 학습 데이터의 목적별 다양화, 새로운 인공지능 번역기의 출현이 추가로 필요하다.

2021년 1월 발생한 인공지능 챗봇 '이루다'와 관련된 여러 논쟁 중에서 편견과 차별에 대한 논쟁을 '다양성'의 원리로 바라보면 인위적으로 폐쇄하기보다는 사용자들의 다양한 판단에 맡기는 것이 필요했다.[256] 사회적 합의가 이뤄지지 않아서 여전히 쟁점이 되고 있는 여러 이슈에 대해 이루다가 보여준 편견과 차별은 여론의 비판으로부터 자유로울 수는 없었다. 하지만 그렇다고 해서 이루다 자체를 없애버리는 것은 다양성의 원칙에서 볼 때는 원칙을 거스르는 조치다. 동일한 이슈에 대해 다르게 말하고 다르게 생각하며 다르게 결정하는 인공지능 챗봇들이 우리 사회 안에 다양하게 존재할 수 있도록 보장해주는 것이 다양성의 원칙에 더 부합한다고 볼 수 있다. 인간과 인류 문화의 다양성을 인공지능이 획일화하거나 단순화하는 실수를 범하지 않도록 다양성의 원칙은 앞으로 중요하게 다뤄질 필요가 있다.

2020년 12월 발표한 <국가 인공지능 윤리 기준>을 보면 인공지능이 충족해야 할 10대 핵심 요건 중에서 요건 3이 바로 '다양성 존중'이다.[257] 유네스코에서 말하는 다양성의 요구 내용을 모두 다 담아내고 있지는 못하지만 나름대로 중요한 원칙이라서 핵심 요건 항목으로 제시되고 있다.

책무성 관련 원칙들

책무성이란 책임 분배를 명확하게 하고, 발생 가능한 문제에 대한 대안 수립과 공론화에 참여하며, 지속 가능한 발전에 필요한 역량을 강화한다는 원칙이다. 간단히 줄여서 말하자면, 이해당사자는 인공지능과 관련된 자신의 행위에 대해 법적인 책임은 물론 공동체의 일원으로서 관련 사건과 사고에 대해 도의적 부담도 가져야 함을 의미한다. 이 책무성과 관련 있는 유사 원칙으로 '책임성, 프라이버시 보호, 선한 의도, 침해 금지, 역량 개발, 위험 예방, 연대성, 사회적 책임, 비례성'을 꼽을 수 있다.

책임성 vs 책무성

책임성은 특정 행위에 대한 실질적 행위자가 그에 따른 영향과 결과에 대해 법적으로 가져야 하는 마땅한 자세와 '직접적인' 조치다. 반면에 책무성은 책임성보다 '포괄적인' 의미로서 같은 사회 구성원, 동종업계 종사자로서 느끼는 자발적이며 연대적인 책임성을 의미한다. 인공지능을 개발하거나 판매하는 사람이나 기업은 최초 제품의 개발부터 이용, 운영, 관리, 교체 및 폐기에 이르기까지의 전 과정에서 직접적인 책임을 지는 것이 마땅하다. 만일 자신이 만든 인공지능 제품이나 서비스가 문제를 일으킬 경우 〈제조물책임법〉에 의해 법적인 조처를 취해야 한다.[258] 2018년 4월부터 시행된 〈제조물책임법〉은 제조물의 결함으로 발생한 손해에 대해 제조업자 등의 손해배상책임을 규정함으로써 피해자 보호를 도모하고 국민 생활의 안전 향상과 국민경제의 건전한 발전에 이바지함을 목적으로 제정된 법률이다. 이 법률에서는 '결함'을 제조상의 결함, 설계상의 결함 그리고 표시상의 결함으로 구분하고 있다. 자율 주행차, 인공지능 스피커, 인공지능 로봇 등 인공지능 제품의 경우 역시 설계 단계에서의 결함, 제조 과정에서 결함, 제품에 대한 잘못된 표시로 인해 소비자에게 피해가 발생할 경우, 현재는 〈제조물책임법〉에 의해 손해배상 청구가 이뤄진다.

반면에 '책무성'은 이러한 책임성보다 훨씬 자발적이고 포괄적이며 연대적이다. 예를 들어, 자신이 직접 책임져야 할 사건이 아니더라도 내 문제인 것처럼 관심을 가지고 해결에 참여하는 자세가 책무성이라고 볼 수 있다. 지금 당장은 내 문제가 아니지만 언젠가는 내 문제가 될 수 있을 것이라는 공동체적 시각이 책무성에는 포함되어 있다. 그래서 인공지능의 기술 수준이 급격하게 바뀌고 정보통신기술의 수준이 급변할 때, 인공지능 개발자와 사업자는 이러한 기술 수준을 꾸준히 따라가면서 배워야 할 도의적 책임도 가지게 되는데 이것이 책무성이다. 인공지능과 관련해 어떤 사건이 일어나고 어떤 사고가 발생했을 때 이를 어떻게 해결할지 더불어 고민하는 것이 책무성이다. 이뿐만 아니라, 사회적으로 일어날 파장과 부작용에 대한 대처 방법을 함께 논의하는 자세 역시 책무성의 원칙과 관련이 있다.

프라이버시 보호

프라이버시 보호는 개인 정보 보호와 동일시되고는 있지만, 법적으로나 기술적으로 동일한 표현은 아니다. 프라이버시 정보가 개인 정보보다 훨씬 더 포괄적이라는 느낌을 준다. 미국의 〈캘리포니아 소비자 프라이버시 보호법(CCPA)〉처럼 프라이버시privacy라는 용어를 사용한 법률이 우리나라에는 없다.[259] 그 대신 우리는 〈개인정보보호법〉을 가지고 있다.

〈개인정보보호법〉에 의하면 개인 정보에는 개인 식별 정보, 민감 정보, 가명 정보 등이 포함된다. 여기에서 '개인 식별 정보'는 주민등록번호, 여권 번호, 운전면허 번호, 이름, 영상과 같이 개인이 누구인지를 알아볼 수 있는 정보를 말한다. 그중에서 주민등록번호, 여권 번호, 운전면허 번호는 그 자체만으로 개인을 유일하게 식별할 수 있으므로 '고유 식별 정보'라고 따로 부른다. '민감 정보'는 개인이 가지는 사상·신념, 노동조합·정당의 가입·탈퇴, 정치적 견해, 건강, 성생활 등에 관한 정보, 그밖에 개인의 사생활을 현저히 침해할 우려가 있는 개인 정보를 말한다.

'가명 정보'는 개인 정보의 일부를 삭제하거나 일부 또는 전부를 대체하는 등의 방법으로 추가 정보가 없이는 특정 개인을 알아볼 수 없도록 처리한 개인 정보다. 2020년 8월부터 시행된 '데이터 3법'으로 인해 이 '가명 정보'가 국내에 처음으로 도입되었고 가명 정보 형태로 개인 정보를 활용할 수 있는 '마이데이터 산업'과 같은 신산업이 가능하도록 법적인 기반이 마련됐다.

프라이버시 정보는 이러한 다양한 개인 정보를 모두 포함한다. 그 외에 알리바이와 같은 시간과 이력 정보, 이동 궤적과 같은 위치와 흔적 정보, 호불호 기반의 인간관계 정보들까지도 포함해 프라이버시 정보는 개인의 사생활 전반을 파악할 수 있게 해준다. 프라이버시 정보든 개인 정보든 어떤 신기술이 사용되는 어떤 상황에서 이들은 보편적으로 보호할 대상이다. 그럼에도 불구하고 인공지능 신기술에서 유독 프라이버시 보호 또는 개인 정보 보호 원칙이 강조되는 이유는 "인공지능은 방대한 데이터를 학습함으로써 동작한다"는 기술적 특성 때문이다.

이 학습 데이터 안에 특정 개인에 관한 프라이버시 정보가 존재할 경우, 인공지능은 동작 중에 해당 프라이버시 정보를 이용자들에게 언제든지 노출할 가능성이 있다. 특히 인공지능은 동작하는 과정에서도 이용자를 대상으로 추가적인 학습을 시행하는 경우도 있을 뿐 아니라, 인공지능 자체가 인간의 생활 속에 깊숙이 들어와서 밀착 동작하는 경우가 많다. 이처럼 인공지능은 학습 과정은 물론 학습 후 동작 과정 등 전 과정에서 프라이버시 정보 또는 개인 정보를 오용하거나 악용할 가능성, 유출할 가능성이 항상 존재한다. 따라서 신기술의 보편적 특성에 기반을 두고 도출한 보편적 원칙인 '책무성'에 있어서 인공지능의 경우, '프라이버시 보호' 또는 '개인 정보 보호'라는 하위 원칙을 책무성으로부터 분리해 따로 다루기도 한다.

컴퓨터가 저장하고 다루는 데이터는 데이터의 구조와 형태를 기준으로 '정형 데이터structured data'와 '비정형 데이터unstructured data'로 크게 구분할 수 있다. 정형 데이터는 이름, 나이, 주민등록번호, 연봉, 직장명, 주소 등과 같이 데이터의 구조와 형태가 정해진 데이터로서 이들을 처리하는 규칙도 자연스럽게 결정된 반면에, 비정형 데이터는 이미지, 동영상, 소리, 보고서, 문서, 블로그 글과 같이 데이터의 구조와 형태, 크기 등이 정해져 있지 않고 유동적인 데이터다. 만일 프라이버시 정보와 개인 정보가 정형 데이터로 제공될 경우, 프라이버시 보호 원칙을 따라 진행해야 할 추가 작업이 비교적 간단한 편이다. 그러나 프라이버시 정보와 개인 정보가 비정형 데이터로 존재할 경우, 프라이버시 보호 원칙을 만족하기 위한 처리 과정이 매우 복잡해진다. 그런데 인공지능의 경우 정형 데이터도 학습하지만 비정형 데이터를 학습하는 경우가 많으므로 프라이버시 보호 원칙을 준수하며 인공지능을 도입하고 운영하는 과정이 결코 쉽지 않다. 인공지능 챗봇 '이루다'가 〈개인정보보호법〉을 위반해서 오픈한 지 3주 만에 폐쇄된 사건은 카카오톡 대화록이라는 비정형 데이터 안의 개인 정보를 대상으로 프라이버시 보호 원칙을 준수하는 실무 과정이 얼마나 복잡하고 힘든지를 단적으로 보여준다.

통제성과 투명성 이해하기

통제성 관련 원칙들

앞서 소개한 공공성과 책무성이라는 두 가지 기본 원칙이 인공지능의 보편적 특성을 기반으로 도출된 원칙이라면, 여기에서 다루는 통제성과 투명성은 인공지능의 차별적 특성을 기반으로 도출된 원칙이다.

통제성이란 인공지능은 어떠한 환경 가운데서도 원래 목적에 부합하게 제대로 동작해야 하며 발생 가능한 모든 위험은 인간이 미리 통제할 수 있어야 함을 요구하는 원칙이다. 잘 통제되는 인공지능을 위해서는 책임 분배를 명확하게 하고, 발생 가능한 문제에 대한 대안을 사전에 수립해야 한다. 발생 가능한 오작동과 위험에 대한 충분한 조치를 마련해야 할 뿐만 아니라 인공지능의 품질을 꾸준히 관리해야 한다. 통제성의 원칙을 논의할 때, '기술적 제어장치'의 필요성이 함께 거론되기도 한다. 기술적 제어장치란, 인공지능의 기술적 오작동 및 위험에 대비해 이용자가 동작을 중지할 수 있도록 해주는 기능을 말한다. 이러한 기능은 '킬 스위치Kill Switch', '중단 불가능한 인터럽트(NMI)Non-Maskable Interrupt'로 구현될 수 있다. 이는 인간이 인공지능보다 우위에 있으며 인공지능에 대한 궁극적인 통제권은 인간에게 있음을 기술적으로 보여주는 사례다. 이러한 통제성과 관련 있는 유사 원칙으로 '안전성, 보안성, 추적성, 감사 가능성, 신뢰성, 제어 가능성, 해악 금지, 위험관리, 이용자 주도성' 등을 꼽을 수 있다.

안전성 vs 보안성

안전성Safety은 새로운 기술을 도입할 때마다 반드시 요구되는 원칙이다. 안전성은 보편적인 원칙인 '책무성'과 관련성이 깊어서 책무성의 하위 원칙으로 제시하는 것이 일반적이다. 그런데 인공지능의 경우 이러한 안전성을 책무성이 아닌 통제성의 하위 원칙으로 제시한다. 그 이유는 '인공지능이 인간의 개입 없이도 스스로 동작할 수 있다'는 차별적 특성과 안전성을 연관 짓기 때문이다. 인간의 개입 없이도 스스로 동작하는 자율적 인공지능이 만일 인간의 통제를 벗어나서 마음대로 행동할 경우, 인공지능은 안전하다고 할 수 없다. 그래서 안전성이라는 원칙을 인공지능에서는 통제성과 관련해 다룬다.

인공지능에서 안전성 원칙이란, 의도적이든 그렇지 않든 온갖 외부적 위협으로부터 인공지능이 건재해야 할 뿐만 아니라 인공지능 내부에도 잠재적 위협이 없어야 함을 의미한다. 자율적으로 동작하는 인공지능이 잘못 동작하더라도 이를 인간이 충분히 통제할 수 있어야 함을 요구한다. 일반적으로 어떤 대상이 안전하다는 이야기는 어떠한 상황과 사건 속에서도 인간에게 해악을 끼치지 않고 원래의 도입 목적을 온전하게 성취해낼 수 있음을 말한다.

특별히 정보 보호 영역에서 안전성은 '보안성security'과 같이 움직인다. 그래서 어떤 대상이 안전하다고 할 때는 'secure & safe'하다는 영어 표현을 사용한다. 보안성은 의도적인 위협이나 고의로 발생한 사고로부터의 보호에 중심을 둔다. 안전성은 의도하지 않은 위협이나 우연한 사고로부터의 보호에 중심을 둔다. 예를 들어, 인공지능을 외부 해커가 공격해도 운영이 정상적으로 이뤄진다면 이 인공지능은 보안성이 뛰어나다고 할 수 있다. 반면에 지진이나 화재가 발생했을 때도 인공지능이 중단됨 없이 정상적으로 운영된다면 안전성이 뛰어나다고 말한다.[260] 일반적으로 보안성은 안전성을 위한 선결 조건이다. 보안성이 무너지면 안전성도 무너진다. 안전성이 보안성보다 포괄적인 개념으로 볼 수 있다.

추적성 vs 감사 가능성

추적성traceability은 자율적으로 동작하는 인공지능이 기대나 예상과 다른 행동을 할 경우, 이를 추적할 수 있어야 한다는 원칙이다. 이 추적성은 보안성의 하위 개념이다. 보안성을 만족하려면 추적성 또는 추적 가능성을 먼저 만족해야 한다. 기술적으로는 인공지능이 남긴 로그 흔적을 추적한다거나 디버깅 도구들을 이용해 시간별 사건들을 추적함으로써 인공지능이 그동안 무슨 일을 했으며 어떻게 동작했는지를 쫓아갈 수 있어야 하는 것이 추적성이다.

이러한 추적성과 같은 의미로 사용하는 용어로 '감사 가능성 auditability'이 있다. 감사 가능성은 기업 경영에 대한 감사 활동에서 사용하는 용어로서 감사인이 고객인 기업의 재무 기록과 재무제표를 대상으로 종합적으로 조사할 수 있는 능력을 말한다. 기업 내부의 통제 시스템이 잘 마련되고 제반 기록이 체계적으로 이뤄졌다면 감사 가능성은 높아진다. 자율적으로 동작하는 인공지능에 대해서도 이러한 감사 가능성이 요구된다.

투명성 관련 원칙들

투명성이란, 인공지능의 모든 행동은 이를 이용하는 당사자가 이해할 수 있을 정도로 투명하며 설명 가능해야 한다는 원칙이다. 인공지능은 모든 결정 과정에 대해 필요한 설명을 제공할 수 있어야 하고, 내부에 불필요한 은닉 기능을 보유하고 있지 않아야 한다. 사고가 발생할 경우는 물론 일상에서도 인공지능 활용에 따른 경험과 정보를 최대한 공유하도록 해야 한다. 인공지능 활용에 있어서 필요한 정보와 유의 사항은 사전에 고지하는 것도 필요하다.

투명성의 원칙은 인공지능 시스템에서 불가피한 은닉 기능에 대해서도 명확한 고지를 요구한다. 어느 시스템이든 백업과 복구, 자동 업그레이드를 위해 불가피한 은닉 기능이 존재할 수 있다. 그러나 이러한 은닉 기능이 지나치게 많거나, 존재하는 은닉 기능을 공개적으로 숨기는 행위는 옳지 못하다. 이는 투명성의 원칙을 위배하는 것이다. 일반적으로 어떤 시스템을 개발할 때 원래의 목적에 부합한 서비스와 기능만 개발하고 그 이상은 개발하지 않는 것이 옳다. 이것은 기술 개발에 있어서 '비례성의 원칙principle of proportionability'이다. 비례성의 원칙은 책무성의 하위 원칙으로 다루기도 한다. 이 투명성과 관련 있는 유사 원칙으로 '설명 가능성, 위험 정보 공유, 사회적 영향 평가, 상호 협력' 등을 꼽을 수 있다.

설명 가능성

설명 가능성explainability은 투명성을 만족하기 위한 조건이다. 인공지능이 어떤 결정을 내리거나 어떤 행동을 했을 때 그로 인해 직접적인 영향을 받은 당사자는 왜 그런 결정과 행동을 인공지능이 했는지 궁금해진다. 이때 당사자가 인공지능의 결정과 행동에 대한 설명을 요구할 경우, 만족스러운 응답이 제공되어야 한다는 원칙이다. 인공지능이 특정 영역에서 사람인 전문가만큼 똑똑하고 심지어 더 똑똑한 결정을 내릴 수는 있다. 그렇지만 그러한 결정에 대한 근거를 설명해줄 수 없다면 사람들은 이러한 인공지능을 신뢰하기 힘들어진다. 이처럼 설명 가능성을 만족하는 인공지능을 '설명 가능한 인공지능(XAI)Explainable AI'라고 부른다. 이러한 별도의 명칭이 붙여진 이유는 인공지능에게 설명 가능성을 만족하도록 요구하는 것이 현실적으로는 말만큼 쉽지 않기 때문이다.

인공지능의 발전 역사를 보면 인공지능은 기계 학습을 이용하기 시작한 전과 후로 나눌 수 있다. 기계 학습 기반의 인공지능은 블랙박스와 같은 학습 모델 알고리즘이 방대한 경험과 데이터를 제공받아 학습하도록 함으로써 원하는 동작과 기능을 자동으로 갖추도록 구축된다. 즉, 외부로부터 프로그래밍 과정 없이 방대한 학습 데이터를 기반으로 어떤 일을 예측하고 결정하는 인공지능의 동작이 저절로 구축되는 것이다. 그래서 이러한 인공지능의 블랙박스 내부 동작과 결정 과정을 인간이 들여다보며 설명하는 것은 기술적으로 단순하지 않다. 많은 인공지능 개발 기업들은 인공지능의 결정 행위에 대한 설명 요구를 기업 내부 정보 또는 영업 비밀이라는 이유를 들어 거부하거나 지연하는 경우가 많다. 하지만 인공지능 윤리의 기본 원칙으로 설명 가능성은 전 세계 공통으로 제시되고 있어서 이에 대한 대응은 시간이 지나갈수록 불가피할 것이다. 아울러 설명 가능한 인공지능에 대한 기술적 연구도 이미 상당 부분 진행되고 있다.

기계 학습 이전에 출현한 오래된 인공지능 중에 현재에도 유용하게 사용되는 경우가 적지 않다. 이러한 인공지능을 'GOFAI'이라고 부른다.[261] '훌륭한 고전 방식의 인공지능Good Old-Fashioned

AI'에 대한 약자다. 당연히 이들은 블랙박스 형태의 기계 학습을 이용하지 않는다. 그 대신에 해당 분야에서 오랜 기간 경험을 쌓은 전문가의 방대한 지식을 직접 표현한 후, 이를 인공지능에게 입력으로 제공해 인공지능이 동작하도록 한다. 인공지능의 역사에서 전반기에 등장했던 전문가 시스템Expert System, 규칙 기반 인공지능Rule-based AI, 기호 기반 인공지능Symbolism-based AI이 바로 여기에 속한다. 이러한 GOFAI는 블랙박스 기반의 기계 학습을 사용하지 않는 대신에 전문가가 직접 지식을 표현해 인공지능에게 제공한다. 따라서 GOFAI 인공지능은 결정한 사안에 대해 그 이유를 설명해달라는 이용자의 요구에 큰 무리 없이 대응할 수 있다는 장점을 제공한다. 따라서 설명 가능성의 원칙은 GOFAI 보다는 기계 학습 기반의 최신 인공지능, 딥러닝 기반의 인공지능에 더 크게 요구될 것이며 이는 개발자에게 큰 부담으로 다가온다.

검증 VS 확인

컴퓨터에서 실행되는 소프트웨어를 새로 개발한 후 현장에 배치해 활용하기 전에 꼭 거치는 과정이 있다. 바로 '검증verification'과 '확인validation'이다.[262] 한글로 검증과 확인은 매우 유사한 단어처럼 보이는데, 영어로 보면 전혀 다른 단어다. "우리가 제품을 올바르게 만들었는가?"라는 질문에 답을 찾는 과정이 '검증'이다. 반면에 '확인'은 "우리가 올바른 제품을 만들었는가?"라는 질문에 대한 답을 찾는 과정이다. 검증은 '제품을 올바로 제작하는 것Build the product right'에 대한 점검이고, 확인은 '올바른 제품을 제작하는 것Build the right product'에 대한 점검이다. 검증은 소프트웨어를 개발하기로 작정할 당시에 요구했던 기능과 규격을 만족해 개발했는지를 '개발자의 입장에서' 입증하는 것이다. 반면에 확인은 소프트웨어가 사용자의 요구를 제대로 반영해 개발되었는지를 '고객의 입장에서' 입증하는 것이다. 이러한 검증과 확인은 단지 소프트웨어 개발 과정에서만 사용되는 것은 아니다. 모든 제품을 개발할 때 다 적용될 수 있는 일반적인 필수 과정이다.

인공지능 기술을 적용한 제품이나 서비스를 개발할 때도 검증과 확인 과정은 동일하게 이뤄진다. 2019년 OECD가 발표한 인공지능 원칙을 보면 인공지능 시스템을 개발해 현장에 배치하기 전에 반드시 '검증과 확인' 단계를 거치도록 하고 있다.[263] EU 집행위원회가 2021년 4월에 공개 제안한 '인공지능 법(AI Act)'에서는 인공지능을 명확하게 소프트웨어의 일종이라고 정의하고 있다.[264] 이 점에서 인공지능도 소프트웨어 개발 생명주기에서의 '검증과 확인'을 그대로 적용하는 것이 필요하다.

두 가지 신뢰성

그렇다면 인공지능을 개발하는 과정에서 검증과 확인이란 무엇일까? 검증이 개발자 관점에서 일어나는 점검이고, 확인이 사용자 관점에서 일어나는 점검이라는 차이점에서 비교해보자. "과연 이 인공지능은 개발 원칙에 따라 개발자가 기능 요구 사항을 믿을 수 있게 만들었을까?"라는 질문을 되짚어보는 점검이 '검증'이다. 반면에 "과연 이 인공지능을 인간이 믿고 사용할 수 있을까?"라는 근원적 질문에 대한 점검이 '확인'이다. 둘 다 '믿을 수 있을까'라는 '신뢰성' 관련 표현을 사용하고 있다. 검증에서의 신뢰성은 '기술적 신뢰성reliability'을 의미하는 반면, 확인에서의 신뢰성은 '사회적 신뢰성trustworthiness'을 의미한다.

기술적 신뢰성은 사회적 신뢰성의 하위 축을 형성한다. "인공지능은 인류가 지속적으로 공존할 만큼 신뢰할 수 있을까?"라는 질문에서 말하는 신뢰는 사회적 신뢰성을 의미한다. EU에서 인류가 지향해야 할 인공지능의 특징을 단 한마디로 표현할 때 '신뢰할 수 있는 인공지능Trustworthy AI'라고 제시했다. 이처럼 인간이 지속적으로 신뢰할 수 있는 인공지능이 되기 위해서는 내부적으로 기술적 신뢰성 요건도 만족해야 한다고 요구한다. 인공지능 제품이나 서비스가 개발된 후에 이러한 두 가지 신뢰성에 대한 점검 과정이 필요한데 바로 '검증과 확인'이다. 검증은 기술적으로 신뢰할 수 있는 인공지능Reliable AI에 대한 점검이고, 확인은 사회적으로 신뢰할 수 있는 인공지능Trustworthy AI에 대한 점검이다. 이러한 점검을 위해서는 구체적인 체크리스트를 만들어놓아야 한다.

점검을 위한 체크리스트 작성은 보다 앞서 제시되는 '인공지능 윤리'를 근간으로 하여 후속 과정에서 만들어진다. 2021년 5월 우리나라 정부는 '신뢰할 수 있는 인공지능 실현 전략'을 수립해 발표했다.[265] 이 전략의 일환으로 2021년 11월 인공지능 개발에 필요한 두 가지 체크리스트가 발표됐다. 하나는 정보통신

정책연구원(KISDI)이 주관해 개발한 '인공지능 윤리 기준 실천을 위한 자율 점검표'이고,[266] 다른 하나는 한국정보통신기술협회(TTA)가 주관해 개발한 '인공지능 신뢰성 개발 안내서(가이드북)'이다.[267] 전자의 경우 우리 사회에 인공지능을 개발해 도입함에 따른 '확인' 과정에 활용할 점검 자료다. 반면에 후자의 경우 인공지능 개발자들이 인공지능 제품이나 서비스를 개발한 후 '검증' 과정에서 활용할 점검 자료다.

신뢰성 'Trustworthiness'과 신뢰성 'Reliability'는 인공지능 윤리의 기본 원칙 가운데 자주 등장한다. 전자의 신뢰성은 인공지능 전체에 대한 평가 기준으로 사용하는 원칙이다. 우리나라 정부가 '신뢰할 수 있는 인공지능 실현 전략'을 수립할 때의 신뢰성은 바로 여기에 해당한다. EU나 OECD에서 추구하는 '신뢰할 수 있는 인공지능'에서의 신뢰성도 동일한 의미다. 반면에서 후자의 신뢰성은 통제성, 안전성, 보안성과 관련된 원칙이다. 신뢰성은 한글로는 동일한 표현이지만, 영어로는 사용하는 단어가 다르다. 따라서 신뢰성이라는 표현은 사용하는 문맥에 따라 정확하게 해석할 필요가 있다.

인공지능 바로 보고 마주하기

지금까지 인공지능 윤리에서 활용하는 윤리 원칙들을 살펴보았다. 다소 개념적이고 어렵게 다가올 수 있지만, 원칙 도출의 배경부터 접근해 생각하면 체계적으로 이해할 수 있다. 이 원칙들을 토대로 하여 인공지능 윤리 기준이 만들어지고 구체적인 가이드라인이 생성된다. 2018년 〈지능정보사회 윤리 가이드라인(Seoul PACT)〉도 이렇게 만들어졌고, 2020년 〈국가 인공지능 윤리 기준〉도 이렇게 만들어졌다. 물론 외국에서 공표한 여러 인공지능 윤리도 같은 흐름을 따라 만들어졌다. 이러한 윤리 기준과 원칙을 출발점으로 하여 구체적인 실무 지침, 그리고 나중에는 인공지능 법까지도 만들어진다. 현재 이러한 후속 작업이 여러 형태로 국내에서도 진행 중이다. 마지막 장인 이곳에서는 이러한 후속 작업 중에서 몇 가지 상황을 소개한다. 아직 미완성인 작업이 대부분이지만 여기에서 큰 윤곽을 중심으로 살펴보면, 인공지능 윤리를 좀 더 구체적으로 이해하는 데 도움이 될 것이다. 아울러 이 과정을 통해서 일반 이용자로서 "인공지능 시대, 나는 어떻게 생각하고 준비하며 행동해야 할까?"라는 질문에 대한 밑그림도 각자 그려보았으면 한다.

국가 인공지능 윤리 기준

2020년 12월 23일에 발표한 〈국가 인공지능 윤리 기준〉은 '인간성을 위한 인공지능'라는 대명제 아래서 3대 기본 원칙과 10대 핵심 요건을 제시하고 있다. 정부 부처가 모두 합의해 발표했다고 해서 '국가' 인공지능 윤리 기준을 '범정부' 인공지능 윤리 기준이라고도 부른다.

3대 기본 원칙은 인공지능을 개발하고 활용하는 과정에서 고려해야 할 원칙을 말한다. 3대 원칙으로는 '인간 존엄성 원칙, 사회의 공공선 원칙, 기술의 합목적성'이 제시됐다. 10대 핵심 요건은 인공지능 생명주기를 고려해 3대 기본 원칙을 실현하기 위한 세부 요건으로 제시됐다. 10대 핵심 요건으로는 '① 인권 보장, ② 프라이버시 보호, ③ 다양성 존중, ④ 침해 금지, ⑤ 공공성, ⑥ 연대성, ⑦ 데이터 관리, ⑧ 책임성, ⑨ 안전성, ⑩ 투명성'이 제시됐다. 각각에 대한 구체적인 내용은 과학기술정보통신부 홈페이지 보도 자료 게시판에서 다운로드할 수 있다.[268]

앞서 설명한 인공지능 윤리의 기본 원칙 중에서 상당한 부분이 10대 핵심 요건으로 등장하고 있다. 따라서 10대 핵심 요건을 통상적인 인공지능 윤리의 기본 원칙으로 간주하고 3대 기본 원칙을 인공지능 윤리의 목적과 방향으로 바라보면, 전체적인 틀을 이해하기가 쉬워진다.

〈국가 인공지능 윤리 기준〉을 자세히 들여다보면, 3개 기본 원칙과 10대 핵심 요건의 관계에 일부 중첩된 부분이 있음을 발견할 수 있다. 10대 핵심 요건을 도출할 때 누락과 중첩을 피할 수 있는 미시 형식을 고려하지 않았다는 점, 그리고 매직넘버로서의 10은 일반 대중의 입장에서는 전체를 정확히 기억해 적용하기에는 과다하다는 점이 아쉬움으로 남는다. 그럼에도 불구하고 〈국가 인공지능 윤리 기준〉은 범정부 차원에서 공식적으로 발표한 최초의 인공지능 윤리 기준으로서 중요한 의미가 있다. '이루다 사건' 때문에 인공지능 윤리의 필요성에 대한 대중적인 관심도가 높을 때 시의적절하게 등장했고, 발표 후 체계적인 후속 작업이 계속해 추진되고 있어서 앞으로 국내 인공지능 윤리에 있어서 실질적인 영향력을 끼칠 수 있으리라 기대한다.

교육 분야에서 인공지능 윤리

교육 분야에서의 인공지능 도입과 활용은 그 어느 분야보다 중요하고 미래지향적이다. 교육 분야는 다른 분야와 달리 교육을 통한 ‘사람 성장’을 목표로 하고 있으므로 인공지능을 도입하는 목적도 ‘사람 성장 지원’에 방점을 둬야 한다. 특히 2020년 12월에 범정부 차원에서 발표한 〈국가 인공지능 윤리 기준〉이라는 큰 틀 안에서 교육 분야의 특성에 맞는 인공지능 윤리를 구체화할 필요가 있다. 이뿐만 아니라 교육에 있어서 인공지능 활용의 글로벌 방향성을 제시하고자 2021년 11월에 발표한 유네스코 〈인공지능 윤리 권고〉도 최대한 반영할 필요도 있다.[269] 현실적으로는 교육 분야의 합법적 기반을 제공하는 법률인 〈헌법〉, 〈교육 기본법〉, 〈원격 기본법〉 등과도 충돌함 없이 연계되며 이들을 근거로 움직이는 교육 분야의 특성도 감안해야 한다.

교육 분야에 있어서 인공지능 사용 주체는 크게 ‘교육 당사자’와 ‘교육 관계자’로 양분할 수 있다. 교육 당사자는 다시금 교수자와 학습자로 양분할 수 있는데, 초등학생과 같은 학습자는 주체적 판단력이 상대적으로 약함을 고려해 학부모까지도 교육 당사자에 포함해야 한다. 교육 관계자는 교육 행정의 관리자를 포함해 교육 분야 인공지능 시스템을 제공하는 개발자 그리고 시스템을 운영하는 운영자로 구체화할 수 있다. 이처럼 교육 분야의 특성을 고려해 인공지능 사용 주체를 구분한 후, 각자의 입장에서 필요한 윤리 원칙들을 재조명하고 재해석해야 한다. 예를 들어, 교육 분야에 인공지능을 도입할 경우 교육에 어떤 영향을 줄 것인지에 대한 사전 평가 과정을 누가 시행할 것이냐 하는 문제는 인공지능을 도입하는 기관과 범위, 영향력에 따라서 담당 주체를 달리할 수 있다.

전통적으로 교육 분야는 '교육 공동체'라는 큰 틀 위에서 이뤄졌다는 점을 감안해야 한다. 그래서 인공지능을 교육 분야에 도입했을 때에도 이러한 전통적 가치와 토대가 무너지지 않도록 유의해야 한다. 특히 인공지능을 교육 분야에 도입할 경우, 학습자의 입장에서 인공지능이 교수자를 대체할 가능성도 있음에 유의해야 한다. 인공지능은 교수자의 역할을 대체하는 새로운 교육 주체가 아니라 교수자의 역할을 보조하는 도구임을 분명히 해야 한다. 물론 이 과정에서 인공지능 활용을 감안해 교수자의 역할 조정은 불가피할 것이다. 아울러 개인별로 최적화된 교육 서비스를 지능적으로 제공하는 인공지능으로 인해 학습자와 학습자, 교수자와 학습자, 교수자와 교수자 사이의 관계가 약해질 가능성도 존재한다는 점도 유의해야 한다.

특히 교육 분야에서 인공지능을 도입해 활용할 경우, 인공지능이 학업 성취도에 따른 판단을 자율적으로 내리고 이를 토대로 차별화된 교육 서비스를 자동으로 학습자별로 제공할 수 있다. 이러한 결정 상황과 과정에 대한 설명이 사전 및 사후에 학습자는 물론 교수자에게 충분히 이해할 수 있도록 쉽게 제공되어야 한다.

2022년 1월 교육부는 '교육' 분야에서는 세계 최초라고 할 수 있는 '인공지능 원칙' 시안을 발표하고 후속 논의에 부쳤다. '사람의 성장을 지원하는 인공지능'이라는 '대원칙' 밑에 3대 기본 원칙과 9대 세부 원칙을 제시했다. 교육 분야에서 인공지능의 3대 기본 원칙으로는 '학습자의 주도성 강화, 교수자의 전문성 존중, 기술의 합목적성 제고'를 명시했다. 9대 세부 원칙으로는 '① 인간 성장의 잠재 가능성을 이끌어낸다, ② 모든 학습자의 주도성과 다양성을 보장한다, ③ 교육 당사자 간의 관계를 공고히 유지한다, ④ 교육의 기회 균등 실현을 통해 공정성을 보장한다, ⑤ 교육 공동체의 연대와 협력을 강화한다, ⑥ 사회 공공성 증진에 기여한다, ⑦ 모든 교육 당사자의 안전을 보장한다, ⑧ 데이터 처리의 투명성을 보장하고 설명 가능해야 한다, ⑨ 데이터를 합목적적으로 활용하고 교육 당사자의 프라이버시를 보호한다'를 제시했다.

교육 분야는 다른 분야와 다르게 학습자라는 특별한 이용자 전체를 대상으로 인공지능 윤리 자체에 대한 교육을 실시해야 한다는 특징도 가지고 있다. 특히 학습자는 가까운 미래에 인공지능 개발자, 공급자, 이용자의 기본 주체 역할을 모두 담당할 수 있으므로 학년별 학습 수준만 달리할 뿐 결국에는 인공지능 윤리 전반에 대한 교육이 학습자 모두에게 이뤄져야 한다. 인공지능 윤리에 대한 전방위적 교육과정은 초·중·고 전 과정에 대한 '인공지능 교육과정' 안에 포함되어 2021년 2월 한국과학창의재단을 통해서 교재로 개발된 바 있다. 발간된 교재는 수준별 총 5권으로 구성되어 있으며 각각 교사용 교재도 함께 개발되었고 이에 대한 콘텐츠 제작도 진행 중이다. 이 교재는 'SW 중심 사회' 웹사이트 내 'SW·AI 교재' 메뉴에서 무료로 다운로드해 활용할 수 있다.[270] 각 교재의 말미에 '인공지능 윤리'가 학습 수준별로 제공되고 있다.

대학에서 인공지능 윤리

교육 분야에서 인공지능 윤리는 다분히 초·중·고 교육 및 평생교육에 초점을 두고 있다. 만일 대학 이상의 고등교육기관에서 인공지능을 도입해 활용하는 경우, 대학 고유의 차별화된 특징을 충분히 고려해 별도의 인공지능 윤리 원칙과 가이드라인을 만들 필요가 있다. 특히 대학에서의 윤리 주체인 교수자와 학습자는 초·중·고에서의 상황과 상당히 다르다. 예를 들어, 대학에서의 '교수자'는 교육은 물론 연구 그리고 경우에 따라서는 행정 분야에서도 업무를 맡는다. 교수자의 종류에 따라서 교육 분야가 주 업무가 아니라 연구 분야가 주 업무인 교수자도 있고, 행정 분야가 주 업무인 교수자도 있다. 이 모든 영역에서 인공지능을 도입해 활용할 수 있다.

대학은 교육 조직이면서 동시에 연구 조직이다. 대학은 산학협력단 및 학교 기업 활동을 통해 기업체와 같은 영리사업에 대한 비중을 갈수록 높이고 있다. '학습자'의 경우도 단순한 학습에서 벗어나 기업 인턴십 프로그램 참여, 캡스톤 디자인과 같은 팀 프로젝트 수업 등을 통해서 인공지능 개발자의 역할을 대학 재학 중에 얼마든지 할 수 있다. 따라서 대학에서 인공지능 윤리 가이드라인은 그 어느 분야나 조직보다도 '다양한 윤리 주체'를 다 포괄하고 있으면서도 '고등교육기관'이라는 차별화된 특성도 가지고 있다는 점을 고려해 도출해야 한다.

2021년 3월 서울여자대학교 바른AI연구센터는 '대학 인공지능 윤리 헌장'을 발표했다. 대학 상황에 적합하며 세분화된 원칙을 제시하고 구체적인 가이드라인을 도출해 윤리 항목들을 구체적이면서도 풍성하게 발표하는 것도 가능했지만, 이런 시도가 처음이라는 이유로 일부러 '헌장'이라는 간단한 형식을 사용했다. 모든 대학 구성원들이 기억하기 쉽도록 대학에 최적화된 8개의 원칙을 8개의 가이드라인 문장과 함께 헌장 한 페이지 안에 담아 선언했다. 물론 대학별 설립 이념 및 특성에 따라 얼마든지 고유의 인공지능 윤리 헌장을 다시 제정해 운영할 수 있다. 다음 헌장이 앞으로의 이러한 시도를 위한 마중물 역할을 할 수 있으리라고 기대해본다.

- 수직적 공존 사람의 가치를 키우고 행복 추구에 도움을 줄 수 있도록 인공지능을 도입하며 사용한다.
- 투명한 사용 인공지능을 도입할 경우, 도입 사실을 목적과 함께 명백하게 밝히고 사용하는 기술 내용과 수준, 의사 결정 과정을 최대한 제시한다.
- 책임과 안전 도입 목적에 부합하도록 그리고 안전과 보안을 고려해 인공지능을 사용하되 그에 따른 결과와 영향에 대해 책임을 다한다.
- 데이터 관리 데이터의 수집과 운영에 있어서 개인 정보와 프라이

버시를 침해하지 않도록 주의하며 확보한 데이터는 엄정하게 관리한다.

- 공정성 향상 인공지능에 내재된 편견과 차별을 줄임으로써 공정성을 높이며, 성과와 혜택에서 소외된 사람이 최소화되도록 노력한다.
- 통제 가능성 인공지능 사용 과정에서 권익 침해, 안전사고 등 부작용이 발생할 경우 이를 즉각 통제하고 필요한 조치를 취한다.
- 공론화 기반 인공지능 도입에 따른 영향력과 효과성을 검증하기 위해 다양한 구성원들이 참여해 협의하는 문화를 조성한다.
- 디지털 역량 인공지능을 사용해 혁신적인 대학 발전을 지속하기 위해 구성원들에게 융·복합 기반의 디지털 역량을 꾸준히 강화한다.

공공 분야에서 인공지능 윤리

공공 분야에서 인공지능을 도입할 때 관심을 가지고 분석해야 하는 주체는 '공무원'이다. 공무원은 정부와 공공 기관이라는 독특한 조직의 주체이자, 인공지능이 이끌고 올 지능정보사회의 중요한 정책 결정 주체이기도 하다. 공무원은 개발자, 공급자, 이용자라는 인공지능 윤리의 3대 기본 주체의 특징을 겸비한 독특한 주체다. 공무원은 국민에게 인공지능 제품과 서비스를 개발하여 공급하는 역할을 담당함과 동시에 국민이라는 이용자 시각에서도 인공지능 도입을 바라보아야 한다.

국민을 대상으로 인공지능 기반 행정 서비스를 제공하는 주체로서 공무원은 '공급자'에 해당한다. 예를 들어, 민원인의 눈높이에 맞춘 대화형 챗봇 서비스를 공공 기관이나 지방자치단체에 도입할 경우 국민이라는 민원인의 입장에서 바라볼 때 담당 공무원은 인공지능 제품이나 서비스의 공급자에 해당한다. 그런데 공급자 중에서도 국민의 세금으로 임금과 비용 지출이 이뤄지며, 기업인과 같은 공급자와는 달리 이윤 추구보다는 국민을 위해 봉사하는 '비영리' 공급자라는 특성을 공무원은 추가로 가지고 있다.

행정 업무의 대국민 신뢰성 향상을 위해 또는 행정 업무의 신속하고 효율적인 수행을 위해 인공지능을 정부기관에서 활용하는 주체로서 공무원은 '이용자'이기도 하다. 예를 들어, 인공지능의 도움을 받아 복잡하고 방대한 행정 문서에 대한 작성과 저장, 백 로그back log 형성 그리고 검색과 활용을 통해 문서 행정의 효율성을 높일 목적으로 인공지능을 도입해 사용할 경우, 공무원은 일종의 이용자에 해당한다. 행정 서비스 수혜 대상자를 선발하는 기존 업무를 앞으로는 인공지능에게 위임함으로써 공무원의 직접 결정에 따른 편향 가능성의 오해를 최소화할 목적으로 인공지능을 도입하기로 결정했다면, 이 경우 공무원은 인공지능 이용자다.

물론 행정 업무에 필요한 인공지능 기술이나 제품, 서비스에 대해 조달청을 통해서 아웃소싱하지 아니하고 직접 개발할 수도 있는데, 이처럼 직접 개발을 수행하는 공무원은 '개발자'에 해당한다. 비록 직접 개발하는 경우가 흔하지 않더라도 이런 경우가 존재한다면 인공지능 개발자로서의 윤리 가이드라인도 함께 마련해야 한다. 결론적으로 공무원을 위한 인공지능 윤리 가이드라인은, 공급자 입장에서 주로 구성하면서도 이용자 입장과 개발자 입장도 무시하지 않고 가미하는 혼용 형태로 제작해야 한다.

앞으로 전자 정부에 인공지능 서비스를 적극적으로 도입해 확산할 경우 핵심 주체인 공무원의 이러한 특징과 역할을 반영해 인공지능 윤리의 원칙들을 조명하면 구체적이면서도 최적화된 가이드라인을 융통성 있게 도출할 수 있다. 〈Seoul PACT〉에서 밝힌 인공지능 4대 원칙을 투영해 시범적으로 제작해본 공공 분야에서의 인공지능 윤리 가이드라인은 "인공지능 윤리 원칙 〈Seoul PACT〉를 적용한 지능형 전자 정부 서비스 윤리 가이드라인"이라는 논문으로 2019년에 발표된 바 있다.[271] 담당 공무원 및 공공 업무에 대한 정확한 이해가 구체적으로 이뤄질수록 더욱 향상된 '공공 분야를 위한 인공지능 윤리 가이드라인'을 공공 분야별로 만들어낼 수 있다.

인공지능 생태계와 정부의 역할

이용자, 개발자, 공급자라는 인공지능 윤리의 3대 기본 주체와 별도로 지능정보사회 측면에서 볼 때 '정부government'라는 네 번째 주체도 매우 중요한 역할을 담당한다. 지능정보사회라는 글로벌 생태계의 성장이 바람직하면서도 지속 가능하게 이뤄지려면, 정부가 인공지능과 관련해 적합한 국가정책을 세워서 추진해야 하기 때문이다. OECD 인공지능 원칙 섹션 2 '신뢰할 수 있는 인공지능을 위한 국가정책과 국제 협력'에 제시된 내용 및 〈Seoul PACT〉에서 제시한 '정부용 정책 과제'를 참조하여 인공지능 생태계 조성을 위해 정부가 담당해야 할 역할을 간략하게 제시하면 다음과 같다.

국민이 인터넷상에 남기는 프라이버시 정보를 포함한 다양한 디지털 흔적에 대해 데이터 주권을 고려한 디지털 흔적 관리 정책을 수립해야 한다. 이 정책을 중심으로 국제적 협력을 추진해 자국민의 개인 정보 및 프라이버시 정보를 다국적 기업이 수집해 활용함에 있어서 국민의 이익과 권리를 대변해야 한다. 아울러 휴면 및 사후 계정 관리, 디지털 흔적과 디지털 유산, 사후 프라이버시에 대해 무관심한 다수의 국민을 보호하고 일관성 있고 보편적인 디지털 흔적 관리 체계를 구축해야 한다.

정부는 공공 개발 유도 및 위험 예방을 위한 법·제도를 마련해야 한다. 기술 개발, 서비스 설계, 제품 기획 등 인공지능 기술 관련 의사 결정 과정에서 공공의 이익이 확보될 수 있도록 이용자인 국민이 참여하는 '인공지능 이용자 윤리위원회' 등을 제도화할 필요가 있다. 인간에게 유용하고 이로운 혜택을 주는 기술이 우선 개발될 수 있도록 유도하는 인센티브 지원 정책도 수립해야 한다. 인공지능의 기술적 혜택으로부터 소외되는 개인이나 조직이 없도록 포용적 혜택을 위한 지원을 마련한다. 인간과 인공지능의 수직적 공존 관계를 형성하고 가능한 위험에 대한 사전 예방적 차원에서 인공지능 도입과 운영에 따른 '사회적 영향 평가 제도'를 마련하고, 개발자·공급자의 책임과 의무 및 이용자 권익 보호를 위한 법·제도도 마련해야 한다. 특히 고위험 분야에서의 인공지능 활용에 있어서 신뢰성을 확보할 수 있는 '인증 제도'를 도입한다.

정부는 오남용 방지 및 이용자 역량 강화를 통해 인공지능에 대한 안전하고 건전한 이용이 활성화되도록 사회 전반에 걸쳐 바른 '인공지능 의식 확산 정책'을 추진해야 한다. 인공지능의 사회적 확산에 따른 불법 유해 정보의 지능화, 유통 경로의 다양화 등 역기능 예방을 위한 대국민 캠페인과 홍보를 꾸준히 시행한다. 인공지능 기술 및 서비스의 특성과 윤리적 기반을 함께 이해할 수 있는 '교육 프로그램'과 '맞춤형 교육 체계'를 마련하고 정착시킨다. 이를 통해 인공지능에 있어서 이용자의 자기 선택권을 강화하고 자율적 활용 능력 및 디지털 역량을 지속적으로 높여야 한다.

정부는 인공지능을 중심으로 한 '디지털 산업 생태계'를 조성해야 한다. 공공 데이터를 중심으로 학습 데이터용 '데이터 댐'을 지속적으로 구축해 개방하고, 인공지능 분야 전문 인력을 양성하며 '인공지능 진흥 법제'를 마련한다. 특히 중소기업의 인공지능 경쟁력을 높이기 위해 다양한 각도에서 지원 정책을 마련해 제공한다. 중소기업을 대상으로 인공지능 기술 도입과 활용을 위한 '중소기업 전용 연구·개발 지원 사업'을 배정하고 중소기업의 내부 환경과 외부 환경의 개선을 지원하며 규제 개선을 위한 '샌드박스 제도'를 운영한다. 자생적 교육 훈련 및 기술 도입이 힘든 중소기업을 대상으로 포용적 성장을 전략적으로 지원하되, '중소기업 인공지능 종합지원센터'를 운영해 지속적인 협업 및 지원 체계를 구축한다. 중소기업 재직자에 대한 인공지능 교육 훈련, 기업 주도의 산학 공동 교육과 연구를 통해 중소기업의 인공지능 활용 역량을 강화한다.

정부는 인공지능에 관한 건전한 연구 문화를 조성하고 '국내외 협력 네트워크'를 구축할 수 있도록 정책을 추진해야 한다. 인공지능 연구자 및 개발자 간의 협력, 신뢰, 투명한 연구 문화를 조성하고, 연구자·개발자·공급자와 정책 입안자 간 건설적이고 건전한 교류를 통해서 정책과 기술 개발의 유기적 관계성을 높인다. 인공지능 기술 및 서비스와 관련한 윤리적 문제는 그 성격상 글로벌한 이슈이므로 국제기구, 다국적 기업, 국제적 NGO 등과의 교류와 협력을 통한 '국제 규범 마련'에 협력하고 노력해야 한다.

전 국민을 위한 인공지능 윤리

전 국민 누구나 인공지능 제품 또는 인공지능 서비스의 이용자가 될 수 있다. 현재 인공지능을 접하고 있는 직접적인 이용자는 말할 것도 없고 앞으로 인공지능을 사용할 것으로 예상되는 잠재적 이용자도 포함해 모두 인공지능 '이용자'다. 사회 전반에 걸쳐서 인공지능의 이용 확대가 분명하므로 전 국민을 이용자로 보는 것도 잘못된 시각은 아니다. 인공지능이 이끌 4차 산업혁명 시대와 지능정보사회의 시각에서 볼 때, 모든 구성원이 인공지능 이용에 있어서 갖춰야 할 시각과 자세를 미리 알아두는 것은 꼭 필요하다. 여기에서 제시된 이용자 윤리는 완성본이 아니다. 지속적인 추가 작업이 필요하다. 어떤 인공지능 제품을 사용하고 어떤 인공지능 서비스를 받느냐에 따라 제품별·서비스별 가이드라인도 다르게 갱신되어야 한다. 지금부터 소개하는 내용은 전 국민을 이용자로 간주했을 때, 누구나 알고 행동해야 할 인공지능 윤리 가이드라인의 요약이다.

- 인터넷에 다양한 형태로 남기는 본인의 정보인 '디지털 흔적'이 나중에 인공지능의 학습 데이터로 활용될 수 있음을 인지한다. 본인의 디지털 흔적 생성에 대한 나름대로의 관리 방침을 세우고 실천한다. 내가 세상을 떠났을 때 내 디지털 흔적에 대한 처리 방침도 계정별로 미리 마련한다.
- 인공지능 제품 구입 및 서비스 이용과 관련된 약관이나 사용 설명서를 꼼꼼하게 확인한다. 특히 지능형 제품이나 서비스를 새로 이용할 경우, 내부적으로 인공지능을 이용한다는 사실은 물론 인공지능이 담당하는 영역과 기능, 수준에 대한 설명이 사전에 관

련 자료를 통해 제공되고 있는지 확인한다.

- 인공지능 제품이나 서비스를 이용하는 도중에 원래 의도된 목적에 부합하게 동작하는지 다양한 각도에서 모니터링한다. 제작 의도와 다른 행동을 하거나 사고 및 고장이 발생하는 경우 그리고 위험성 높은 반응을 보이는 경우, 사용을 중단하고 이 사실을 공급자와 개발자에게 바로 통보한다.
- 인공지능을 이용하면서 생성된 자료를 보관하고, 이용 경험과 제품 개선 리뷰를 남기는 등 건전한 이용자로서 활동한다. 인공지능 제품 및 서비스 개선에 참여하고, 사고나 사건 발생과 같은 상황에서 상황 대응과 문제 해결 과정에 기록된 자료와 사용 경험을 공유하며 필요한 도움을 제공한다.
- 인공지능 기술과 제품, 서비스에 대한 정확한 사용 방법을 학습해 잘못 이용하거나 악의적인 목적으로 이용하지 않는다. 인공지능을 이용해 타인의 이용과 자유, 권리, 안전을 침해하지 않도록 조심한다.
- 이용하는 인공지능 제품과 서비스의 교체·갱신·폐기 작업을 진행할 때, 이미 안내된 지침을 준수해 부작용 없이 원만한 이용이 지속되도록 유의한다. 특히 이러한 이용 환경 변화 과정에서 개인 정보 유출과 같은 부작용이 발생하지는 않는지 유의한다.
- 인공지능의 신규 도입과 이용 확산에 따른 사회적 영향, 윤리적 영향, 개인 정보 영향, 관행과 문화 등에 걸쳐 바람직하지 않은 변화 발생에 대한 의견을 적극적으로 개진한다. 이와 관련된 공론화 과정에 참여하며 이에 필요한 윤리적 상상력을 키운다.

- 인간과 인공지능의 수직적 공존 관계에 대한 이해를 바탕으로 인간의 존엄성이 훼손되는 상황을 모니터링하고, 인공지능 이용이 남용이나 중독으로 전락하지 않도록 본인은 물론 주위 상황을 모니터링한다.
- 인공지능이 데이터를 기반으로 동작함을 인지하고 인공지능 이용 전반에 걸쳐 처리되는 학습 데이터와 개인 정보의 관련성을 중심으로 프라이버시 침해 가능성에 대해 모니터링을 지속한다.
- 인공지능이 자율적으로 시행한 결정과 동작을 이해하는 데 필요한 설명을 운영 주체에게 적극적으로 요구한다. 이러한 활동을 통해 바람직한 인공지능 활용이 사회 전반에 걸쳐 정착할 수 있도록 똑똑한 소비자로서 활동한다.
- 인공지능이 도입될 경우 인간의 정서, 인간의 존엄성과 안전, 기본권을 침해할 수 있는 제품과 서비스에 대해 관심을 갖는다. 예를 들어, 인공지능이 단독으로 사람이나 어떤 그룹의 사회적 평판, 등급, 신용도, 위험도 등을 평가하는 경우에 대한 적극적인 모니터링이 필요하다.
- 인공지능을 비롯한 디지털 환경 전반에 걸친 이용 역량을 지속적으로 강화한다. 인공지능을 잘 활용해 새로운 기회를 만들고 이를 통해 사회 공동체의 발전에 함께 동참할 수 있도록 한다.

에필로그

'인공지능이 인류의 마지막 기술일 수 있다'는 경고만큼 우리의 관심을 끄는 표현도 없다. 설령 그렇다고 하더라도 인공지능을 강하게 거부할 수 없는 까닭은 인공지능이 주는 매력과 장점이 과거 그 어느 기술보다도 크고 강하기 때문이다. 어차피 포기할 수 없는 대세 기술이고 인간과 더불어 살아가는 것이 불가피한 숙명적 기술이라면 방법은 하나다. 정면으로 마주하는 것이다. 우리 안에 내재한 불안과 두려움을 떨치는 가장 좋은 방법은 대상을 마주해 정면으로 바라보는 것이다. 그리고 지금 이 시점에서 하나씩 하나씩 양파 껍질을 벗겨내듯 준비해가는 것이다.

'죽음, 존재, 신뢰'는 말할 것도 없고 인간이 지금까지 조심스럽게 대했던 근간을 인공지능이 하나씩 하나씩 흔들어댈 시간이 점점 다가온다. 그래서 예상되는 흔들림을 정확하게 바로 보면서 이 흔들림을 넘어설 구체적인 준비를 해야 한다. 인공지능이 아직은 본격화되지 않은 기술이기에 우리에게 준비할 시간이 조금 남아 있다. 지금 우리에게는 무엇보다 윤리적 상상력이 필요하며 함께 머리를 맞댈 공론의 장이 필요하다. 이를 통해 다 같이 공감하고 깨달은 내용은 윤리적 자산 안으로 옮겨놓아야 한다. 윤리의 최소한을 추려 법과 규정의 형태를 빌려 미래 사회의 기본 틀을 조성할 필요도 있다.

처음 작성한 원고의 상당 부분을 탈고 과정에서 제외했다. 인공지능 윤리에 대한 강의가 끝날 때마다 “그러면 이제부터 구체적으로 무엇을 하라는 것인가요?”라는 질문을 받아왔다. 이 질문에 성실하게 답하려다 보니 꽤 실무적인 내용이 불어났다. 일반 독자들이 이해하기 쉽도록 쓰겠다는 처음의 의지보다 좀 더 구체적인 내용을 좀 더 많이 알려주고 싶은 욕심이 앞서고 말았다. 그래서 아쉬운 마음을 뒤로 하고 어려운 부분을 과감하게 덜어냈다. 그래도 군데군데 욕심의 흔적이 남아서 인공지능이나 컴퓨터를 잘 모르는 독자에게는 읽기 불편한 부분이 있을지 모르겠다. 생선을 먹을 때 가시를 만나면 그냥 발라 먹으면 된다. 그렇게 해서라도 생선을 끝까지 먹는 것이 최고다. 불편한 부분을 가시 바르듯 접으면서 이 책의 에필로그까지 읽은 독자라면, 일단 인공지능 윤리를 이해하는 데 성공했다고 크게 칭찬해드리고 싶다.

아무쪼록 이 책을 통해서 인공지능에 대한 불안과 두려움이 사라지고, 그 빈자리에 인공지능을 바로 보고 마주하면서 함께 살아가는 지혜가 가득 채워지기를 기대해본다.

2022년 4월

김 명 주

주 석

1장 '죽음'을 흔드는 AI

1 https://youtu.be/Jm0s0CEEd3Q
2 https://youtu.be/BIDaxl4xqJ4
3 CGI는 영화나 광고, 게임, 시뮬레이션 등에서 특수 효과를 얻기 위해 사용하는 3차원 그래픽 기술이다. 주로 3D 맥스, 오토 데스크 소프트 이미지, 마야와 같은 그래픽 도구를 활용한다. 최근에는 인물 생성에 대한 CGI의 경우 딥러닝, GAN과 같은 인공지능 기술이 추가되어 작업 기간이 단축되고 비용이 절감되는 등 효율성이 더욱 좋아지고 있다.
4 https://youtu.be/jDRTghGZ7XU
5 https://youtu.be/WZEKBuzp1BU
6 https://youtu.be/MsmIP-gXjDc
7 https://youtu.be/jPPZz2NxBhs
8 https://dead.work/
9 사용자들 간에 파일을 공유하는 방식으로는 웹하드, P2P, 토렌트, 그리드 등 여러 가지가 있다. 웹하드는 파일을 웹서버에 올린 후 공유하는데, 웹서버에 대한 법적 관리의 구체적인 대상이 된다. 반면에 P2P는 개인과 개인 사이의 파일 직접 공유 방식이라서 특정 파일의 유통에 대한 추적이 쉽지 않다. 토렌트와 그리드(Grid)는 변형된 P2P 방식이다.
10 웹(Web)은 표면 웹, 딥웹, 다크웹 등 크게 세 가지로 구분된다. 표면 웹과 딥웹은 크롬, 사파리, 파이어폭스과 같은 일반적인 웹브라우저로 접근이 가능한 인터넷 사이트다. 다만 딥웹은 표면 웹에 비해 신분 인증이나 별도 정보 제공을 받은 후에야 접근이 가능하다. 표면 웹과 딥웹이 http라는 표준 통신 규약을 사용하는 반면, 다크웹은 tor라는 별도의 통신 규약을 사용해 접근할 수 있다. 다크웹을 접근하려면 tor와 같은 별도의 웹브라우저를 설치해야 한다. 다크웹은 정보 거래자에 추적이 매우 힘들다는 점에서 범죄 활동에 급격히 활용되는 추세다. 우리나라는 'N번방 사건'을 계기로 일반인들에 많이 알려졌다.
11 Eriq Gardner, "Robin Williams Restricted Exploitation of His Image for 25 Years After Death", March 30 2015, The Hollywood Reporter.

12 https://news.joins.com/article/23946580

13 가상현실은 현실 세계에는 존재하지 않지만, 인위적으로 만들어진 가상의 공간과 그 안에 존재하는 모든 가상적인 존재를 말한다. 이 공간을 접근하려면 가상현실 세계를 보거나 그 안의 사물을 만질 수 있는 개인 장비를 장착해야 한다. 오큘러스 퀘스트 2와 같이 머리에 쓰는 HMD(Head Mounted Device) 형태의 가상현실 안경이나 장갑이 필요하다.

14 https://whatever.co/work/nhk-fukkatsu-no-hi-day-of-reunion/

15 https://www.youtube.com/watch?v=uflTK8c4w0c

16 https://www.youtube.com/watch?v=qWsSOxcIhCA

17 Thomas H. Holmes, Richard H. Rahe. (1967). The Social Readjustment Rating Scale. Journal of Psychosomatic Research, Volume 11, Issue 2, Elsevier, Pages 213-218.

18 애착 이론은 영유아가 양육자, 특히 어머니와 정서적 유대를 발달시켜가는 과정을 설명하는 이론이다. 정서적 결속인 애착(attachment)은 영유아의 생존은 물론 심리적, 사회적 발달에 지대한 영향을 미치게 된다.

19 Bowlby, J. (1961). Processes of Mourning. International Journal of Psychoanalysis, 42, pages 317-339. □볼비는 처음에 애도 과정을 3단계로 제시했으나 나중에 동료 연구자인 콜린 파크스(Colin Murray Parkes)의 도움으로 정상적인 애도 과정을 4단계로 구체화했다.

20 미국정신의학협회(APA, American Psychiatric Association)에서 출간하는《정신 장애 진단 및 통계 편람(DSM-5 Diagnostic and Statistical Manual of Mental Disorder)》에 공식 등재된 진단명이다. DMS-5는 https://www.psychiatry.org/psychiatrists/practice/dsm를 통해서 접근할 수 있다.

21 육성필, 박혜옥, 김순애. (2019). 애도의 이해와 개입. 박영스토리. 65~71쪽.

22 '페르소나(Persona)'는 인격을 뜻하는 라틴어다. 과거에는 연극에서 배우가 쓰는 탈을 지칭했으나 지금은 이성과 의지를 가진 인격적 주체를 말한다. 디지털 페르소나는 디지털 기술을 사용해 실제에 가깝도록 흉내를 내는 특정한 인격체를 말한다.

23 '노출 치료'는 '외상 후 스트레스 장애(PTSD, Post Trauma Stress Disorder)'를 겪는 환자를 비교적 안정된 환경 가운데 있도록 하면서 동시에 과거의 외상을 유발하는 상황에 의도적으로 조금씩 노출함으로써 지속적으로 강한 내성을 갖추도록 만들어가는 일종의 심리 치료 기법이다.

24 https://edition.cnn.com/2021/01/27/tech/microsoft-chat-bot-patent/index.html

25 https://techxplore.com/news/2021-03-chatbots-resurrect-dead-legal-experts.html

26 '디지털 흔적'은 본인이 이미 남겼지만 돌아보니 오히려 남기지 않는 것이 더 좋았을뻔한 디지털 기록을 주로 가리키는 말로서 남겨진 디지털 정보의 부정적인 측면을 강조

할 때 많이 사용한다. 반면에 '디지털 유산'은 고인이 인터넷이나 디지털 세계 속에 남긴 시청각적으로 인지가 가능한 정보를 말한다. 유족이나 후손의 입장에서 보면, 디지털 유산은 고인이 자신들에게 물려준 디지털 형태의 자산(asset)을 통칭하는 법적 용어다.

27 Michael Bazzell. (2019). Open Source Intelligence Techniques - Resource For Searching And Analyzing Online Information, 7th Edition, IntelTechniques.com.

28 https://gdpr.eu

29 〈GDPR〉 17조에 명시되어 있는 '삭제권'은 '잊힐 권리'라고도 불린다. 그러나 현실적으로는 잊힐 권리가 완벽하게 보장되는 것은 아니다. 표현의 자유나 공익성과 충돌할 경우 개인의 잊힐 권리, 즉 삭제권 요청은 거부될 수 있다.

30 Carl J. Öhman, David Watson. (2019). Are the dead taking over Facebook? A Big Data approach to the future of death online, Big Data & Society, Volume 6, Issue 1, SAGE, pages 1-13.

31 https://www.bbc.co.uk/programmes/p03sm61g

32 사후 프라이버시 문제를 비롯하여 고인의 디지털 흔적과 관련된 다양한 문제를 집중적으로 연구해온 일레인 카스켓(Elaine Kasket)의 책은 한글로 번역되어 출간되어 있다. □ 일레인 카스켓. (2020). 디지털 시대의 사후 세계-디지털 시대는 어떻게 죽음의 의미를 바꾸었나?(All the Ghosts in the Machine). 김성환(역). 로크미디어.

33 https://www.cnet.com/news/yahoo-releases-e-mail-of-deceased-marine/

34 https://www.computerweekly.com/news/252476154/Interview-Why-we-need-a-GDPR-for-dead-people

35 2014년에 제정된 〈UFADAA〉 법은 2015년에 〈RFADAA(The Revised UFADAA)〉 법으로 개정됐다. 〈RFADAA〉 법 전문은 https://www.uniformlaws.org에서 다운로드할 수 있다.

36 https://support.google.com/accounts/answer/3036546?hl=ko

37 https://www.facebook.com/help/1568013990080948

38 https://time.com/5579737/facebook-dead-living/

39 디지털 트윈을 '디지털 대체 자아(Digital Alter Ego)'라고도 부르며, 살아 있는 사람의 정신을 복제한다고 해서 '마인드 클론(Mind Clone)'이라고도 부른다.

40 https://hereafter.ai □ 히어애프터 기업의 활동과 관련한 CBS 뉴스와의 인터뷰 동영상은 유튜브에서도 볼 수 있다. □ https://www.cbsnews.com/video/avatars-that-tell-your-story-after-youre-gone

41 웹사이트 eterni.me를 입력하면 창업자인 마리우스 우르사체 사이트로 전환해 표시된다.

42 https://lifenaut.com/

43 https://www.youtube.com/watch?v=KYshJRYCArE&t=51s

44 http://content.time.com/time/covers/0,16641,20130930,00.html

45 《노화의 종말(Ending of Aging)》이라는 책을 저술한 영국의 생물의학 노인학자 오브리 드 그레이(Aubrey de Gray)는 칼리코의 노화 및 생명 연장 연구 접근 방식에 총체적 문제가 있다고 지적했다. □ https://www.youtube.com/watch?v=C450X2nUwh8

46 https://www.youtube.com/watch?v=NqbQuZOFvOQ

47 https://www.pcrm.org/news/news-releases/physicians-group-files-state-lawsuit-and-federal-complaint-against-uc-davis

48 이처럼 인간의 뇌를 디지털화해 기계와 같은 다른 신체와 연결하는 BCI 개념은 일본 시로 마사무네 원작의 코믹스 〈공각기동대〉에서 '전뇌화(電腦化)'라는 개념으로 등장해 대중에게 알려졌다.

49 트랜스 휴머니즘을 이해하기 위한 서적으로 다음을 추천한다. □ 이브 해롤드(Eve Herold). (2020). 아무도 죽지 않은 세상-트랜스 휴머니즘의 현재와 미래(Beyond Human). 강병철(역). 꿈꿀자유.

50 Nick Bostrom, Eliezer Yudkowsky. (2014. 02) 'Chapter 15. The Ethics of Artificial Intelligence'. The Cambridge Handbook of Artificial Intelligence, pp.316-334. Cambridge University Press. DOI: https://doi.org/10.1017/CBO9781139046855.020

51 https://www.dailymail.co.uk/news/article-4653886/Russia-unveils-generation-Star-Wars-combat-uniform.html#v-7138873436104081113

52 지금 시대에 있어서 스마트폰은 개인 신체의 일부분처럼 됐다. 거의 모든 시간을 휴대하며 살아간다. 따라서 성능 좋은 스마트폰을 소유해 잘 활용하는 개인은 그렇지 못한 개인보다 일 처리 역량이나 문제 해결 능력이 상대적으로 우수할 수 있다. 이처럼 트랜스 휴먼이 강화되면 강화될수록 빈익빈 부익부 현상의 심화는 불가피한데, 이미 자본주의사회 안에 흔하게 발생하고 있는 현상이라는 주장도 있다.

53 고등과학원(KIAS, Korea Institute for Advanced Study)에서 발간하는 과학전문 웹진 《HORIZON》에서 '포스트 휴머니즘'으로 검색하면 일련의 전문가 기고문을 볼 수 있다. □ 웹사이트 주소: horizon.kias.re.kr
포스트 휴머니즘과 관련하여 다양한 시각을 보여주는 국내 전문가의 서적도 상당수 출간되어 있는데, 다음 책들을 추천한다. □ 김종갑. (2020), "포스트 휴머니즘, 공존의 철학". 몸문화연구소. 인공지능이 사회를 만나면. 필로소픽. 240~270쪽. □ 송은주. (2019). 당신은 왜 인간입니까. 웨일북스.

54 Fukuyama, Francis (September/October 2004) "The world's most dangerous ideas: transhumanism" Foreign Policy(144):42-43

55 K. Abney, [Robotics, Ethical Theory, and Metaethics: A Guide for the Perplexed] in

Robot Ethics: The Ethical and Social Implication of Robotic, eds. P. Lin, K. Abney, and G. Bekey, The MIT Press, 2012.

56 인간의 죽음을 다룬 서적은 의외로 많이 있다. 인간 스스로는 어찌할 수 없는 한계 상황인 죽음을 인류의 시작 때부터 다양한 시각과 자세로 마주하면서 살아왔기에 지금까지 누적된 지식과 지혜의 양은 생각보다 많다. 죽음을 다룬 서적을 두 권만 소개해 보면 다음과 같다. □ 셸리 케이건, (2012). DEATH 죽음이란 무엇인가. 박세연(역). 엘도라도. □ 이효범. (2020), 사람은 왜 죽는가?-사람이 죽어야 할 이유 16가지. 렛츠북. 마지막 책은 제목과 달리 죽음을 대하는 사람들의 다양한 시각과 가치관을 16가지로 소개하고 있다.

2장 '존재'를 흔드는 AI

57 증강 현실은 현실 세계 위에 가상의 이미지를 겹치도록 얹혀서 얻어진 새로운 현실 공간이다. 포켓몬 고 게임의 경우 실제 장소에 게임 캐릭터가 중첩해서 나타나는데, 이것이 대표적인 증강 현실 게임이다. 마이크로소프트사의 홀로렌즈 2와 같은 안경을 쓰면 현실 세계 위에 추가적인 정보들이 결합되어 제공되는 증강 현실 효과를 체험할 수 있다.

58 이 조사 결과는 2021년 3월 10일 해당 기업 홈페이지에 발표됐다. □https://www.trendmonitor.co.kr/tmweb/trend/allTrend/detail.do?bIdx=2075&code=0404&trendType=CKOREA

59 https://mediakix.com/influencer-marketing-resources/influencer-marketing-statistics/

60 2019년 1월에 미국, 영국, 호주, 캐나다, 독일, 프랑스 등 162명의 마케터들(미국이 90% 차지)을 대상으로 조사한 설문에 대한 분석 결과를 해당 기업 홈페이지에 공개해놓았다. □https://mediakix.com/influencer-marketing-resources/influencer-marketing-industry-statistics-survey-benchmarks

61 Joyce Costello, Laura Biondi, "The art of deception - Will fake followers decay trust and can authenticity preserve it?" (Chapter 10), 2020. Influencer Marketing. ebook ISBN 9780429322501. □https://doi.org/10.4324/9780429322501

62 https://www.grandviewresearch.com/industry-analysis/influencer-marketing-platform-market

63 내부적으로 GAN 기술을 사용하는 딥페이크 프로그램은 출현한 지 1년 뒤에 '얼굴 교환'을 의미하는 'faceswap'으로 명칭을 바꾸었다. 그리고 이전과 유사하거나 다소 변형된 프로그램들이 그 뒤로 상당히 출현했음에도 불구하고 사람들은 이들을 그냥 '딥페이크'라는 이름으로 통칭하는 경향이 있다.

64 https://www.instagram.com/rozy.gram/

65 https://discover.therookies.co/2020/06/24/how-to-create-a-photorealistic-3d-digital-double-character/

66 '부캐'는 부캐릭터(sub character)의 준말로서, 원래 온라인 게임에서 나온 용어다. 온라인 게임에서 자신의 본래 캐릭터(본캐, main character) 이외에 캐릭터 계정을 새로 만들 수 있는데 이를 '부캐릭터'라고 하며 영어로는 알트(alternate character)라고도 부른다. 방송 미디어에서는 기존의 캐릭터 이외에 새로운 캐릭터를 추가할 경우 앞의 캐릭터를 '본캐', 추가된 캐릭터를 '부캐'라고 부른다.

67 유튜브가 온라인 영상 유통 플랫폼이라면, 사운드클라우드는 온라인 음악 유통 플랫폼이다. 독일 베를린에 본사가 있으며 2007년부터 서비스를 시작했다. □https://soundcloud.com/

68 밴드캠프는 다양한 인디음악 밴드나 아티스트들이 제작해 올린 음원에 대해 무료 스트리밍 서비스를 제공한다. 만일 소비자가 음원 소장을 원할 경우, 아티스트가 마음대로 제시한 가격으로 구매할 수 있는 음악 플랫폼이다. 미국 오클랜드에 본사가 있으며 2008년부터 서비스를 시작했다. □https://bandcamp.com/

69 미켈라는 '릴 미켈라(Lil Miquela)' 또는 '미켈라 소사(Miquela Sosa)'라고도 부른다. 미국 LA 소재의 스타트업 브루드가 진행한 프로젝트의 결과로 태어난 가상 가수로서 음악 앨범 발표가 주된 활동이다. 미켈라의 인스타그램 정식 계정 이름은 '릴 미켈라'다.

70 http://www.spotify.com

71 세계 최초의 디지털 슈퍼모델. 가상 모델이 누구냐에 대해 이견이 존재한다. 어떤 이는 '미켈라', 어떤 이는 '슈두'를 꼽는다. 그러나 미켈라는 가상 가수로서 먼저 활동을 시작한 후 나중에 모델로 활동 범위를 넓혔기에 최초의 활동 시기와 활동 전문성을 놓고 볼 때,세계 최초의 디지털 슈퍼모델은 슈두로 보는 것이 타당하다.

72 2020년 6월 Virtual Humans 사이트에서는 전 세계 가상 인플루언서 중에서 35%가 조지 플로이드의 죽음으로 촉발된 시위대를 지지했다고 밝혔다. 이 지지 그룹에는 미켈라를 비롯해 누누우리, 이마, 슈두, 구기몬, 바비(barbie) 등 인지도 높은 가상 인플루언서들이 다수 포함되어 있다. □https://www.virtualhumans.org/article/virtual-influencers-speak-out-in-response-to-the-murder-of-george-floyd

73 https://www.onbuy.com/gb/blog/the-highest-earning-robot-influencers-on-instagram~a243/

74 https://www.deutschland.de/en/topic/culture/who-is-noonoouri-fashion-avatar-conquers-the-fashion-world

75 바이럴 마케팅은 판매하려는 제품이나 서비스에 대해 소비자들이 관심을 가지고 스스로 정보를 획득할 뿐 아니라 적극적으로 입소문을 내도록 함으로써 짧은 시간 안에 대중적 인지도를 높이는 마케팅 기법이다. 이를 위해 세간의 주목을 받을만한 긍정적이

며 발전적인 스토리 기획이 선행되어야 한다.

76 https://www.virtualhumans.org/

77 https://asci.social/guidelines

78 https://www.ftc.gov/tips-advice/business-center/guidance/disclosures-101-social-media-influencers

79 https://www.congress.gov/bill/116th-congress/house-bill/3230/text

80 https://www.deepbrainai.io/ai-human/

81 https://www.estsoft.ai/product/ai-announcer

82 https://store.maum.ai/

83 에듀테크는 교육(Education)과 기술(Technology)의 합성어로서 교육과정에서 컴퓨터, 가상현실, 인공지능, 빅데이터 등 첨단 정보통신기술(ICT)를 적극적으로 활용하는 사례다. 인공지능 강사, 즉 가상 강사도 에듀테크의 여러 흐름 중 하나다. □http://it.chosun.com/site/data/html_dir/2021/08/31/2021083100849.html

84 하츠네 미쿠가 부른 〈파 돌리기 송〉은 원래 핀란드의 민요 〈이에바의 폴카(Ievan polkka)〉를 편곡한 것이다. □https://www.youtube.com/watch?v=NhtCjcojOeg

85 하츠네 미쿠(16세)와 결혼한 일본 청년 아이코 콘도(35세)는 자신의 결혼식에 한화로 2000만 원을 지불했다. □https://www.bbc.com/korean/international-46218348

86 https://www.youtube.com/watch?v=yPuI4l0jK7s

87 https://www.youtube.com/watch?v=Jx8D_jsNzUY

88 https://www.youtube.com/watch?v=obK7ZuPf—g

89 https://www.youtube.com/watch?v=hcDIcPawzGA&list=PLF3mqn_Bsn4iOFqG9SN_GShgRjQ1IQCYZ

90 http://characterplanet.net/

91 MMD는 일본 히구치 유우(樋口優)가 2015년에 만든 3차원 컴퓨터 그래픽 소프트웨어로서 일반인이 무료로 사용할 수 있도록 공개됐다. 최초의 보컬로이드 가수 '하츠네 미쿠'의 3차원 캐릭터를 새롭게 디자인할 때 처음으로 사용했기 때문에 그 명칭에 '미쿠'를 붙여서 'MikuMikuDance'라고 불렀다. 이에 대한 약자가 MMD이다.

92 https://www.youtube.com/watch?v=hSGhfQcQh-E&list=PL0VtayvY0mJZHMkloaT-luHtsRqJFWwJU

93 https://www.youtube.com/watch?v=6lRUL3GMnUI

94 https://www.youtube.com/watch?v=BaxJiDwupQk

95 https://virtualhumans.org/article/heres-the-best-new-music-by-virtual-influencers

96 https://www.youtube.com/watch?v=0Bhc9_STgQc

97 1인칭 관점 슈팅 게임(FPS) 부류로부터 베틀그라운드, 포트나이트를 별도로 분리해 3인칭 관점 슈팅 게임(TPS, Third-Person Shooting)이라 부르기도 한다. FPS에서는

자신의 아바타의 신체 일부인 팔과 손만 볼 수 있는 반면, TPS에서는 시야가 넓고 자신의 아바타를 볼 수 있어서 모션, 반응, 행동 방식을 다양하게 쓸 수 있다.

98 https://www.bbc.com/korean/news-59949885

99 관련 유튜브 공연 동영상은 1억 7000만 뷰를 넘겼다. □https://www.youtube.com/watch?v=wYeFAlVC8qU

100 제페토의 글로벌 운영에 더 집중하고 전담하기 위해 2020년 3월 SNOW는 Naver Z를 분사했다.

101 제페토는 나무를 깎아 피노키오를 만든 목공수 할아버지의 이름이다. 사람들에게 각자의 아바타를 만들어준다는 의미로 붙인 이름이 제페토다.

102 이진규, "메타버스와 프라이버시 그리고 윤리 - 논의의 시작을 준비하며", KISA Report, 2021.

103 NFT는 Non-Fungible Token의 약자로 '대체 불가 토큰'이라고 번역한다. 특정 자산에 대한 소유권과 관련된 거래 내역을 블록체인 안에 기록·저장한 디지털 파일의 일종이다. 교환이 가능한 비트코인과 다르게 상호 대체가 불가능하고 고유의 식별값을 가지고 있어서 위조나 삭제가 불가능하며 소유권 및 원본 인증이 가능하다. 메타버스에서 새로운 경제 기반으로 NFT를 사용할 경우, 앞서 우려한 가상 아이템의 불법 복제, 가짜 유통의 문제는 어느 정도 해결될 수 있다. □ 성소라, 롤프 회퍼, 스콧 맥러플린. (2021). NFT 레볼루션-현실과 메타버스를 넘나드는 새로운 경제 생태계의 탄생. 더퀘스트.

104 □https://news.mt.co.kr/mtview.php?no=2021072911263757641 □https://n.news.naver.com/article/092/0002246229?lfrom=kakao

3장 '신뢰'를 흔드는 AI

105 미국 라이더(Rider)대학교의 존 술러(John Suler) 교수는 '온라인 탈억제 효과(online disinhibition effect)'라는 용어를 처음으로 사용했다(2002년). 사람들은 대부분 일상생활에서 다른 사람들에게 함부로 말하거나 행동하지 않는 반면, 온라인 공간에서는 절제력이 풀리듯 함부로 말하고 함부로 행동하는 경우가 많은데, 이러한 현상을 일컫는 용어다. 메타버스도 온라인 공간의 연장으로 볼 수 있을 뿐 아니라 '아바타'라는 독특한 존재가 추가됨으로 인해 이러한 탈억제 효과는 더 심해질 수 있다.

106 이루다와 같은 범용 챗봇을 영어로는 'Open-domain Conversational AI Chatbot'이라고 부른다.

107 '합리성'은 챗봇의 답변이 지금까지의 대화 문맥에 어울리고 상식적인가, '특이성'은 챗봇의 답변이 간단하지 않고 구체적인 요소들을 얼마나 포함하고 있는가를 고려해 점수가 부여되는 지표다. SSA는 이 둘의 평균값으로 일정한 수의 사람들에 의해 모든

평가가 진행된다.

108 구글 미나는 다음 논문에서 처음 소개됐다. 범용 챗봇에 대한 성능 평가 지표도 이 논문에서 처음으로 도입됐다. 구글 미나의 기본 버전에 대한 SSA는 72%였으나 필터링 기술과 튜닝된 디코딩 기능을 추가한 정식 버전의 경우 79%까지 높아졌다. □Adiwardana, Daniel, et al. (2020. 1). "Towards a Human-like Open-Domain Chatbot". arXiv:2001.09977.

109 '이루다'의 SSA가 78%라는 것은 개발사인 스캐터랩이 제시한 수치다. '이루다'를 구글 미나와 같은 범용 챗봇과 동등하게 비교하는 것 자체가 무리라는 의견도 있다. 기술적으로 미나는 문장을 구성하는 단어들을 생성해내는 챗봇이고, '이루다'는 이미 저장된 문장 중에서 가장 적합한 문장을 추출해 답으로 제공하는 챗봇이므로 '이루다'의 SSA는 태생적으로 높을 수밖에 없다는 의미다.

110 개인정보보호위원회 제7회 속기록을 보면, 카카오톡 대화록 원본은 내용 중 개인 정보 삭제 조치나 암호화 조치 없이 '이루다'의 학습용 데이터베이스 94억 건을 만드는 데 사용했다. 이 중에서 전화, 주민등록번호와 같은 숫자 정보 등 개인 식별 정보에 해당하는 필드를 개발사가 자체 개발한 PRN AI 모델을 통해 나름대로 가명 처리와 익명 처리 등 비식별화 조치를 실행해 1억 건을 만들어 '이루다'의 응답 데이터베이스로 사용했다. 사건 발생 후 응답 데이터베이스의 일부인 700만 건을 조사해보니 가명 처리가 이뤄지지 않은 것이 서너 건 정도 발견되기도 했다.

111 디시인사이드는 1996년 1월 디지털카메라(DC)에 관한 콘텐츠 사이트로 출발했다. 현재는 한국의 대표적인 인터넷 커뮤니티 중 하나로 자리 잡았다. 갤러리(갤), 마이너 갤러리(마갤), 미니 갤러리 등 특정 주제 중심의 게시판 문화가 활성화되어 있다. □https://www.dcinside.com

112 아카라이브는 나무위키의 운영사가 2016년 9월에 개설한 한국어 인터넷 커뮤니티 서비스다. 디시인사이드와 운영하는 방식이 많이 유사하며 실제로 디시인사이드에서 이주한 사용자가 많다. □https://arca.live

113 이루다의 학습 데이터는 텍스트앳보다는 주로 연애의 과학에서 얻었다.

114 과징금과 과태료는 규정이나 법률 위반에 대한 금전적 제재 수단이라는 점에서 벌금과 유사하다. 다만 벌금은 법원과 같은 사법기관이 부과하는 반면, 과징금과 과태료는 행정기관이 부과한다. 이루다 사건의 경우는 개인정보보호위원회가 부과했다. 과징금은 불법행위로 얻은 경제적 이익을 환수할 때, 또는 영업정지 처분을 하는 것이 마땅하지만 그렇게 할 경우 일반 국민의 불편이 초래되면 이를 대신해 부과한다. 과태료는 행정 법규 위반의 정도가 비교적 경미해 간접적으로 행정 목적 달성에 장애를 줄 위험성이 있는 정도의 단순한 의무 태만에 대해 부과한다.

115 2021년 4월 28일자 제7회 개인정보보호위원회 속기록을 보면 이루다 시간에 대한 자세한 논의 상황을 볼 수 있다. □https://www.pipc.go.kr/np/default/minutes.

do?mCode=E020010000&schTypeCd=1

116 알파고는 영국의 스타트업 딥마인드가 개발한 인공지능 바둑 게임이다. 데미스 허사비스가 최고 경영자로 있는 딥마인드는 2014년 구글에 의해 인수됐다. 알파고의 '알파'는 구글의 지주회사 '알파벳'을 인용한 것이며, '고'는 바둑에 대한 일본식 발음의 영어 표기다.

117 알파고는 기술적으로 발전하면서 별도의 버전 명칭으로 '판', '리', '마스터'를 뒤에 첨부했다. 이세돌과의 대국은 '알파고 리'가 참여했고, 커제와의 대국은 '알파고 마스터'가 참여했다. 특이한 점은 알파고 마스터의 경우, 이전 버전인 '알파고 리'와 달리 추가 학습을 위한 인간의 개입 없이 스스로 학습이 이뤄졌다는 점이다. 자기 자신과의 바둑 대국을 통해 이기는 방법을 스스로 학습했는데, 이를 기술적으로는 '강화 학습(Reinforcement Learning)'이라고 부른다. 그동안 바둑(고) 게임에 한정해 운영되었던 알파고는 2018년 12월부터는 바둑은 물론 체스, 쇼기 등 보드게임 전체를 해낼 수 있는 알파제로(AlphaZero)로 확장 변신했다. 아울러 딥마인드사는 2021년 알파고와 유사한 이름으로 '알파폴드(AlphaFold) 2'라는 인공지능을 발표했다. 이는 미지의 단백질 구조를 혁신적으로 밝혀내는 인공지능으로 단백질구조예측대회(CASP)에서 뛰어난 성과를 보여 해당 학계의 큰 주목을 받기도 했다.

118 1896년 창립된 전산 제표 기록 회사 CRT에서 토마스 왓슨(Thomas J. Watson)이 1914년 사장으로 취임해 경영해오다가 1924년 회사 이름을 지금의 IBM(International Business Machine Cooperation)으로 바꿔 새롭게 창립했다. 인공지능 컴퓨터 왓슨은 이 창립자의 이름을 따서 지어졌다. 전통적으로 IBM은 중대형 컴퓨터 서버, 즉 메인프레임을 생산해 판매하는 회사의 이미지가 강하다. IBM 왓슨도 인공지능 컴퓨터라고 부르기 전에는 대형 서버, 슈퍼컴퓨터로 불렸다.

119 https://www.asianscientist.com/2016/08/topnews/ibm-watson-rare-leukemia-university-tokyo-artificial-intelligence/

120 https://www.docdocdoc.co.kr/news/articleView.html?idxno=2006519

121 http://www.healthfocus.co.kr/news/articleView.html?idxno=92899

122 중국 기업 아이플라이테크의 중국 명칭은 커다쉰페이(科大訊飛)이다. 국내 한글과컴퓨터그룹은 중국 아이플라이테크와 합작 법인으로 '아큐플라이 에이아이(Accufly.AI)'를 2019년 5월에 설립하기도 했다.

123 로보 어드바이저에 대한 정의는 다양하다. 이 정의는 세계 최대의 투자 정보 사이트인 인베스토피아(Investopedia)가 사용한 정의를 인용한 것이다.

124 다음 자료를 참고하면 로보 어드바이저에 대한 이론과 사례에 관해 자세히 살펴볼 수 있다. □ 임홍순, 곽병권, 박재훈. (2020). 인공지능 인사이트-로보 어드바이저 사례를 중심으로. 한국금융연수원.

125 https://www.chosun.com/site/data/html_dir/2016/03/14/2016031402834.html

126 2018년 글로벌 금융 서비스 기업인 S&P 글로벌은 약 6000억 원에 켄쇼 테크놀로지스를 인수했다.

127 투자자가 적절한 로보 어드바이저를 선택할 수 있도록 도와주는 정보를 이제는 자주 접할 수 있다. □https://www.insiderintelligence.com/insights/best-robo-advisors/

128 https://www.washingtonpost.com/news/innovations/wp/2016/05/16/meet-ross-the-newly-hired-legal-robot/

129 https://www.theguardian.com/technology/2016/jun/28/chatbot-ai-lawyer-donotpay-parking-tickets-london-new-york

130 DoNoyPay는 추가적인 투자를 받으면서 주차 위반 분야에서 벗어나 이민 등 다른 법률 분야로 그 활동 영역을 넓혀가고 있다.

131 https://www.theguardian.com/technology/2016/oct/24/artificial-intelligence-judge-university-college-london-computer-scientists

132 2013년 총격 사건에 사용된 차량을 운전한 혐의로 에릭 루미스가 기소되었는데, 검찰은 콤파스를 이용해 중형을 구형했다. 검찰 구형을 법원이 그대로 인용한 것은 위법이라고 루미스는 항소했다.

133 리걸 테크와 인공지능 법률에 대해서 간추린 역사와 기술 발달, 산업 현황을 구체적으로 살펴보려면 다음 책을 추천한다. □ 임영익. (2019). 프레디쿠스(Predicus). 클라우드나인.

134 증거 개시 제도(Discovery)는 소송 당사자가 변론하기 전에 미리 상대방에게 소송 관련 증거 자료를 수집하는 절차를 말한다. 과거에는 오프라인 자료 중심이어서 분석할 자료가 그리 많지 않았으나, 2006년부터 미국은 전자 증거 개시 제도(e-Discovery)를 실시함으로써 이제는 양측이 분석할 디지털 자료가 방대해졌으며 이 부분이 매우 중요해졌다. 리걸 테크 서비스에서 매우 중요한 처리 대상이다.

135 딥드림은 http://deepdreamgenerator.com에서 지금도 일반인을 대상으로 이미지 변환 서비스를 제공하고 있다. 원래의 딥드림 서비스 이외에 원본 이미지를 특정 이미지 스타일로 표현을 바꿔주는 딥스타일(Deep Style) 서비스와 씬 스타일(Thin Style) 서비스도 함께 제공하고 있다. 예를 들어, 딥스타일 서비스에서 고호의 〈별이 빛나는 밤에〉 스타일을 선택하고 내 사진을 업로드하면, 내 사진이 고호의 〈별이 빛나는 밤에〉 그림 스타일로 변형된 새로운 이미지가 생성되어 제공된다.

136 콜린 클라크는 1940년 발간한 책《경제 진보의 제조건》에서 산업구조를 구분했다. 경제가 발달할수록 산업구조의 중심이 1차 산업에서 2차 산업, 3차 산업으로 옮겨간다고 말했다.

137 6차 산업이라는 명칭은 1차 산업 × 2차 산업 × 3차 산업의 산술 수식에 의해 정의된다. 일본 등 일부 국가에서 사용하는 제한된 용어다.

138 Friedrich Engels(1848). The Condition of the Working Class in . ISBN 4069-2036-3

139 Arnold Toynbee(1884). Lectures on the Industrial Revolution of the Eighteenth Century in England. https://doi.org/10.1017/CBO9781139094566

140 일론 머스크는 2003년 전기자동차회사를 창립하면서 회사명을 교류전기 발명가인 니콜라스 테슬라의 이름을 인용해 '테슬라'라고 명명했다. 테슬라는 로드스터(Roadster)(2008년), 모델 S(2012년), 모델 X(2015년), 모델 3(2017년), 모델 Y(2020년)라는 모델명으로 전기자동차를 계속 발표해왔다.

141 4차 산업혁명의 시작 시기에 대해서는 의견이 분분하다. 4차 산업혁명의 핵심 신기술 ICBM-AI를 중심으로 볼 때, 최초의 스마트폰인 애플 아이폰이 출시된 2007년, 인공지능 기술 중 딥러닝이 성공적으로 등장한 2012년, 알파고를 비롯한 인공지능이 봇물 터지듯이 사회 전반에 등장한 2016년이 4차 산업혁명의 시작 시기로 꼽힌다. 참고로 《노동의 종말》, 《소유의 종말》, 《3차 산업혁명》을 저술한 미국의 경제학자이자 미래학자인 제러미 리프킨(Jeremy Rifkin)은 아직 4차 산업혁명 시대가 도래했다고 보지 않았다. 그는 4차 산업혁명이란 자신이 저술한 책 《3차 산업혁명》의 연장선에서 질적인 성숙 및 양적인 확산이 집중적으로 일어나는 현상이라고 보았다.

142 https://www.msit.go.kr/publicinfo/view.do?sCode=user&mPid=62&mId=63&publictSeqNo=279&publictListSeqNo=1&formMode=R&referKey=279,1

143 https://www.joongang.co.kr/article/23617414#home

144 앨빈 토플러는 2001년 청와대 오찬에서, 그리고 이어 보낸 서신과 117쪽의 보고서에서도 한국 정부와 김대중 대통령에게 다가오는 정보화 물결에 대한 강력한 국가적 대비를 촉구했다. 지금처럼 우리나라가 정보화사회로 진입하고 세계적인 정보화 수준을 보유하게 된 것은 그 당시 한국에 대한 앨빈 토플러의 이러한 관심과 조언이 크게 기여한 것으로 평가받고 있다. 앨빈 토플러는 4차 산업혁명의 핵심 기술인 인공지능이 전 세계적으로 사회 전면에 다양하게 등장하던 2016년 6월 세상을 떠났다.

145 https://m.mt.co.kr/renew/view.html?no=2015120216092620736#_enliple

146 https://www.bbc.com/news/technology-37713629

147 CFI 연구센터는 향후 수십 년간 인공지능이 줄 기회를 인간이 최대한 잘 활용할 목적으로 설립됐다. 주로 인공지능과 관련된 윤리와 철학을 비롯해 인공지능 알고리즘의 투명성에 이르기까지 인공지능이 인류에 미칠 영향을 다각도로 연구한다. □http://lcfi.ac.uk/

148 https://www.youtube.com/watch?v=fFLVyWBDTfo

149 https://www.cnbc.com/2018/02/23/steve-wozniak-doesnt-agree-with-elon-musk-stephen-hawking-on-a-i.html

150 영화 〈엑스 마키나〉 중에 등장하는 인공지능 에바는 자신의 탈출을 위해 인간을 감정적으로 이용해 속이는 존재로 묘사되고 있다.

151 웨스트월드라는 테마파크에 놀러 온 VIP급 손님들은 서부 개척 시대를 배경으로 하

여 무법 상황을 즐기며 인공지능 휴머노이드에 대한 온갖 폭력을 즐긴다. 고통과 죽음을 당한 휴머노이드는 다음 고객을 위해 리셋되고 수리되어 다시 투입된다. 돌로레스는 이러한 웨스트월드에 배치된 여성 외모를 가진 인공지능 휴머노이드이자 본 영화의 주인공이다. 그 역시 사랑하는 사람을 잃고 가족이 살해당하는 고통스러운 역할을 30년간 반복한다. 그러나 반복되는 고통 가운데 기억과 자의식이 살아나면서 그동안 고통을 준 인간을 향해 투쟁을 벌인다.

152 Nick Bostrom (2014). Superintelligence: Paths, Dangers, Strategies. Oxford University Press. □2017년 한국어판이 출간될 때 책 제목에 '초지능'이라는 말 대신에 그냥 영어 발음인 '슈퍼인텔리전스'를 그대로 표기했다.

153 지능 폭발은 알란 튜링과 함께 일했던 영국 수학자 어빙 존 굿(Irving John Good)이 제시한 미래 모델이다. 이 모델에서 미래에 생길 초지능이 인류에게 특이점을 만들어 낼 것이라고 예견하고 있다.

154 초지능 앞에서 인류를 개미에 비유한 것은 스티븐 호킹 박사도 동일하게 인용했다.

155 극상(dimax)는 자연 생태 환경에서 세월이 흐름에 따라 최종적으로 살아남아서 장기간 변화 없이 안정된 상태를 이루는 식물 군집을 말한다.

156 닉 보스트롬이 창립한 '인류미래연구소'는 수학, 철학, 사회과학 등 다양한 분야에 걸쳐 인류와 인류의 전망에 대해 큰 그림을 그릴 목적을 가지고 있다. 딥마인드, OpenAI, 페이스북, 아마존 등 글로벌 인공지능 파트너들과 함께 'Partnership on AI(PAI)'라는 글로벌 협의체에도 가입해 함께 연구하고 있다. □https://www.fhi.ox.ac.uk

157 Nick Bostrom, Eliezer Yudkowsky. (2014. 02) 'Chapter 15. The Ethics of Artificial Intelligence'. The Cambridge Handbook of Artificial Intelligence, pp.316-334. □Cambridge University Press. DOI: https://doi.org/10.1017/CBO9781139046855.020

158 필자가 작성한 인공지능 윤리 논문은 상당히 이른 감이 있었다. 반면에 선구적으로 작성했다는 점 때문인지 그해 한국통신학회 최우수 논문상을 수상하기도 했다. □ 김명주. (2017). 인공지능 윤리의 필요성과 국내외 동향. 한국통신학회. 한국통신학회지(정보와통신) 34(10). 45~54쪽.

159 인공지능 윤리에 관한 서적 가운데 주제를 가장 포괄적이며 쉽게 소개한 책으로 다음을 추천한다. □Mark Coeckelbergh(2020), "AI Ethics", Cambridge: The MIT Press, ISBN 9780262538190, 229 pages.

160 '신뢰 가능한 인공지능'은 유럽연합 집행위원회(EC)가 목표로 삼고 있는 인공지능에 대한 대표적인 표현이다. □https://ec.europa.eu

161 레이다는 '전파 감지 및 거리 측정(RAdio Detection And Ranging)'의 준말이다. 강한 라디오 주파수를 갖는 전자기파를 발사하고 그것이 물체에 맞고 반사되어 되돌아오

는 전자파를 분석해 대상물과의 거리, 방향, 각도 및 속도를 측정한다.

162 라이다는 '빛 감지 및 거리 측정(Light Detection And Ranging)'의 준말이다. 원적외선 대역의 레이저 광원을 쏜 후, 특정 물체에 반사되어 돌아오는 전자파를 분석해 대상물과의 거리, 방향, 각도 및 속도를 측정한다.

163 이용구, "자율 주행 자동차의 객체 인식 기술 현황", 《TTA 저널》 제191호, 2020, 89~94쪽.

164 제주 지역 자율 주행 정기 셔틀은 스타트업 ㈜라이드플럭스에 의해 기술이 개발됐다. 카셰어링 기업 ㈜쏘카와 더불어 제주 지역 전체에 유료 자율 주행 서비스를 확산하겠다는 계획하에 점진적으로 실행 중에 있다. □https://www.hankyung.com/it/article/202111045287i?viewmode=cleanview

165 https://www.nytimes.com/interactive/2016/07/01/business/inside-tesla-accident.html

166 https://edition.cnn.com/2019/05/16/cars/tesla-autopilot-crash/index.html

167 https://www.tesla.com/VehicleSafetyReport

168 자율 주행차에 앞서온 글로벌 기업은 구글이다. 구글은 2010년 자율 주행차 개발 계획을 공식 발표했고 스탠퍼드대학교 연구팀, 카네기멜론대학교의 연구팀, 무인 자동차 경주 그랜드 챌린지 우승자들을 영입해 구글 슬렉스의 연구소를 중심으로 자율 주행차 사업을 시작했다. 2014년 12월 시제품을 공개했다. 2016년 2월 발생한 첫 사고는 렉서스(Lexus) SUV 기반의 자율 주행차에서 일어났다. 구글이 개발해온 자율 주행차 또는 무인 자동차를 '구글 카(Google Car)'라고 간단하게 부른다. 2016년 12월 이를 전담할 기업으로 '웨이모(Waymo) LLC'를 별도로 설립했다. 그래서 최근에는 '웨이모 차(Waymo Car)'라고도 부른다. 자율 주행 중인 무인 자동차임을 사람들에게 알리기 위해 구글은 자동차 외부에 '자기-운전 자동차(Self-driving Car)'라고 명기하고 주행한다.

169 https://www.theverge.com/2016/2/29/11134344/google-self-driving-car-crash-report

170 https://www.sae.org/blog/sae-j3016-update

171 법률위원회(Committee on Legal Affairs)에 제출된 22쪽짜리 보고서의 공식 제목은 'DRAFT REPORT with recommendations to the Commission on Civil Law Rules on Robotics'이다. 다운로드 사이트는 다음과 같다. □https://www.europarl.europa.eu/doceo/document/JURI-PR-582443_EN.pdf?redirect

172 https://www.pcmag.com/news/eu-robot-workers-are-electronic-persons

173 〈제조물책임법〉 등 국내 법률은 법제처 국가법령센터에서 쉽게 검색해볼 수 있다. □https://www.law.go.kr/

174 인공지능에 따른 법적인 책임 문제를 다루면서 인공지능으로 인하여 현행 법체계가

어떻게 바뀌어야 하는지에 대한 논의를 구체적으로 살펴보려면 다음 3개의 자료가 도움이 된다. 탈인간 중심의 법체계에 대한 논의는 양천수 교수의 서적에서, 인공지능 이용에 따르는 향후 법적인 문제점은 정상조 교수의 서적에서 도움을 얻을 수 있다. □양천수. (2021). 인공지능 혁명과 법. 박영사. □ 정상조. (2021). 인공지능, 법에게 미래를 묻다. 사회평론. □ 한국인공지능법학회. (2019). 인공지능과 법. 박영사.

175 SAVRY는 청소년 폭력 위험에 대한 체계적 평가(Structured Assessment of Violence Risk in Youth)의 약자다. □https://www.annarbor.co.uk/index.php?main_page=index&cPath=416_419_189

176 https://www.propublica.org/article/how-we-analyzed-the-compas-recidivism-algorithm

177 https://www.uscourts.gov/federal-probation-journal/2016/09/false-positives-false-negatives-and-false-analyses-rejoinder

178 http://go.volarisgroup.com/rs/430-MBX-989/images/ProPublica_Commentary_Final_070616.pdf

179 프로퍼블리카의 기사에 대한 반박 자료를 낸 기업 이퀴번트(Equivant)의 전신이 바로 노스포인트이다. □https://www.equivant.com/response-to-propublica-demonstrating-accuracy-equity-and-predictive-parity/

180 http://ctlj.colorado.edu/wp-content/uploads/2021/02/17.1_4-Washington_3.18.19.pdf

181 https://www.businessinsider.com/google-tags-black-people-as-gorillas-2015-7

182 https://www.reuters.com/article/us-amazon-com-jobs-automation-insight-idUSKCN1MK08G

183 국내 기업들이 많이 사용하는 인공지능 면접 프로그램으로는 마이다스아이티의 인에어(inAIR), 사람인의 아이엠그라운드, 에듀스의 인페이스(inFACE), 시대고시의 윈시대로(WinSidaero) 등이 있다. 대개는 자기 소개, 기본 질문, 상황 대처, 심층 대화, 맞춤 질문의 순서에 따라 면접이 진행되는데 인공지능이 제시한 질문에 지원자가 답변을 제시하면 시선, 표정, 음성적 특성 등 비언어적 특성까지 종합적으로 분석한다.

184 https://edition.cnn.com/2019/11/10/business/goldman-sachs-apple-card-discrimination/index.html

185 마이크로소프트사의 인공지능 챗봇 '테이'가 활용한 학습방법은 인공지능의 다양한 학습방법 중에서 '적극적 학습 Active Learning'에 속한다.

186 해당 회의 관련 동영상은 유튜브에서 볼 수 있다. □https://www.youtube.com/watch?v=D5VN56jQMWM

187 마사히로 모리의 '불쾌한 골짜기' 이론은 지크문트 프로이트(Sigmund Freud)가 1919년에 발표한 논문 'Das Unheimliche'에 뿌리를 두고 있다. 프로이트의 이 논

문은 이보다 앞선 1906년 에른스트 안톤 옌치(Ernst Anton Jentsch)가 발표한 논문 '신비한 심리학(Zur Psychologie des Umheimlichen)'에서 소개하고 있는 '무서운(Das Unheimliche)'이라는 개념을 더 발전시킨 것으로 알려졌다. □Mori, Masahiro (1970). Bukimi no tani The uncanny valley (K. F. MacDorman & T. Minato, Trans.). Energy, 7(4), 33-35.

188 소피아는 여성 모습을 한 휴머노이드 인공지능 로봇으로 2016년에 개발됐다. 개발 당시 자신의 개발자인 데이비드 핸슨과의 대화에서 '내가 인류를 파괴할 것이다'라는 발언을 하면서 세상의 주목을 받았다. 2017년 10월 사우디아라비아는 미래 신도시 '네옴'을 홍보하기 위해 소피아에게 사우디아라비아 시민권을 주기도 했다. 2018년 1월 소피아는 한국을 방문해 한복 차림으로 사람들 앞에 등장했다. 홍콩에 본사를 둔 개발사 핸슨 로보틱스는 2022년부터 소피아 인공지능 로봇을 대량 생산해 일반 판매를 본격화할 계획을 추진하고 있다.

189 우리나라 〈개인정보보호법〉 제25조 영상 정보처리 기기의 설치·운영 제한을 보면, 영상 정보처리 기기 관련 안내판 필수 고지 요건을 확인할 수 있다. 〈개인정보보호법〉은 국가법령정보센터 www.law.go.kr에서 조회가 가능하다.

190 스타일갠은 업그레이드 순서에 따라 StyleGAN 1, StyleGAN 2, StyleGAN 3로 출현했다.

191 페이스스와프는 2017년부터 시작된 깃허브의 딥페이크 계정에 대해 2019년 새롭게 명칭을 바꿔 접근하도록 한 커뮤니티 사이트 이름이다. 딥페이크 관련 오픈 소스 공유 커뮤니티로서 여기에 가면 윈도우 버전과 리눅스 버전의 딥페이크 소스 코드를 다운로드할 수 있다. □https://faceswap.dev/

192 웹사이트 https://www.filehorse.com/download-fakeapp/에서는 FakeApp 2.2를 다운로드할 수 있다.

193 구글 플레이에서 'Reface' 앱은 유료 앱으로 '움짤과 비디오 얼굴 내 얼굴로 바꾸기'라는 제목으로 게시되어 있으며 1억 회 이상의 다운로드 기록을 보여준다.

194 구글 플레이에서 다운로드할 수 있는 'FacePlay' 앱 역시 유료 앱으로 'Face Swap Video'라는 제목으로 올려져 있다. 'Reface'보다는 대중적 선호도가 낮으며 100만 회 이상의 다운로드 기록을 가지고 있다.

195 https://www.bbc.co.uk/news/technology-49961089

196 PACS는 'Picture Archiving and Communication System'의 약자로서 한글로는 '의학용 영상 저장 전송 장치'라고 번역한다. PACS는 DICOM이라는 의료용 디지털 영상 및 통신(Digital Imaging and Communications in Medicine) 규격을 준수하면서 이미지 데이터를 저장하며 관리한다. PACS 내 데이터베이스에는 최근 2주 안에 생성된 환자의 의학용 영상 데이터가 저장된다. 2주가 넘어가면 장기 저장 장치로 이동되어 별도로 장기간 보관된다.

197 Yisroel Mirsky, Tom Mahler, Ilan Shelef, Yuval Elovici는 CT-GAN에 대한 논문 "CT-GAN: Malicious Tampering of 3D Medical Imagery using Deep Learning"을 2019년 6월 발표했다. 논문은 다음 사이트에서 다운로드할 수 있다. □https://arxiv.org/abs/1901.03597

198 스티브 잡스는 2004년 췌장암수술을 받고 2009년 간이식수술을 받았다. 이러한 병력으로 인해 2011년 1월 17일 스티브 잡스가 급작스레 병가를 냈다는 소식은 애플 주식의 폭락으로 이어졌다. 같은 해 8월 24일 스티브 잡스는 병세 악화로 애플 최고 경영자 직책을 사직했고 같은 해 10월 5일 향년 56세로 사망했다. □https://www.donga.com/news/article/all/20110119/34045028/1

199 https://arxiv.org/abs/1712.09665v2

200 인공지능에 대한 적대적 공격은 다음 두 개의 자료를 참조하면 도움을 얻을 수 있다. 첫 번째 자료는 《2019년 국가정보화백서》 2편 3부 '1장 지능 정보 보호 현황' 248~253쪽에 실린 자료다. 필자가 집필한 부분으로 한국지능정보사회진흥원(NIA) 홈페이지(www.nia.or.kr)를 방문하여 '간행물-국가정보화백서' 사이트에서 해당 파일 전체를 다운로드할 수 있다. 두 번째는 한국정보보호학회 학회지에 실린 다음 논문이다. · 오희석. (2020). 이미지 기반 적대적 사례 생성 기술 연구 동향. 정보보호학회지 30(6). 107~115쪽.

201 https://www.boannews.com/media/view.asp?idx=72211

202 깃허브는 2008년 시작된 오픈 소스 소프트웨어 사이트다. 2018년 마이크로소프사가 이를 인수했다. 깃허브에서 '깃(Git)'이란 여러 개발자가 소스 코드를 각자 개선하면서 소스 코드 버전을 공용 관리하기 위한 툴을 말한다. □https://github.com

203 소스포지는 1999년부터 시작된 오픈 소스 사이트다. □https://sourceforge.net/

204 바운티소스는 2003년부터 시작된 오픈 소스 사이트다. □https://www.bountysource.com/

205 이를 '데이터 오염 공격(Data Poisoning Attack)'이라고 부른다.

206 스캐터랩이 범용 인공지능 챗봇 '이루다'를 개발할 때 '이루다'의 답변 후보로 약 1억 건을 준비한 후 이들 문장 안에 들어 있는 개인 정보를 삭제하는 비식별화 필터링 조치를 먼저 진행했다. 데이터가 워낙 많아서 이를 일일이 수작업으로 처리할 수 없어서 PNR AI 모델을 직접 개발해 자동으로 진행했다. 나중에 이루다 사건이 발생한 후, 1억 건 중에서 700만 건을 수작업으로 전수 조사해보니 비식별화 조치가 이뤄지지 않은 3, 4건을 발견할 수 있었다. 이처럼 자동화 도구를 이용한다고 해도 완전하게 처리할 수 있다고 보장하기는 힘들다.

207 https://radio.ytn.co.kr/program/index.php?f=2&id=56539&page=70&s_mcd=0206&s_hcd=15

208 https://isms.kisa.or.kr

209 https://www.mk.co.kr/news/business/view/2021/08/834548/

210 https://www.etnews.com/20181002000184

4장 흔들림 너머 AI 바로 보기

211 https://www.boannews.com/media/view.asp?idx=101421

212 넷티켓은 네트워크(Network)와 에티켓(Etiquette)의 합성어로서, 인터넷과 같은 온라인 공간에서 지켜야 할 예의를 뜻한다. 1994년 미국 플로리다대학교 버지니아 쉐어(Virginia Shea) 교수가 제시한 '네티켓 10원칙(The Core Rules of Netiquette)'이 대표적인 사례인데 다음과 같다. ① 온라인상에서 만나는 상대방도 인간임을 기억하라. ② 실생활에서 적용된 것과 같은 기준과 행동을 지켜라. ③ 현재 자신이 어디에 접속해 있는지 알고 그곳 문화에 어울리게 행동하라. ④ 다른 사람의 시간을 존중하라. ⑤ 온라인상의 당신 자신을 근사하게 만들어라. ⑥ 전문적인 지식을 공유하라. ⑦ 논쟁은 절제된 감정 아래 행하라. ⑧ 다른 사람의 사생활을 존중하라. ⑨ 당신의 권력을 남용하지 마라. ⑩ 다른 사람의 실수를 용서하라. □http://www.albion.com/netiquette/corerules.html

213 유엔과 국제사회가 2000년부터 2015년까지 시행해온 '밀레니엄 개발 목표(MDGs)'를 종료하고 2016년부터 2030년까지 새로 시행하고 있는 새로운 공동 목표가 바로 '지속 가능한 개발 목표(SDGs, Sustainable Development Goals'이다. 기업도 이러한 글로벌 흐름의 한 축을 담당해 '지속 가능한 기업 성장'을 목표로 경영을 추진하는 데 'ESG 경영'이 구체적인 방법으로써 의무화되는 추세다.

214 https://www.mk.co.kr/news/stock/view/2021/01/46387/

215 국제전기전자공학회는 '인공지능'이라는 용어 대신 '자율 지능 시스템(AIS, Autonomous and Intelligent System)'을 사용해 인공지능 윤리 원칙과 실무 지침을 발표했다. □https://ethicsinaction.ieee.org/

216 https://futureoflife.org/ai-principles/

217 모든 저작자에게는 〈저작권법〉에 의거해 저작재산권과 저작인격권이라는 두 개의 권리가 부여된다. 저작재산권은 남에게 양도가 가능하지만, 저작인격권은 그렇지 않다. 저작인격권은 다시금 공표권, 동일성유지권, 성명표시권으로 세분화할 수 있다. 공표권은 자신의 저작물을 공표하거나 공표하지 않을 권리다. 동일성유지권은 저작물의 모든 내용을 저작자가 동일하게 유지할 수 있는 권리다. 심지어 내용에 오류가 있더라도 저작권자의 허가 없이는 타인이 함부로 수정할 수 없다. 성명표시권은 저작물에 저작자가 본인의 성명을 표시할지 말지, 만일 표시할 경우 어떻게 표시할지를 결정하는 권리다. 워터마크는 성명표시권을 행사하는 방법 중 하나다.

218 https://www.yna.co.kr/view/AKR20180628110700017

219 〈지능정보사회 윤리 가이드라인(Seoul PACT)〉이 한국 최초의 인공지능 윤리였음이 국제적으로 알려지면서 2020년 9월 옥스포드 인사이츠(Oxford Insights), Government AI Readiness Index에 한국 정부의 인공지능 준비 과정의 대표 실적으로 인용되어 글로벌 정부 평가 자료로 사용됐다. 〈지능정보사회 윤리 가이드라인〉과 〈지능정보사회 윤리 헌장〉은 한국지능정보사회진흥원 홈페이지에서 전문을 다운로드할 수 있다. □https://nia.or.kr/site/nia_kor/ex/bbs/View.do?cbIdx=66361&bcIdx=20238&parentSeq=20238

220 〈지능정보사회 윤리 가이드라인〉과 〈지능정보사회 윤리 헌장〉에서는 '인공지능'을 좀 더 포괄적으로 표현해 '지능 정보기술'이라고 명명했다. 〈지능정보사회 윤리 가이드라인〉은 윤리의 기본 주체를 개발자, 공급자, 이용자 등 크게 3개의 기본 그룹으로 구분한 후, '정부'라는 특별한 4번째 주체도 거론했다. 그리고 'PACT'라는 4대 윤리 원칙을 먼저 제시한 후, 다양한 윤리 주체별로 4대 원칙을 투영함으로써 세부 윤리 가이드라인을 도출했다. 반면에 〈지능정보사회 윤리 헌장〉에서는 20장 남짓되는 〈지능정보사회 윤리 가이드라인〉을 단지 6개의 문장, 1페이지로 축약해 핵심만 제시하고 있다.

221 유네스코 총회가 공식적으로 인준한 〈인공지능 윤리 권고〉는 A4 용지 기준 40장 정도의 방대한 분량으로 모두 141개 문단으로 구성되어 있다. 워낙 많은 국가가 자국의 입장에서 다양한 의견을 제시했기에, 여러 차례 의견 조율 과정을 거쳤음에도 불구하고 2020년의 1차 버전보다 2021년의 2차 버전에서는 전체 분량과 구성 문단이 크게 늘어났다.

222 얼 워런은 미국 역사상 가장 영향력 있는 대법원장이자 정치인이다. 미국 아이젠하워 대통령 때 14대 연방대법원장을 지냈으며 케네디 대통령 암살 사건의 조사위원장을 맡기도 했다. 1963년 강간죄로 기소된 '미란다(Miranda)'라는 범인이 변호사의 입회 없이, 피의자의 법적인 권리를 충분히 고지 받지도 않은 상태에서 작성한 진술서에 대해 연방대법원이 증거 채택을 거부하고 이를 다시 아리조나주 법원으로 환송한 사건이 있었다. 이 연방대법원의 판결 때문에 '미란다 원칙'이라는 것이 생겨났다. 이 판결을 주도했던 연방대법원의 대법관이 '얼 워런'이었다.

223 기술 결정론에 대비되는 이론은 '사회 결정론'이다. 사회 결정론은 새롭게 출현한 기술에 대해 우리 사회, 특히 사회 구성원들이 어떻게 해석해 어떻게 대응하느냐에 따라 사회적 변화의 방향을 충분히 이끌어갈 수 있다는 이론이다.

224 Maner, W, (1980) Starter Kit on Teaching Computer Ethics, Helvetia Press.

225 Rogerson, S., Bynum T. W. (1996), Information Ethics: the second generation. UK Academy for Information Systems Conference, UK.

226 Floridi, L. (1999), "Information Ethics: On the Theoretical Foundations of Computer Ethics", Ethics and Information Technology, 1(1): 37-56.

227) 현실 세계에서는 노출된 신분과 인간관계 때문에 자기 내면의 생각과 욕구에 대한 외부적 표현을 상당 부분 억제하며 살아가고 있다. 그러나 인터넷에서는 인터넷의 특징인 익명성과 비대면성 때문에 긴장감, 감정 조절, 표현에 있어서의 억제력이 크게 완화되어 현실 세계에서보다 훨씬 개방적이며 심지어 공격적으로 표현하게 된다. 이를 '탈억제 효과'라고 부른다. 이처럼 인터넷은 장점을 제공함과 동시에 부작용과 역기능도 일으킨다. □Suler, J., "The online disinhibition effect", CyberPsychology and Behavior, 7-3(2004), p. 321.

228 리차드 루빈이 1994년 미국컴퓨팅학회(ACM)에 발표한 논문의 원래 제목은 "도덕적 거리 두기와 정보기술의 사용: 일곱 가지 유혹(Moral distancing and the use of information technologies: the seven temptations)"이다. □https://dl.acm.org/doi/10.1145/199544.199606

229 리차드 스피넬로가 지은 책《사이버 윤리: 사이버공간에서의 도덕성과 법》은 2020년 2월 7번째 개정판을 출간했다. 그는 '인터넷 윤리'라는 용어보다는 '사이버 윤리'라는 용어를 여전히 선호한다.

230 국내에서의 인터넷 윤리 운동은 관련 전문가들이 자발적으로 모인 민간단체와 학회를 중심으로 2000년대 초부터 시작됐다. 전국 대학에 교양과목으로 '인터넷 윤리'를 개설하도록 권장하고 이 교과목 운영에 필요한 교재 집필과 강의록 제작, 전문 강사 양성에 중점을 두어 우리나라 인터넷 윤리의 기반을 넓히는 데 크게 기여했다. 국내에서는 2005년 1월《인터넷 윤리》(정보통신윤리위원회, 이한출판사)라는 옴니버스형 대학 교재가 최초로 발간됐다. 그 후로《U 시대의 인터넷 윤리》(정보통신윤리학회, 이한출판사, 2006),《인터넷 윤리》(인터넷윤리실천협의회, 이한출판사, 2011),《4차 산업혁명 시대의 인터넷 윤리》(한국보안윤리학회, 이한미디어, 2017),《지능정보사회와 AI 윤리》(한국정보통신보안윤리학회, 배움터, 2021)의 순서로 인터넷 윤리 관련 주제와 내용이 개정되면서 지금까지 대학 교재용으로 꾸준히 활용되어왔다. 필자도 활동 초기부터 이들 교재의 집필진으로 활동해왔다. 이 책에서 인터넷 윤리와 관련해 소개하는 내용 일부는 앞선 책에서 발췌하거나 인용한 부분도 있다. 우리나라 정부에서는 인터넷 윤리의 주무 부처인 방송통신위원회와 정부 출연 기관인 한국지능정보사회진흥원을 중심으로 '아인세(아름다운 인터넷 세상)'라는 대국민 캠페인을 2010년부터 지금까지 연례적으로 개최해왔다. 한국생산성본부(KPC)는 2011년 인터넷 윤리에 관한 민간 자격시험으로 '인터넷윤리지도사(IEQ)'를 개발해 지금까지 국가공인 자격으로 운영해오고 있다. 2014년에는 기존 윤리 학회들과 차별화해 인터넷 윤리에 특화된 사단법인 '한국인터넷윤리학회'가 한국인터넷진흥원의 후원으로 설립됐다. 필자는 이 학회 창립 과정부터 참여해 제3대 학회장을 맡았으며 현재 명예회장으로 있다. 인터넷 윤리와 관련한 대표적인 국내 인터넷 사이트는 다음과 같다. □아인세 https://www.digitalcitizen.kr/ □IEQ 자격 제도 https://license.kpc.or.kr/nasec/

qlfint/qlfint/selectIeqinfomg.do □한국인터넷윤리학회 http://ksie.kr/ □한국정보통신보안윤리학회 http://infoethics.or.kr

231 '인공지능 윤리'라는 용어는 2011년 닉 보스트롬 교수가 자신의 논문에서 사용했다. 이 논문은 2014년 영국 캠브리지대학이 발간한 《인공지능 핸드북》 15장에 실렸다.

232 주석 141 참조.

233 인공지능에 의한 의인화 현상에 대하여 영향력 파악 실험이 다양하게 시도되었다. 그중에서 인공지능 로봇과 사람이 가까이 지냈을 경우, 의인화 현상에 의한 관계 형성이 묵시적으로 이루어져 그냥 단순한 기계로 대하기 힘들다는 사실을 밝혀내는 실험이 국내 미디어에 의하여 진행된 적이 있다. '로봇 밀그램 실험'으로 불린 일종의 로봇 학대 실험인데, 1961년 미국 예일대 스탠리 밀그램(Stanley Milgram) 교수가 했던 인간 대상 학대 실험을 인공지능 스피커를 대상으로 반복한 사례로 다음 책 5부에서 소개하고 있다. □ 이미솔, 신현주. (2020). 4차 인간(Humanity 4.0). 한빛비즈.

234 영어 'Anthropomorphic roBOT'의 줄임말인 ABOT 데이터베이스 사이트에서 지금까지 출현한 로봇들을 검색하려면 다음 주소를 이용한다. □http://www.abotdatabase.info/

235 하모니 관련 동영상 □https://www.youtube.com/watch?v=LcDWigVV6tA

236 일본에서는 인공지능 '게이트박스(Gatebox)' 안에 홀로그램 형태로 등장하는 보컬로이드 가수 하츠네 미쿠와 2018년 11월 결혼식을 올린 청년이 있다. 중국의 한 남성 과학자는 여성 인공지능 로봇 '잉잉'과 결혼하겠다고 선언했다. 프랑스의 여성 로봇과학자는 자신이 만든 인공지능 로봇 '인무바타'와 결혼하겠다고 선언하기도 했다.

237 Weizenbaum, J. (1966). ELIZA—a computer program for the study of natural language communication between man and machine. Communications of the ACM, 9(1), 36-45.

238 □로미보 https://origami.qolt.cs.cmu.edu/ □마일로 https://www.robokind.com/ □나오 https://www.softbankrobotics.com □목시 http://www.embodied.com □카스파 https://www.herts.ac.uk/kaspar/the-social-robot

239 중독 문제는 인터넷 윤리에서 매우 중요하게 다루는 주제다. 다양한 디지털 사용 환경에 대해 중독 수준을 측정할 수 있는 척도들이 지금까지 개발되어왔다. 한국의 경우, 외국과 상황이 다를 수 있다는 점에 착안해 2003년부터 한국형 중독 척도들이 개발되어 발표됐다. 인터넷 중독 척도로서 K-척도, 온라인 게임 중독 척도로서 G-척도, 스마트폰 중독 척도로서 S-척도가 대표적인 사례다. '중독'이라는 단어가 주는 느낌이 다소 부정적이라서 요즈음은 '과의존'이라는 표현을 대신 사용한다. 과의존 검사지의 다운로드 또는 과의존 온라인 검사는 한국지능정보사회진흥원 산하 스마트쉼센터에서 가능하다. □http://www.iapc.or.kr

240 EU 집행위원회에서는, 인터넷에 접속할 수 있고 웹에서 제공되는 새로운 서비스를 사

용할 수 있는 사람과 이러한 서비스에서 제외되는 사람의 '구분'을 '정보격차' 또는 '디지털 격차'라고 정의한다. 우리나라를 비롯한 38개 회원국을 보유한 경제협력개발기구(OECD)에서는, 정보통신기술에 접근할 기회와 활동을 얻기 위해 인터넷 사용에 있어서 다양한 사회경제적 수준에 따른 개인, 가정, 기업 및 지리적 영역 간의 '격차'를 '디지털 격차'라고 정의한다. 우리나라의 한국지능정보사회진흥원에서는 사회적, 경제적, 지역적 또는 물리적 조건으로 인해 정보 및 통신 서비스에 접근하거나 사용할 기회의 '차이'를 '디지털 격차'라고 정의한다.

241 AI 격차에 대한 논문으로 다음을 추천한다. □ 김문조. (2020). AI 시대의 디지털 격차. 지역사회학 제21권 제1호. 59~88쪽. □ http://doi.org/10.35175/KRS.2020.21.1.59

242 '노블레스 오블리주'는 프랑스어로 '귀족은 의무를 갖는다'라는 뜻으로 일반 대중보다 사회 지도층에게 요구되는 더 높은 도덕성과 큰 책임을 의미한다. 로마 시대 귀족들은 자신이 노예보다 단순히 신분만 높은 것이 아니라 사회적 의무를 더 많이 실천하고 있다는 점을 강조했는데, 이것이 '노블레스 오블리주'이다. 자본주의 사회의 경우, 더 많은 자본과 경제적 부를 소유한 사람은 그렇지 못한 사람보다 더 많은 사회적 책무성을 가져야 한다는 주장은 노블레스 오블리주에 뿌리를 두고 있다.

243 추병완 춘천교대 교수는 스피넬로와 다르게 인터넷 윤리의 대원칙을 '존중, 책임, 정의, 해악 금지'라고 제시했다. 그럼에도 불구하고 제시한 대원칙의 개수는 역시 4개로 한정하고 있다. 2018년 국내 최초의 인공지능 윤리인 〈Seoul PACT〉를 제정할 때 이러한 윤리 원칙의 개수를 몇 개로 할지에 대한 고민을 많이 했다. 그래서 결정한 개수는 인터넷 윤리의 원칙과 동일하게 4개였다. 참고로 OECD에서 2019년에 발표한 인공지능 윤리는 5개의 원칙을 제시하고 있는데, 그 항목도 〈Seoul PACT〉와 매우 유사하다.

244 '미시(MECE)' 형식은 설문지 통계를 작성하거나 조직의 구성도를 그릴 때 흔히 사용된다. 예를 들어, 고등학교 전 학년을 대상으로 국어, 영어, 수학 3개 교과목 중에서 본인이 가장 선호하는 교과목을 설문 조사한 후 이에 대한 통계 자료를 작성할 때 미시 형식으로 구성하는 것이 가장 좋다. 3개 학년별로 중첩과 누락 없이, 국·영·수 3개 교과목별로 중첩과 누락 없이 미시 형식을 따라 3행 3열의 표를 그린 후 선호도 통계 자료 값을 입력하는 것이 가장 효과적이다. □미시에 관한 강의 동영상 https://youtu.be/ZhgHwsTRH5s?list=PL3Ornv8XlKbUD0xFGjae67dWlO8SLLVUk

245 유튜브를 검색해보면 2006년도 미국 HBO 방송에서 방영했던 시트콤 〈럭키 루이〉의 한 장면을 볼 수 있다. 아버지와 딸의 식탁 대화 장면이 나오는데, 5 Whys 기법의 방법과 효과를 코믹하게 보여주고 있다. 한국형 온라인 공개강좌 K-MOOC 강의 중 필자가 제작한 "창의적인 사람의 7가지 습관"이라는 교과목의 제8강 세 번째 강의 '몰입의 실제 방법'을 보면 5 Whys에 대한 자세한 설명이 나온다. K-MOOC의 웹 주소는 www.kmmoc.kr로 접근이 가능하며, 해당 동영상은 유튜브에서도 볼 수 있다.

□시트콤 〈럭키 루이〉 사이트 https://www.youtube.com/watch?v=6y5Zcat0-_U □5 Whys 기법 관련 동영상 강의 2개 사이트 https://www.youtube.com/watch?v=J_JBgXoxy4A, https://youtu.be/ZhgHwsTRH5s?list=PL3Ornv8XlKbUD0xFGjae67dWlO8SLLVUk(12분부터) □토요타 참고 자료 Ohno, Taiichi (1988). Toyota production system: beyond large-scale production. Portland, OR: Productivity Press. ISBN 0-915299-14-3.

246 2018년 3월에 발표한 〈지능정보사회 윤리 가이드라인〉 9면을 보면 인공지능 기술의 차별화된 특성에 대한 유도 도식을 찾아볼 수 있다.

247 https://www.nspe.org/resources/ethics/code-ethics

248 https://www.ieee.org/about/corporate/governance/p7-8.html

249 https://www.acm.org/about-acm/acm-code-of-ethics-and-professional-conduct

250 https://www.oecd.org/digital/artificial-intelligence/

251 2020년 6월 22일 관계 부처 합동으로 발표한 '혁신적인 포용 국가 실현을 위한 디지털 포용 추진 계획' 자료를 보면 구체적인 국가정책을 볼 수 있다. 주요 내용으로는 전 국민 디지털 역량 강화, 포용적 디지털 이용 환경 조성, 디지털 기술의 포용적 활용 촉진, 디지털 포용 기반 조성이 있다. 2021년 12월 한국에서 개최된 국제 행사인 '제7차 OGP 글로벌 서밋'에서 필자를 포함한 국내 전문가들이 한국의 디지털 포용 정책 추진 현황과 실적을 전 세계에 발표하기도 했다. 해당 행사 동영상은 제7차 OGP 글로벌 서밋 홈페이지 https://www.ogpsummit.org/을 방문해 Today's Program 중 12월 16일 10시 30분에 진행한 '디지털 격차 해소를 위한 디지털 역량 강화 교육'에 대한 동영상 다시 보기를 클릭하면 조회할 수 있다.

252 OECD 인공지능 원칙을 보면, 섹션 2의 원칙 1 '포용적 성장, 지속 가능한 개발 및 웰빙'에서 인공지능의 편향성이 자칫 소외되고 사회적 약자인 취약 계층에게 미칠 항구적 차별에 대한 우려를 표시하면서 포용성과 공정성을 연계하고 있다. 섹션 2의 원칙 2 '인공지능을 위한 디지털 생태계 조성' 및 원칙 3 '인공지능을 위한 정책 환경 조성 및 지원'에서는 영국의 인공지능 중소기업 금융 메커니즘과 EU의 AI4EU 프로젝트를 사례로 소개하면서 정부가 자국의 중소기업 SME에 대한 인공지능의 포용적 지원에 주의를 기울여야 한다고 명시하고 있다.

253 https://www.project-aslan.org/

254 https://www.floreotech.com/

255 https://mediahub.seoul.go.kr/archives/1299893

256 인공지능 챗봇 '이루다'의 폐쇄는 궁극적으로 〈개인정보보호법〉 위반이라는 실정법 위반으로 인해 이뤄졌다. 폐쇄 앞 단계에서 발생했던 동성애 논쟁, 전철의 임산부석 논쟁, 장애인 차별 논쟁의 경우 인공지능 챗봇이 일방적 논조를 따르는 것에 대한 비판과 비난은 받을 수 있지만 그렇다고 해서 해당 인공지능 자체를 인위적으로 없애는

것은 다양성의 원칙에서 멀다고 할 수 있다. 다양성으로 인해 벌어지는 문제는 그 시대의 사용자들이 판단하고 선택하며 결정할 문제다. 여기에도 애덤 스미스가 말한 '보이지 않은 손(Invisible hand)'이 결정적인 역할을 할 것이다.

257 〈국가 인공지능 윤리 기준〉의 3번째 핵심 요건 '다양성 보장'에 대한 설명은 다음과 같다. "인공지능 개발 및 활용 전 단계에서 사용자의 다양성과 대표성을 반영해야 하며, 성별·연령·장애·지역·인종·종교·국가 등 개인 특성에 따른 편향과 차별을 최소화하고, 상용화된 인공지능은 모든 사람에게 공정하게 적용되어야 한다. 사회적 약자 및 취약 계층의 인공지능 기술 및 서비스에 대한 접근성을 보장하고, 인공지능이 주는 혜택은 특정 집단이 아닌 모든 사람에게 골고루 분배되도록 노력해야 한다." 여기 다양성에서는 공정성, 접근 보장성, 포용성의 원칙들이 연결되어 설명되고 있다.

258 〈제조물책임법〉은 법률 제14764호로서 국가법령정보센터 홈페이지에 검색할 수 있다. □https://www.law.go.kr/LSW/lsInfoP.do?efYd=20180419&lsiSeq=193381#0000

259 California Consumer Privacy Act □https://oag.ca.gov/privacy/ccpa

260 지진이나 해일, 화재나 전쟁, 해킹과 같은 상황이 발생하더라도 정보 시스템이 중단 없이 동작하고 운영될 수 있도록 연구하는 주제로서 '업무 연속성 계획(BCP, Business Continuity Planning)'과 '재난 복구 계획(DRP, Disaster Recovery Planning)'를 정보보호학에서 다루고 있다. 인공지능도 BCP, DRP의 대상 중 하나다.

261 철학교수 존 헤이그랜드가 전통적인 인공지능에 'GOFAI'라는 명칭을 붙였다. □Haugeland, John (1985), Artificial Intelligence: The Very Idea, Cambridge, Mass: MIT Press, ISBN 0-262-08153-9

262 김명주. (2021). 정보처리산업기사 실기. 1권. 영진닷컴.

263 OECD가 발표한 인공지능 원칙은 OECD의 인공지능 포털 사이트 oecd.ai에서 찾아볼 수 있다. 인공지능 시스템 생명주기는 인공지능 원칙 하단 용어 정리 편에 나온다. □https://oecd.ai/en/ai-principles

264 EU은 인공지능 시스템을 다음과 같이 소프트웨어의 일종으로 정의하고 있다. "인공지능 시스템은 인공지능 법(AIA)의 부록 I에 나열된 기술 및 접근 방식 중 하나 이상의 방법으로 개발되어, 인간이 정의한 목표 범위에 대해 콘텐츠, 예측, 권장 사항 또는 상호작용하는 환경에 영향을 미치는 결정을 내릴 수 있는 소프트웨어다". □EC European Commission. (2021.4). Proposal for a Regulation laying down harmonised rules on artificial intelligence, Article 3, Definition.

265 과학기술정보통신부 홈페이지 보도 자료 중 '신뢰할 수 있는 인공지능 구현 전략 발표'라는 게시 글에서 다운로드할 수 있다(2021년 5월 13일). □https://www.msit.go.kr/bbs/view.do?sCode=user&mId=113&mPid=112&pageIndex=&bbsSeqNo=94&nttSeqNo=3180239&searchOpt=ALL&searchTxt=

266 정보통신정책연구원(KISDI)가 주관해 개발한 '인공지능 윤리 기준 실천을 위한 자율 점검표'는 국가 AI 윤리 기준 3대 원칙 10대 핵심 요건 모두에 대해 38개의 자율 점검 항목을 제시하고 있다.

267 한국정보통신기술협회(TTA)가 주관해 개발한 '인공지능 신뢰성 개발 안내서(가이드북)'은 〈국가 인공지능 윤리 기준〉 3대 원칙 10대 핵심 요건 중 '다양성 존중, 책임성, 안전성, 투명성' 등 4개 핵심 요건을 'AI 개발에 있어서 신뢰성' 요건으로 한정하고 있다. 여기에는 다시 '개발 가이드라인'과 '검증 가이드라인'이 별도로 제시됐다. 개발 가이드라인은 요구 사항에 대해 체크리스트를 제시하고 있다. 검증 가이드라인은 앞선 개발 가이드라인의 요구 사항(체크리스트)에 대해 검증용 체크리스트를 제시하고 있다.

268 https://www.msit.go.kr/bbs/view.do?sCode=user&mId=113&mPid=112&bbsSeqNo=94&nttSeqNo=3179630

269 https://en.unesco.org/artificial-intelligence/ethics

270 https://software.kr/

271 김명주. (2019). 인공지능 윤리 원칙 Seoul PACT를 적용한 지능형 전자정부 서비스 윤리 가이드라인. 한국IT서비스학회. 한국IT서비스학회지 18(3). 117~128쪽.

찾 아 보 기

참 고 문 헌

단행본

고선규. (2019). 인공지능과 어떻게 공존할 것인가: 인간+AI를 위한 새로운 플랫폼을 생각한다. 타커스.

구본권 외. (2017). 지능정보사회의 담론과 전망. 한국정보화진흥원.

구본권. (2020). 로봇시대, 인간의 일. 어크로스.

권석만. (2019). 삶을 위한 죽음의 심리학: 죽음을 바라보는 인간의 마음. 학지사.

기류 마사오. (2007). 알고보면 매혹적인 죽음의 역사. 김성기(역). 노블마인.

김동훈. (2021). 인공지능과 흙. 민음사.

김종갑. (2020). 포스트 휴머니즘, 공존의 철학: 인공지능이 사회를 만나면. 필로소픽.

김지현. (2020). 인공지능과 인간의 대화. 미래의 창.

김진수 외. (2019). 4차 산업혁명과 교육. 공감북스.

닉 보스트롬. (2017). 슈퍼인텔리전스. 조성진(역). 까치.

레이 커즈웨일. (2007). 특이점이 온다: 기술이 인간을 초월하는 순간. 김명남, 장시형(역). 김영사.

마야케 요이치로. (2020). 인공지능과 테크놀로지. 한선관(역). 성안당.

마우로 기옌. (2020). 2030 축의 전환. 우진하(역). 리더스북.

마커스 드 사토이. (2020). 창조력 코드. 박유진(역). 북라이프.

맥스 테그마크. (2017). 라이프 3.0. 백우진(역). 동아시아.

메러디스 브루서드. (2019). 페미니즘 인공지능: 오해와 편견의 컴퓨터 역사 뒤집기. 고현석(역). 이음.

문용식 외. (2019). 디지털 대전환과 디지털 포용. 한국정보화진흥원.

박성원. (2019). 미래 공부. 글항아리.

박영숙, 제롬 글렌. (2020). 세계 미래 보고서 2035-2055. 교보문고.

백승기 외. (2016). 2045 미래사회@인터넷 1/∞. 한국인터넷진흥원.

변상섭. (2021). 철학하는 인공지능. 현람출판사.

변순용 외. (2019). 윤리적 AI 로봇 프로젝트. 어문학사.

변순용, 송선영. (2015). 로봇 윤리란 무엇인가?. 어문학사.

성소라, 롤프 회퍼, 스콧 맥러플린. (2021). NFT 레볼루션: 현실과 메타버스를 넘나드는 새로운 경제 생태계의 탄생. 더 퀘스트.
셸리 케이건. (2012). 죽음이란 무엇인가(DEATH). 박세연(역). 엘도라도.
송은주. (2019). 당신은 왜 인간입니까. 웨일북.
스테퍼니 맥퍼슨. (2018). 수상한 인공지능. 이가영(역). 다른.
안재현. (2020). XAI 설명 가능한 인공지능, 인공지능을 해부하다. 위키북스.
야니나 로. (2021). 트랜스 휴머니즘과 포스트 휴머니즘. 조창오(역). 부산대학교 출판문화원.
양종모 (2021). 인공지능과 법률 서비스 분야의 혁신. 한국학술정보.
양천수 (2021). 인공지능 혁명과 법. 박영사.
에드 핀. (2019). 알고리즘이 욕망하는 것들. 이로운(역). 한빛미디어.
오준회 외. (2019). 혁신의 목격자들. 어크로스.
유발 하라리. (2015). 사피엔스. 조현욱(역). 김영사.
유발 하라리. (2015). 호모데우스 - 미래의 역사. 김명주(역). 김영사.
육성필, 박혜옥, 김순애. (2019). 애도의 이해와 개입. 박영스토리.
이미솔, 신현주. (2020). 4차 인간 Humanity 4.0: EBS 다큐프라임. 한빛비즈.
이민화. (2019). 대한민국을 위하여: 벤처 대부 고 이민화의 마지막 기고문 모음집. KCERN.
이브 해롤드. (2016). 아무도 죽지 않는 세상: 트랜스휴머니즘의 현재와 미래. 강병철(역). 꿈꿀자유.
이장우. (2019). 인공지능이 나하고 무슨 관계지?: 인공지능시대의 7가지 성공 조건. 올림.
이종호. (2017). 4차 산업혁명과 미래 직업. 북카라반.
이중원 외. (2018). 인공지능의 존재론. 한울.
이효범. (2020). 사람은 왜 죽는가? 사람이 죽어야 할 이유 16가지. 렛츠북.
일레인 카스켓. (2020). 디지털 시대의 사후 세계: 디지털 시대는 어떻게 죽음의 의미를 바꾸었나?. 김성환(역). 로크미디어.
임영익. (2019). 프레디쿠스(Predicus). 클라우드나인.
임홍순, 곽병권, 박재훈. (2020). 인공지능 인사이트: 로보 어드바이저 사례를 중심으로. 한국금융연수원.
정상조. (2021). 인공지능, 법에게 미래를 묻다. 사회평론.
지승도. (2021). 꿈꾸는 인공지능. 자유문고.
최준식. (2014). 너무 늦기 전에 들어야 할 죽음학 강의. 김영사.
클라우스 슈밥. (2021). 클라우스 슈밥의 위대한 리셋. 이진원(역). 매가스터디북스.
편석준. (2016). 10년 후의 일상: 인공지능 시대가 낳은 발칙한 IT 엽편소설집. 레드우드.
한국인공지능법학회 (2019). 인공지능과 법. 박영사.
한국정보통신보안윤리학회. (2021). 지능정보사회와 AI 윤리. 배움터.

헤나 프라이. (2019). 안녕, 인간. 김정아(역). 와이즈베리.
홍성욱. (2019). 포스트휴먼 오디세이. 휴머니스트출판그룹.
EBS 미디어 기획. (2014). DEATH 좋은 죽음 나쁜 죽음. 책담.
Aubrey de Grey. (2007). Ending Aging. New York: St. Martin's Press.
Bazzell, M. (2019). Open Source Intelligence Techniques: Resource For Searching And Analyzing Online Information. IntelTechniques.com.
Coeckelbergh, M. (2020). AI Ethics, Cambridge: The MIT Press.
Haugeland, J. (1985). Artificial Intelligence: The Very Idea. Cambridge, Mass: MIT Press.
Kerans, M., Aaron & Roth. (2019). The Ethical Algorithm: The Science of Socially Aware Algorithm Design. New York : Oxford University Press.
Maner, W. (1980). Starter Kit on Teaching Computer Ethics. Helvetia Press.
Spinello, R. (2022). Cyberethics: Morality and Law in Cyberspace 7th Edition. Amazon.

논문, 보고서

개인정보보호위원회. (2021. 4. 28). 제7회 개인정보보호위원회 속기록. https://www.pipc.go.kr/np/default/minutes.do?mCode=E020010000&schTypeCd=1
고인석. (2017). 인공지능 시대의 인간. 철학연구회 2017 학술발표논문집. 65-76쪽.
김명주. (2016). 지능정보사회 윤리 가이드라인 소개. 한국정보화진흥원 2016 정보문화포럼 정책연구보고서, 56-74쪽.
김명주. (2017). 인공지능 윤리의 필요성과 국내외 동향. 한국통신학회지 정보와통신 34(10), 45-54쪽.
김명주. (2019). 인공지능 윤리 원칙 Seoul PACT를 적용한 지능형 전자정부 서비스 윤리 가이드라인. 한국IT서비스학회지 18(3), 117-128쪽.
김문조. (2020). AI 시대의 디지털 격차. 지역사회학 21(1), 59-88쪽.
김미리, 윤상필, 권헌영. (2019). 인공지능 전문가 윤리의 역할과 윤리 기준의 지향점. 법학논총 32(3), 11-53쪽.
델 테크놀로지. (2018). Z세대 효과. https://www.delltechnologies.com/ko-kr/perspectives/gen-z.htm
서용석. (2020). 인공지능과 인간 지능의 공진화가 가져올 미래. 미래 2030 Vol.2. 한국지능정보사회진흥원.
이경선. (2021). EU 인공지능 규제안의 주요 내용과 시사점. KISDI Perspectives (1). 정보통신정책연구원.
이상욱. (2020). 인공지능과 실존적 위험: 비판적 검토. 인간연구 (40), 77-107쪽.

이예나, 최효경, 김명주. (2019). 인공지능 편향성 완화를 위한 효과적인 접근 방법 및 기술 동향. 한국정보과학회 2019 한국컴퓨터종합학술대회 논문집, 981-983쪽.
이용구. (2020). 자율 주행 자동차의 객체 인식 기술 현황. TTA 저널 (191). 89-94쪽.
이원태. (2015). 인공지능의 규범 이슈와 정책적 시사점. KISDI Premium Report (15-07).
이진규. (2021). 이루다 처분의 의미 살펴보기. KISA Report (5), 7-20쪽.
정보통신정책연구원(KISDI). (2022. 2) 인공지능 윤리 기준 실천을 위한 자율 점검표.
정부관계부처합동. (2019. 12). 인공지능 국가 전략.
정부관계부처합동. (2020. 6). 혁신적인 포용 국가 실현을 위한 디지털 포용 추진 계획
정부관계부처합동. (2020. 12). 인공지능(AI) 윤리 기준.
정부관계부처합동. (2021. 5). 사람이 중심이 되는 인공지능을 위한 신뢰할 수 있는 인공지능 실현 전략.
정부관계부처합동. (2021. 5). 신뢰할 수 있는 인공지능 구현 전략
최새솔. (2020). 안면 인식 기술 도입의 사회적 논란과 시사점: 미국 사례 중심으로. ETRI Insight 기술정책 브리프 2020-12.
한국정보통신기술협회(TTA). (2022. 2) 인공지능 신뢰성 개발 안내서.
한국지능정보사회진흥원. (2018). 지능정보사회 윤리 가이드라인과 지능정보사회 윤리헌장. 한국지능정보사회진흥원(NIA). https://nia.or.kr/site/nia_kor/ex/bbs/View.do?cbIdx=66361&bcIdx=20238&parentSeq=20238
한국지능정보사회진흥원. (2021). 초대규모 AI 모델(GPT-3)의 부상과 대응 방안. IT & Future Strategy 2호. 한국지능정보사회진흥원.
한상기, (2018). 인공지능 윤리에의 기술적 접근. 2018년 한국인터넷윤리학회 추계학술대회, 309-323쪽.
한상기. (2019). 딥페이크에 대응하는 인공지능 기술 현황. 2019년 한국인터넷윤리학회 추계학술대회, 239-254쪽.
한상기. (2021). 유럽연합의 인공지능 법 초안이 갖는 의미. KISA Report (5), 1-6쪽.
허유선. (2021). 인공지능 시스템의 다양성 논의, 그 의미와 확장: 인공지능의 편향성에서 다양성까지. 철학사상문화 (35), 201-234쪽.
Adiwardana, D. and et al. (2020). Towards a Human-like Open-Domain Chatbot. ". arXiv:2001.09977.
Bartneck, C. and Hu, J. (2008). Exploring the abuse of robots. Interaction Studies: Social Behavior and Communication in Biological and Artificial Systems 9(3), 415-433.
Bostrom, N. and Yudkowsky, E. (2014). The Ethics of Artificial Intelligence. The Cambridge Handbook of Artificial Intelligence (Chapter 15). Cambridge University Press, 316-334.
Bowlby, J. (1961). Processes of Mourning. International Journal of Psychoanalysis (42),

317-339.

Costello, J. and Biondi, L. (2020). The art of deception: Will fake followers decay trust and can authenticity preserve it?. Influencer Marketing (Chapter 10). London: Routledge.

Dieterich, W., Mendoza, C. and Brennan, T. (2016). COMPAS Risk Scales: Demonstrating Accuracy Equity and Predictive Parity. NORTHPOINTE.

EC European Commission. (2021.4). Proposal for a Regulation of the European Parliament and of the Council Laying Down Harmonized Rules on Artificial Intelligence (AI Act) and amending certain Union legislative acts.

Fiske, A., Henningsen, P., Buyx, A. (2019). Your Robot Therapist Will See You Now: Ethical Implications of Embodied Artificial Intelligence in Psychiatry, Psychology, and Psychotherapy. Journal of Medical Internet Research 21(5):e13216.

Floridi, L. (1999). Information Ethics: On the Theoretical Foundations of Computer Ethics. Ethics and Information Technology 1(1), 37-56.

HAI. (2022). The AI Index Report: Measuring trends in Artificial Intelligence. Stanford University. https://aiindex.stanford.edu/report/.

High-Level Expert Group on Artificial Intelligence. (2019). Ethics Guidelines For Trustworty AI. EC European Commission. https://op.europa.eu/en/publication-detail/-/publication/d3988569-0434-11ea-8c1f-01aa75ed71a1.

High-Level Expert Group on Artificial Intelligence. (2020). The Assessment List For Trustworthy Artificial Intelligence(ALTAI). EC European Commission. https://futurium.ec.europa.eu/en/european-ai-alliance/pages/altai-assessment-list-trustworthy-artificial-intelligence.

Holmes, T. and Rahe, R. (1967). The Social Readjustment Rating Scale. Journal of Psychosomatic Research 11(2). 213-218.

IEEE. (2019). Ethically Aligned Design. First Edition. https://ethicsinaction.ieee.org/?utm_campaign=EAD1e&utm_medium=alias&utm_source=LI&utm_content=report

MILA. (2018). Montreal Declaration for a Responsible Development of Artificial Intelligence. https://mila.quebec/en/ai-society/

Mirsky, Y., Mahler, T., Shelef, I. and Elovici, Y. (2019). CT-GAN: Malicious Tampering of 3D Medical Imagery using Deep Learning. Proceedings of the 28th USENIX Security Symposium. https://arxiv.org/abs/1901.03597

Mori, M. (1970). Bukimi no tani The uncanny valley. (K. F. MacDorman & T. Minato, Trans.). Energy 7(4), 33-35. (Originally in Japanese)

Nguyen, T, and et al. (2019). Deep Learning for Deepfakes Creations and Detection: A Survey. https://arxiv.org/abs/1909.11573.

Öhman, C. and Watson, D. (2019). Are the dead taking over Facebook? A Big Data approach to the future of death online. Big Data & Society 6(1). SAGE, 1-13.

Rogerson, S. and Bynum T. W. (1996), Information Ethics: the second generation. UK Academy for Information Systems Conference, UK.

Rubin, R. (1994). Moral distancing and the use of information technologies: the seven temptations. ECA '94: Proceedings of the conference on Ethics in the computer age. https://dl.acm.org/doi/10.1145/199544.199606

Savin-Baden, M. and Burden, D. (2019). Digital Immortality and Virtual Humans. Postdigital Science and Education 2019(1), 87-103.

Suler, J. (2004). The online disinhibition effect. CyberPsychology and Behavior 7(3), 321-326.

Truby, J. and Brown, R. (2020). Human digital thought clones: the Holy Grail of artificial intelligence for big data. Information & Communications Technology Law 30(2), 140-168.

UNESCO. (2021). Recommendation on the ethics of artificial intelligence. https://en.unesco.org/artificial-intelligence/ethics.

Weizenbaum, J. (1966). ELIZA—a computer program for the study of natural language communication between man and machine. Communications of the ACM 9(1), 36-45.

언론 기사

신상규. (2020). 포스트 휴먼과 포스트 휴머니즘 그리고 삶의 재발명. Horizon. https://horizon.kias.re.kr/12689/

이상욱. (2020). 왜 포스트 휴머니즘인가?. Horizon. https://horizon.kias.re.kr/12989/

이중원. (2020). 인공지능과 포스트 휴머니즘: 초학제의 뉴 호라이즌. Horizon. https://horizon.kias.re.kr/13780/

최유진. (2021. 3. 1). AI, 인간의 친구가 될 수 있을까?. 경향신문. http://news.khan.co.kr/kh_news/khan_art_view.html?artid=202103011727001&code=940100

Gardner, E. (2015 March 30). Robin Williams Restricted Exploitation of His Image for 25 Years After Death. The Hollywood Reporter. https://www.hollywoodreporter.com/business/business-news/robin-williams-restricted-exploitation-his-785292/

McCracken, H. and Grossman, L. (2013 September 30). Google vs Death: Can

Google Solve Death?, TIME magazine. http://content.time.com/time/covers/0,16641,20130930,00.html

Burton, J. (2020 February 20). AI therapists may eventually become your mental health care professional. Marketwatch. https://nypost.com/2020/02/20/ai-therapists-may-eventually-become-your-mental-health-care-professional/